律文化

Culture Forum

霍存福 主编

第10辑

主办：沈阳师范大学
承办：沈阳师范大学法律文化研究中心
法律文化协同创新中心
协办：辽宁省法学会法治文化研究会

知识产权出版社
全国百佳图书出版单位

图书在版编目（CIP）数据

法律文化论丛．第10辑／霍存福主编．—北京：知识产权出版社，2019.5
ISBN 978－7－5130－6236－7

Ⅰ.①法… Ⅱ.①霍… Ⅲ.①法律—文化—文集 Ⅳ.①D909－53

中国版本图书馆CIP数据核字（2019）第081900号

责任编辑：齐梓伊　　**责任校对**：谷　洋
封面设计：乔智炜　　**责任印制**：刘译文

法律文化论丛（第10辑）

霍存福　主编

出版发行：知识产权出版社有限责任公司　　**网　　址**：http://www.ipph.cn
社　　址：北京市海淀区气象路50号院　　**邮　　编**：100081
责编电话：010－82000860转8176　　**责编邮箱**：qiziyi2004@qq.com
发行电话：010－82000860转8101/8102　　**发行传真**：010－82000893/82005070/82000270
印　　刷：北京嘉恒彩色印刷有限责任公司　　**经　　销**：各大网上书店、新华书店及相关专业书店
开　　本：787mm×1092mm　1/16　　**印　　张**：16.25
版　　次：2019年5月第1版　　**印　　次**：2019年5月第1次印刷
字　　数：286千字　　**定　　价**：58.00元
ISBN 978－7－5130－6236－7

目　录

译　林

书契积腋

史料集珍

法律文化研究重镇巡礼

·法官文化·

编者按:本文属于霍教授"官箴文化系列研究"之一。前已发表两篇:《唐张说〈狱官箴〉的论旨及其影响——法官箴言研究之一》(刊于《法律文化论丛》第7辑),《西汉扬雄〈廷尉箴〉的主旨与贡献:法官箴言研究之二》(刊于《当代法学》2017年第6期),第二篇与本文主题关系尤其密切,值得参看。

东汉崔骃《大理箴》研究*

——法官箴言研究之三

霍存福**

摘　要:东汉崔骃《大理箴》是对扬雄亡箴的续补之一;但扬已有《廷尉箴》,崔仍续补《大理箴》,不惧重复,有他的深意在。崔骃《大理箴》首先铺陈尧舜禹时期司法状况,包括皋陶作士,造狱作刑,用法"平""清",惩罪服民,法施惟明;其次,叙述春秋时孔子哀矜、子皋礼刑及汉廷尉崇法、尚平、审慎的司法理念;再次,历数夏商秦之末世司法之弊,兼及儒臣的明哲,如桀纣灭国,商鞅死秦,不疑重汉;最后,揭示报应之理,指出刑罚影响国运,提出赏恩、断虔,告诫君主"莫遂尔情""无遂尔志"。由于法官箴是从法官职守角度,诫谕君主应秉持的刑政理念、政策纲要,所谓"说人君谨刑罚",故虽云大理要"慎于尔官",实则是要求君主刑狱谨慎。崔箴在基本刑政理念和倾向上,与扬箴完全一致,但在层次的复杂性、表达的丰富性上,崔箴更胜于扬箴;所涉法制历史人物(君臣)、法律的物质设施与代表性符号、刑罚名称、政策细节等方面,崔箴也更胜一筹。因

*本文为国家社会科学基金重大项目"法治文化的传统资源及其创造性转化研究"(14ZDC023)的阶段性成果。

**沈阳师范大学法学院教授。

此,更细密、更全面地反映儒家的刑政观,创作着眼点相同、但细节可能不同的全新的法官箴,可能就是崔骃的初衷。

关键词:东汉;崔骃;《大理箴》;法官箴言;君主;谨刑罚

目　次

一、崔骃其人、其文

崔骃(? —92),字亭伯,涿郡安平(今河北省安平县)人。东汉官员、文学家。自幼聪明过人,13 岁便精通《诗》《易》《春秋》,博学多才,通训诂百家之言。少游太学,与班固、傅毅齐名。章帝时,他写了《四巡颂》,颂扬汉朝之德,文辞典美,受到章帝的重视。窦太后当政时,曾经在窦宪府内,先后任掾属、主簿。窦宪横暴骄恣,他屡次讽谏劝阻。窦宪不能容忍,便让他出任长岑县长,他弃而不任,返归家园,后病逝。所著诗、赋、铭、颂、书、记、表、《七依》《婚礼结言》《达旨》《酒警》,计 21 篇,代表作是《四巡颂》《安封侯诗》《三言诗》等。

关于崔骃作箴的缘由,《后汉书·胡广传》云:"初,扬雄依《虞箴》作《十二州、二十五官箴》,其九箴亡阙。后涿郡崔骃及子瑗,又临邑侯刘騊駼增补十六篇。(胡)广复继作四篇,文甚典美。乃悉撰次首目,为之解释,名曰《百官箴》。凡四十八篇。”据此,崔骃作为首倡者和实行者,其续作是因扬雄诸箴亡缺9个,补阙是其初衷;继其业者,有其子崔瑗,及刘騊駼、胡广等。西晋的挚虞,将这一过程概括为“崔氏累世弥缝,胡公次其首目”①。按清代严可均辑《全后汉文》卷四十四《崔骃》,载崔骃续作之箴有:《太尉箴》《司徒箴》《司空箴》《尚书箴》《太常箴》《大理箴》《河南尹箴》7箴,以及《酒箴》1篇。②其中的《大理箴》,当也是崔骃因亡缺而进行续作的诸箴之一。扬雄《廷尉箴》存在着先亡缺而后现世的可能,但这种可能性不大。

第二种可能,西汉景帝、哀帝时,都曾改廷尉为大理,东汉虽然复名为廷尉③,但崔骃可能因不太满意扬雄的《廷尉箴》,故仍然续作了《大理箴》;而为与扬箴相区别,特地取名《大理箴》。因为以官制而言,崔骃主要活动于东汉章帝、和帝时期,其时的法官不叫“大理”而仍称“廷尉”。明确了这一点,我们也就可以理解为什么扬雄“亡阙九箴”,而崔骃等人却“增补十六篇”,远超出亡缺之数的原因。即是说,对有些职官篇目,可能存在重新续作或重复补作,如扬雄作《酒箴》,崔骃也著《酒箴》④;扬雄有《廷尉箴》,崔骃又续作《大理箴》,道理相同。

有关崔骃与扬雄箴言的比较,清代李兆洛《骈体文钞》卷四《箴类》云:“崔亭伯官箴”“虽不足继武(扬)子云,而雅懿有余”。意即崔骃虽不能比迹扬雄,但纯正美好却有余。这是就崔骃的所有续作官箴而言的,其中,自然也包含了崔骃《大理箴》与扬雄《廷尉箴》的比较在内。

据《后汉书·崔骃传》:“(崔骃)常以典籍为业,未遑仕进之事。时人或讥其太玄静,将以后名失实。”对此,崔骃却草拟了一篇类似扬雄《解嘲》的文章,取名“《达旨》以

①挚虞《文章流别论》云:“扬雄依虞箴作《十二州、十二官箴》而传于世,不具九官。崔氏累世弥缝其阙;胡公又以次其首目,而为之解,署曰百官箴。”

②《玉海·箴·汉百官箴》云:“官箴扬雄十二(光禄勋、卫尉、太仆、廷尉、大鸿胪、宗正、大司农、少府、执金吾、将作大匠、城门校尉、上林苑令);崔骃七(太常、太尉、河南尹、司空、司徒、大理、尚书)。崔子玉九(尚书、博士、东观、关都尉、河堤谒者、郡太守、北军中候、侍中、司隶校尉)。”崔骃、崔瑗父子共续官箴16篇,崔骃《酒箴》除外;而《尚书箴》,崔氏父子均有。(唐)欧阳询等编《艺文类聚》卷四十九《职官部五·箴》:汉杨雄《太常箴》,注“《初学记》十二作崔骃”。则某些箴,在归属上也不同。

③《唐六典》卷十八大理寺卿条:《汉书·百官表》云:“廷尉,秦官,掌刑辟,有正、左·右监。景帝更名大理,秩中二千石。武帝复为廷尉。宣帝置左、右廷尉平,哀帝复为大理。王莽改曰‘作士’。”后汉复为廷尉。魏初为大理,后复为廷尉,置律博士。

④见《玉海·箴·汉酒箴》。

答焉”。由此可见，崔骃的志趣、性格、行事，颇与扬雄同；甚至为文作答方式，也颇具扬雄之风。该文风采，刘勰《文心雕龙·杂文》称：“崔骃《达旨》，吐典言之裁。”说他《达旨》皆是法言，是合于礼法的言辞。又称：“崔骃《七依》，入博雅之巧。”《七依》则属于渊博雅正的作品。

今存崔骃《大理箴》，有唐代徐坚辑《初学记》、宋代章樵注《古文苑》、明代张溥辑《崔亭伯集》、清代严可均辑《全后汉文》这4种版本。① 清代严可均多依唐代徐坚本，明代张溥多依宋代章樵本，但二者皆有文献价值。为便于后述分析，今将各本文字，整合如下：

> 邈矣皋陶，翊唐作士。设为犴狴，九州[1,4]（刑[2,3]）允理。如石之平，如渊之清，三槐九棘，以贤[1,4]（质[2,3]）以德[1,4]（听[2,3]）。罪人斯殛，凶族[1,4]（旅[2,3]）斯迸[1,4]（屏[2]，并[3]）。熙乂帝载，旁施作明。昔在仲尼，哀矜圣人。子罕礼刑，卫人释艰。释之其忠，励亮孝文。于公哀寡，定国广门。夐哉邈矣，旧训不遵。主慢臣骄，虐用其民。赏以崇欲，刑以归[1]（肆[2,3,4]）忿。纣作炮烙，周人灭殷；商[1,4]（夏[2,3]）用淫刑，汤誓其军；卫鞅酷烈，卒殒于秦；不疑知[1,4]（如[2]，加[3]）害，祸不及[1,4]（反[2,3]）②身。嗟兹大理，慎于尔官。赏不可不思，断不可不虔。或有忠能被害，或有孝而见残：吴沉[1,3]（沈[2,4]）伍胥，殷剖[1,2,4]（割[3]）比干。莫遂尔情，是截是刑；无遂尔志[1,4]（心[2,3]），以速以亟[1,4]（殛[2,3]）。天鉴在显[1]（颜[2,3,4]），无细不录。福善祸[1,4]（灾[2,3]）恶，其效甚速，理臣司[1,2,4]（思[3]）律，敢告执狱。

上文中，右上角注1、2、3、4分别代表唐代徐坚、宋代章樵、明代张溥、清代严可均诸本。这样标注，时间顺序比较明晰，可以清晰显示各版本异同。

二、崔骃《大理箴》的主旨

崔骃《大理箴》，按其内容，可分为四段，其中心思想也可分为四个方面。

（一）铺陈尧舜禹时期司法状况

这里对唐尧、虞舜等传说时期的司法情况进行了描述。尧舜禹三王及作为主角的皋陶的事迹，皆见诸古文献记载。可分三个层次。

---

①分见（唐）徐坚辑：《初学记》卷十二《职官部下·大理卿第二十一·箴》；（宋）章樵注：《古文苑》卷十六《箴·崔骃》；（明）张溥辑：《崔亭伯集·箴》，《汉魏六朝百三家集》本；（清）严可均辑：《全后汉文》卷四十四《崔骃》。按，《初学记》卷十二《箴》题“后汉崔德正《大理箴》”。张溥《崔亭伯集》，《大理箴》题“汉安平崔骃著”。严可均云：“《初学记》十二，引汉崔德正《大理箴》，未详‘德正’为谁。《古文苑》作崔骃，今据之。”

②（宋）章樵注《古文苑》卷十六《箴》，崔骃《大理箴》正文作“祸不仄身”，注云：“‘反’，一本作‘及’。”故改正文“仄”为“反”。

1. 皋陶作士，造狱作刑

邈矣皋陶，翊唐作士。设为犴狴，九州[1,4]（刑[2,3]）允理。

这里讲：很久以前，皋陶辅佐唐尧作法官①；设置了监狱，使得九州恰当治理。

按，皋陶也称咎繇，偃姓，传说为少皞氏支裔，东夷部落首领之一。通说为，皋陶为虞舜大臣，掌刑狱之事，有贤名。后佐禹治天下。传说他受命作刑，《竹书纪年》载："帝舜三年，命咎陶作刑。"《左传·昭公十四年》："《夏书》曰：昏、墨、贼，杀，皋陶之刑也。"②王充《论衡·是应》记载，一角神羊"獬豸"，也因皋陶用其帮助断狱，而成了最早的司法符号。③

皋陶佐舜之事，据《尚书·虞书·舜典》："帝曰：'皋陶，蛮夷猾夏，寇贼奸宄。汝作士，五刑有服，五服三就。五流有宅，五宅三居。惟明克允！'"④意思是：舜帝对皋陶说：外族侵扰我们中国，抢劫杀人，造成外患内乱。皋陶，你作狱官之长吧！五刑各有使用的方法，五种用法分别在野外、市场、朝廷三处执行。五种流放各有处所，分别住在三个远近不同的地方。要明察案情，能够公允！这相当于帝王对司法大臣的任命书和告诫令的复合，讲了任命缘由及将来行事的一系列原则。

关于监狱设置问题，史传也称其系皋陶所造。西汉史游《急就篇》："皋陶造狱法律存。"唐代颜师古注云："皋陶，舜臣，名亦号庭坚，命为士官，始制囹圄，法律备焉。"隋《广韵》云："狱，皋陶所造。"宋《泊宅篇》云："今州县狱皆立皋陶庙，以时祀之，盖自汉已然。"⑤

另外，这里所谓"九州允理"，也有作"九刑允理"的。"九州"，即冀、兖、青、徐、扬、荆、豫、梁、雍九州，着眼于该地域范围内的治理，至少是泛指天下治理，说得通；若为"九刑"，则所指为刑罚，也说得通。按《左传·昭公六年》："周有乱政，而作九刑"，"九刑"泛指刑罚，扩而至于法律适用。按，该箴下文，接云"如石之平，如渊之清"，"平"与

①（唐）徐坚辑：《初学记》卷十二《职官部下·大理卿第二十一·叙事》："《齐职仪》云：'大理，古官也。唐、虞以皋陶作士。'士，理官也。"注云："《春秋元命苞》曰：'尧为天子，梦马啄子，得皋陶，聘为大理。'"则皋陶最早是做唐尧的理官。

②另，《吕氏春秋·君守》："皋陶作刑。"《太平御览》卷六百三十八《刑法部四》引《傅子》："律是咎繇遗训。"

③《太平御览》卷六百四十三《刑法部九·狱》："《论衡》曰：獬豸者，一角之羊也。性知有罪，皋陶治其罪，疑者，令羊触之，有罪则触，无罪则不。斯盖天生一角圣兽，助狱为验，故皋陶礼羊，跪坐事之。此则神奇瑞应之类。"另有神牛之说，与黄帝有关。《说文》《神异经》皆主此说，见《太平御览》卷八九〇《兽部二·獬豸》。

④这里讲皋陶作虞舜的法官。

⑤《后汉书·党锢列传范滂传》："后牢脩诬言钩党，（范）滂坐系黄门北寺狱。狱吏谓曰：'凡坐系皆祭皋陶。'滂曰：'皋陶贤者，古之直臣。知滂无罪，将理之于帝；如其有罪，祭之何益！'众人由此亦止。"

“清”皆指法律适用的效果。两解相较,似乎这里作“九刑”比作“九州”更为妥帖,应该指适用法律。

2. 用法“平”“清”,公卿质听

如石之平,如渊之清。三槐九棘,以贤[1,4](质[2,3])以德[1,4](听[2,3])。

“平”“清”,是说皋陶用法,就像使用“石”这种“权(秤砣)”而“钧物”一样,使得其“持平”①;如同人们面临深渊,水色显得十分“清澈”一样。一“平”一“清”,是后世对于司法状态的两个主要期待。“刑罚平”即用刑持平,也包含公允义。汉代张释之以为“廷尉,天下之平也”②,以及唐代律令更以“处断平允”为法官考核的标准之一。③“刑罚清”即刑罚公正清明,语本《易·豫》:“圣人以顺动,则刑罚清而民服。”后世也作“刑罚清省”④。崔骃在这里将其都加诸于皋陶一身,代表着后世对于司法、司法官的最早的文化设计或主要想象。

当然,崔骃这里用典,并不局限于虞舜时期传说,也使用了出自后世比如周代的制度和史实。在写法上,这是一种借后事以周密前事叙述的技术。

按,“三槐九棘,以质以听”,《周礼·秋官·朝士》云:“朝士掌建邦外朝之法。左九棘,孤卿大夫位焉,群士在其后;右九棘,公侯伯子男位焉,群吏在其后;面三槐,三公位焉,州长众庶在其后。”郑玄注:“树棘以为位者,取其赤心而外刺,象以赤心三刺也。槐之言怀也,怀来人于此,欲与之谋。”后世因此以“三槐九棘”为三公九卿之代称。这是《周官》的“王之治朝,面三槐,左右九棘,听狱其下”之制。“质”“听”之制,“谓以狱成告于王”,典出《礼记·王制》:“成狱辞,史以狱成告于正,正听之。正以狱成告于大司寇,大司寇听之棘木之下。大司寇以狱之成告于王,王命三公参听之。三公以狱之成告于王,王三又,然后制刑。”

崔骃借用周朝的三公九卿参与刑狱听审的制度,主要是用来加强对尧舜与皋陶刑政情况之说明。其后的叙述,明显地又回到了虞舜时期的事迹中。

3. 惩罪服民,法施惟明

罪人斯殛,凶族[1,4](旅[2,3])斯迸[1,4](屏[2],并[3])。熙乂帝载,旁施作明。

①因为“石称之权,所以钧物者也”,《尚书·五子之歌》中有“关石和钧”。

②参见《史记·张释之冯唐列传》。

③《唐六典》卷二考功郎中员外郎条:“推鞫得情,处断平允,为法官之最。”《金史·刑法志》金帝完颜雍更谓:“法者,公天下持平之器。”

④《资治通鉴》卷二百十一唐纪二十七:“姚(崇)、宋(璟)相继为相,崇善应变成务,璟善守法持正。二人志操不同,然协心辅佐,使赋役宽平,刑罚清省,百姓富庶。”

按“罪人斯殛,凶族斯进”,《尚书·虞书·舜典》:“流共工于幽州,放欢兜于崇山,窜三苗于三危,殛鲧于羽山,四罪而天下咸服。”《史记·五帝本纪》记此事更详,兼言其过程:“欢兜进言共工,尧曰不可而试之工师,共工果淫辟。四岳举鲧治鸿水,尧以为不可,岳强请试之,试之而无功,故百姓不便。三苗在江淮、荆州数为乱,于是舜归而言于帝,请流共工于幽陵,以变北狄;放欢兜于崇山,以变南蛮;迁三苗于三卫,以变西戎;殛鲧于羽山,以变东夷:四罪而天下咸服。”宋代章樵《古文苑》卷十六《箴》注云:“谓去四防”,也即去四凶。

又“熙乂帝载,旁施作明”,按《尚书·舜典》:“咨四岳,有能奋庸熙帝之载。使宅百揆,亮采惠畴。”孔传:“奋,起;庸,功;载,事也。访群臣有能起发其功,广尧之事者。”南宋蔡沉《书集传》:“言有能奋起事功,以广帝尧之事者,使居百揆之位。”又《尚书·皋陶谟》:“皋陶方祗厥叙,方施象刑惟明。”《传》云:“方,四方。禹五服既成,故皋陶敬行其九德考绩之次序于四方,又施其法刑,皆明白。史因禹功重美之。”“方施”,即普遍施行。

《舜典》“惟明克允”之“明”,指明察案情;《皋陶谟》“方施象刑惟明”之“明”,谓“施其法刑,皆明白”。明察、明白,乃至清明,是其含义。

(二)叙述春秋孔子及汉廷尉的司法理念

唐虞之后,崔骃依次叙述了孔子及其弟子以及汉代诸廷尉的司法理念,包括哀矜、守礼、崇法、尚平、审慎等,可分为两个层次。

1. 哀矜,礼刑

> 昔在仲尼,哀矜圣人。子罕礼刑,卫人释艰。

按《论语·子张》:“孟氏使阳肤为士师,问于曾子。曾子曰:‘上失其道,民散久矣。如得其情,则哀矜而勿喜。’”曾子的弟子阳肤做典狱之官,向老师求教典狱之法。曾子教诲他说:由于在上位的失去了人君之道,民人离散,轻易漂掠,犯于刑法已经很久了。这是在上者的失政引起的,不是民之过。作为审案法官,你如果能弄清案情,应当哀怜矜恤他们,而不要自鸣得意。曾子是孔子的晚期弟子,其哀矜思想当是来自其师孔子。《尚书·吕刑》有“皇帝哀矜庶戮之不辜”,又当是孔子思想之源头。在制度上,“司寇行刑,君为之不举乐”,正体现君主之必要的“哀矜之心”。①

关于“子罕礼刑,卫人释艰”,章樵《古文苑》卷十六《箴》注云:崔骃“借用‘子罕言利’,意谓圣人谨重礼、刑,不容易言之。盖欲保卫斯民,而释除其艰厄。如《论语》言

①参见(晋)傅玄:《傅子·法刑》。

‘齐之以刑,齐之以礼’。《左传》:‘晋铸刑书于鼎。仲尼曰:人在鼎矣,何以尊法,将弃礼而征书也。’无非意在卫民。”按《论语·子罕》:“子罕言利,与命与仁。”孔子很少谈到利益,却赞成天命和仁德。注重仁德的孔子,崇尚德、礼而贬抑政、刑,确是事实。《论语·为政》:“子曰:‘道之以政,齐之以刑,民免而无耻;道之以德,齐之以礼,有耻且格。’”又,《左传·昭公二十九年》孔子批评晋铸刑鼎,也着眼于刑鼎之铸,会破坏贵贱之序。①

此说虽似可通,但“子罕礼刑”“子罕言利”两句,难以沟通;尤其是下句“卫人释艰”未曾落实。按“礼刑”,《汉语大词典》释作“谓使刑罚合乎礼法”,举例之一就是汉代崔骃《大理箴》:“子罕礼刑,卫人释艰。”②“礼刑”如果可以这样理解,那么,“释艰”即排除险恶、灾难。因为“艰”有险恶、灾难之义。章樵也以“释除其艰厄”解“释艰”。这样,“礼刑”“释艰”在一起出现,且皆发生于卫国,只有“刖者逃季羔者三”的那个故事,可以与之相符合,也正是崔骃用典的来源。

季羔是谁?就是高柴,孔子弟子,卫国人,一说齐国人。他曾与子路一起在卫国做官。鲁哀公十五年,卫国发生政变。卫灵公太子蒯聩归国夺儿子卫出公蒯辄国君之位。子路在政变中战死,子皋出逃。

这个季羔,字子羔,又称子皋、子高、季高。很可能这里的“子罕礼刑”,崔骃原为“子皋礼刑”,“子皋”误为“子罕”,章樵也就依照“子罕言”来解释了。其实大误。

按《孔子家语·致思第八》:

季羔为卫之士师,刖人之足。俄而,卫有蒯聩之乱。季羔逃之,走郭门。刖者守门焉,谓季羔曰:“彼有缺。”季羔曰:“君子不逾。”又曰:“彼有窦。”季羔曰:“君子不隧。”又曰:“于此有室。”季羔乃入焉。既而追者罢,季羔将去,谓刖者曰:“我不能亏主之法而亲刖子之足矣,今吾在难,此正子之报怨之时,而逃我者三,何故哉?”刖者曰:“断足,固我之罪,无可奈何。曩者,君治臣以法,令先人后臣,欲臣之免也,臣知之。狱决罪定,临当论刑,君愀然不乐,见君颜色,臣又知之。君岂私臣哉?天生君子,其道固然。此臣之所以悦君也。”孔子闻之,曰:“善哉!为吏,其用法一也,思仁恕则树德,加严暴则树怨。公以行之,其子羔乎!”

①《左传·昭公二十九年》:“冬,晋赵鞅、荀寅……铸刑鼎,著范宣子所为刑书焉。仲尼曰:‘晋其亡乎!失其度矣。夫晋国将守唐叔之所受法度,以经纬其民,卿大夫以序守之。民是以能尊其贵,贵是以能守其业。贵贱不愆,所谓度也。文公是以作执秩之官,为被庐之法,以为盟主。今弃是度也,而为刑鼎,民在鼎矣,何以尊贵?贵何业之守?贵贱无序,何以为国?且夫宣子之刑,夷之蒐也,晋国之乱制也,若之何以为法?’”

②《汉语大词典》,汉语大词典出版社1991年版,第10561页(第7卷959)。

刖足犯三次为子皋设计逃跑方案，终于使其逃离险难。他这样做的理由，是他受感动于子皋的“杀人刖足，亦皆有礼”[①]的精神，虽然被子皋实实在在地处以刖刑，但仍然以报恩的方式救了子皋的命，弄得子皋都难以理解他的行为了。孔子听说此事后，赞叹说：好啊！做官吏的，虽然同是适用法律，但用法时想着仁恕之道，就树德；一味严厉、酷暴，就积怨。季羔可真是用公心来适用法律的啊！

这样解释“子罕【皋】礼刑，卫人释艰”，与上下文结构方式也一致。上文“昔在仲尼，哀矜圣人”，虽涉及二人——孔子、曾子，但却属一事，即哀矜。下文“释之其忠，勋亮孝文”，为一人二事；只有“于公哀寡，定国广门”，才涉及二人二事。因此，将“子罕【皋】礼刑，卫人释艰”作连句解释，一人二事，比较妥帖。

2. 崇法、尚平、审慎

> 释之其忠，勋亮孝文。于公哀寡，定国广门。

“释之其忠，勋亮孝文”，按《史记·张释之列传》《汉书·张释之传》，均记载了张释之做文帝廷尉时的两个案件，犯跸、盗环之狱，文帝最终都听从了他的意见。乡人于中渭桥犯跸，当罚金。文帝嫌轻，释之曰：“法者，天子所与天下公共也。今法如此，而更重之，是法不信于民也”。并向文帝尖锐指出：“廷尉，天下之平也，一倾，而天下用法皆为轻重，民安所措其手足？唯陛下察之。”另一案，有人盗汉高祖庙座前玉环，张释之案汉律“盗宗庙服御物者”为奏，奏当弃市。文帝怒欲致之族刑，释之免冠顿首谢曰：“法如是足也。且罪等，然以逆顺为差。今盗宗庙器而族之，有如万分之一，假令愚民取长陵一抔土，陛下何以加其法乎？”他打比方说，如果真有人盗掘了汉高祖长陵，皇帝您又该如何加罚他呢？

“释之其忠”的“忠”，用的是《左传·庄公十年》曹刿与庄公对话中的“忠”字义。“公曰：‘小大之狱，虽不能察，必以情。’对曰：‘忠之属也。可以一战。’”当鲁庄公说到“大大小小的诉讼案件，即使不能一一明察，但我一定根据实情（合理裁决）”，曹刿才回答说：“这才尽了本职一类的事，可以（凭借这个条件）打一仗。”曹刿认为“察狱以情”是“忠之属也”，“忠”是尽力做好分内的事。张释之的“忠”，不是指忠于皇室，也不一定是指忠于法律，而是其“忠于”廷尉的职守。至于“勋亮”，指其因尽职而功勋卓著、受人敬重于孝文帝时期。另外，他的一些特别举动，如他为年老的王生跪而系袜，也得到人们的尊重。

[①]《旧唐书·崔仁师传》载殿中侍御史崔仁师曰：“尝闻理狱之体，必务仁恕，故称杀人刖足，亦皆有礼。岂有求身之安，知枉不为申理？若以一介暗短，但易得十囚之命，亦所愿也。”

"于公哀寡,定国广门"二句,倒过来作"于公广门,定国哀寡",似乎更合适。于定国父亲于公任郡狱掾,曾经明辨东海孝妇案是冤狱,并自谓他"治狱多阴德,子孙必有兴者",自家盖房修院时,命施工者把院门弄得高大些,以利其发达了的子孙们的车骑出入。后其子于定国为丞相,孙于永为御史大夫,封侯传世。而于定国本人,据《汉书·于定国传》:"迁廷尉,乃迎师学《春秋》。为人廉恭,尤重经术士。其决疑平法,务在哀鳏寡,罪疑从轻,加审慎之心",是个熟读经书、谨慎司法的人物。于定国为廷尉十八年,朝廷称之曰:"张释之为廷尉,天下无冤民;于定国为廷尉,民自以不冤。"①

总之,按照崔骃的理解,张释之的尊法守职,于公释冤辨诬的审慎,于定国的亭疑决平、罪疑从轻、哀怜鳏寡等理念,是汉以来值得称道的司法理念。仔细梳理,我们会发现,这里所述张、于两家事,与前述皋陶事,关联甚紧密。皋陶所谓的用法"平",与张释之的"天下之平"、于定国的"平法""执宪详平",具有渊源关系;皋陶的用刑"清""明",也与于公、于定国父子的释冤辨诬的审慎、哀鳏寡、罪疑从轻等,具有相当的联系。或者说,汉代以来出于儒家思想(有时也出于黄老道家思想)而对司法的要求(在一定意义上也是对法家式司法的改造),比如司法上的"平""轻""宽"等价值崇尚,都被附着于传说中的皋陶这个司法鼻祖身上了。这种倒推的附丽,是思想史上的常事。

(三)历数夏商秦之末世司法之弊,兼及儒臣的明哲

对中国刑政黑暗的批评,崔骃直陈夏桀、殷纣末世之非刑,指其为亡国之因;以为商鞅酷刑治秦,也是其不得其死的缘由;西汉隽不疑知酷烈之害,故能远祸保身。

1. 旧规不再,治者虐民,刑赏不正

> 敻哉邈矣,旧训不遵。主慢臣骄,虐用其民。赏以崇欲,刑以归[1](肆[2,3,4])忿。

"敻",远,即很早的时候。意谓:说不清从什么时候开始,"旧训不遵",上述的教训不被遵循;"主慢臣骄",在上者无论君还是臣,或慢易,或骄横,"虐用其民";把国家赏罚"二柄"变成了随个人心情而定的东西,"赏以崇欲,刑以肆忿"。

2. 桀纣灭国,商鞅死秦,不疑重汉

> 纣作炮烙,周人灭殷;商[1,4](夏[2,3])用淫刑,汤誓其军;卫鞅酷烈,卒殒于秦;不疑知[1,4](如[2],加[3])害,祸不及[1,4](反[2,3])身。

---

①《汉书·丙吉传》载丙吉推荐语:"廷尉于定国执宪详平,天下自以不冤。"

君慢臣骄的结果,是夏桀、商纣之末世君主亡国灭族,而商鞅则横死于秦,未得善终。

按,"纣作炮烙,周人灭殷",《史记·殷本纪》:"帝乙崩,子辛立,是为帝辛,天下谓之纣。帝纣……好酒淫乐,嬖于妇人。……百姓怨望而诸侯有畔者,于是纣乃重刑辟,有炮格之法。……西伯昌闻之,窃叹。崇侯虎知之,以告纣,纣囚西伯羑里。西伯之臣闳夭之徒,求美女奇物善马以献纣,纣乃赦西伯。西伯出而献洛西之地,以请除炮格之刑。纣乃许之,赐弓矢斧钺,使得征伐,为西伯。"至周武王,率诸侯伐纣,云:"商罪贯盈,天命诛之",杀纣而灭殷。

"夏用淫刑,汤誓其军",《尚书·汤誓》曰:"有夏多罪,天命殛之。"《孔传》:"殛、窜、放、流,皆诛也。异其文,述作之体(诛,杀死)。"按,夏桀(公元前?—前1767),姓姒,名履癸,又名癸,一名桀。《史记·夏本纪》载:"桀不务德,而武伤百姓,百姓弗堪。"据《汤誓》揭露夏桀的罪状,主要是"率遏众力"(耗尽众人的力量)和"率割夏邑"。《通鉴外纪》载:"桀作瑶台,罢民力,殚民财。为酒池糟堤,纵靡靡之乐,一鼓而牛饮者三千人。"因暴虐、荒淫,百姓怨之,曰:"时日曷丧,予及汝偕亡。"商汤在伊尹谋划下,起兵伐桀。桀被俘获,遭放逐而死。

"卫鞅酷烈,卒殒于秦",《史记·商君列传》:"秦孝公卒,太子立。公子虔之徒告商君欲反,发吏捕商君。商君亡至关下,欲舍客舍。客人不知其是商君也,曰:'商君之法,舍人无验者坐之。'商君喟然叹曰:'嗟乎,为法之敝一至此哉!'……秦发兵攻商君,杀之于郑黾池。秦惠王车裂商君以徇,曰:'莫如商鞅反者!'遂灭商君之家。"商鞅确实是横死于秦国的。

对于所谓商鞅"酷烈",汉代桓宽《盐铁论》卷二《非鞅》云:"文学曰:'商鞅以重刑峭法为秦国基,故二世而夺。刑既严峻矣,又作为相坐之法,造诽谤,增肉刑,百姓斋栗,不知所措手足也。'"反对法家的一派,竭力抨击商鞅重刑主义及其相关措施。《史记集解》裴骃引刘歆《新序》,论及商鞅之事,云:"今卫鞅内刻刀锯之刑,外深鈇钺之诛,步过六尺者有罚,弃灰于道者被刑。一日临渭而论囚七百余人,渭水尽赤,号哭之声动于天地,畜怨积雠比于丘山。所逃莫之隐,所归莫之容,身死车裂,灭族无姓,其去霸王之佐亦远矣。"刘歆更详细地罗列商鞅重刑之举,认为他不是王霸之佐。不过,他对商鞅被杀,也不以为然,"然惠王杀之亦非也,可辅而用也"。刘歆还设想:"使卫鞅施宽平之法,加之以恩,申之以信",那样,他或者"庶几霸者之佐哉"!①

①汉代桓宽《盐铁论·周秦第五十七》论及殷、秦之同,"文学曰:'纣为炮烙之刑,而秦有收帑之法,赵高以峻文决罪于内,百官以峭法断割于外,死者相枕席,刑者相望,百姓侧目重足,不寒而栗。'"

不过,与暴君、酷吏相对的,是明哲的儒臣。崔骃说,隽不疑就是代表。

“不疑如害,祸不反身”,按《汉书·隽不疑传》:汉昭帝时,“(隽不疑)为京兆尹,京师吏民敬其威信。每行县录囚徒还,其母辄问不疑:‘有所平反,活几何人?’即不疑多有所平反,母喜笑,为饮食言语异于他时;或亡所出,母怒,为之不食。故不疑为吏,严而不残。”这是他的总体施政风格。他临机出策处理假太子一案,更受当时皇帝和权臣欣赏,也更使其出名,以至于影响了国家整个司法与行政的风气。

昭帝始元五年(公元前82年),有一男子乘黄犊车,建黄旐,衣黄襜褕,著黄帽,诣北阙,自称是武帝所立的卫太子。昭帝下诏使公卿、将军、中二千石等官一起识视。长安中吏民数万人聚观。右将军勒兵阙下,以备非常。丞相、御史、中二千石至者,无人敢发言。京兆尹隽不疑后到,立即命令随从抓捕该人。有人说:“是非未可知,且安之。”隽不疑曰:“诸君何患于卫太子!昔蒯聩违命出奔,辄距而不纳,《春秋》是之。卫太子得罪先帝,亡不即死,今来自诣,此罪人也。”遂送诏狱。隽不疑的逻辑是:即使该人是卫太子,曾举兵造反,得罪于汉武帝;逃亡后虽没有死,现在来自首,也仍然是罪人。并且引经据典,以春秋时卫国蒯聩出逃后归国,其子卫出公蒯辄发兵与战,拒而不纳之事①,引为该事件的依据。②

接着,廷尉审讯该男子的真实身份,得其奸诈情形。他本是夏阳人,本名成方遂,居住湖边,以卜筮为事。有故太子舍人曾找成方遂算卦,对他说:“子状貌甚似卫太子。”成方遂“心利其言”,希望以此得到富贵,就诈称卫太子。廷尉逮召其家乡知情人识认,成方遂最后以“诬罔不道”,被腰斩处死。

据说,汉昭帝与大将军霍光“闻而嘉之”,并说:“公卿大臣当用经术明于大谊。”由此,隽不疑“名声重于朝廷,在位者皆自以不及也”。无疑,当权者的褒扬,更助长了春秋决狱由武帝时董仲舒、公孙弘等的提倡,而自此更向纵深发展。

(四)揭示报应之理,指出刑罚影响国运

最后是罗列君主非刑事实,揭示报应之理,得出刑罚影响国运的结论。

---

①公元前496年,卫灵公太子蒯聩,因与灵公夫人南子有仇,与家臣戏阳遬商议,令其于朝会上刺杀南子。后来,戏阳遬后悔,蒯聩多次以眼色指示他,为南子所察觉,事遂败。蒯聩逃奔宋国,不久又投奔晋国赵氏。公元前493年,灵公去世,蒯聩之子姬辄(卫出公)继位,赵简子想送蒯聩回国,姬辄派出军队阻击其父蒯聩,蒯聩跑到宿地自保。

②蒯聩之事的后续是:卫出公十二年,蒯聩与浑良夫潜回卫国,胁迫孔悝召集群臣以发动政变,蒯辄逃奔鲁国。蒯聩自立为卫国君主,史称卫后庄公。在位三年,为晋所伐,出奔。晋师退,复入。寻为其下石圃所攻,走戎州己氏,见杀。

嗟兹大理，慎于尔官。赏不可不思，断不可不虔。或有忠能被害，或有孝而见残：吴沉[1,3]（沈[2]）伍胥，殷剖[1,2,4]（割[3]）比干。莫遂尔情，是截是刑；无遂尔志[1,4]（心[2,3]），以速以亟[1,4]（殛[2,3]）。天鉴在显[1]（颜[2,3,4]），无细不录。福善祸[1,4]（灾[2,3]）恶，其效甚速，理臣司[1,2,4]（思[3]）律，敢告执狱。

"嗟兹大理，慎于尔官，赏不可不思，断不可不虔"，这是崔骃的感叹。宋代章樵《古文苑》卷十六《箴·崔骃》注："人主任用理官，当加谨重。如孝公之封商鞅，则失于不思其弊；如昭帝之任不疑，则有断而能审。"这个解释的角度，是准确的。因为这里劝诫的，仍然是君主，君主应保持谨慎选择法官的态度。

当然，严格地说，商鞅不是真正意义上的"法官"（廷尉或大理），他是变法者，是秦孝公变法的整体操局者。有关他与司法的故事（如徙木立信等），也只是对执法或司法的原则性的表示，他本人不是司法者。汉代的隽不疑虽不是廷尉或大理，但他是京兆尹，是地方长官兼理司法官，可以看作法官。原则上，他所管的只是京师及属县的狱案；假太子案，理论上正好归属他管辖，因为恰好发生在京城。

崔骃感叹君主"赏不可不思，断不可不虔"，即"赏"要多思多想，"罚"要恭敬恭敬；如若不然，就可能出现"忠""孝"者被残害的不正常情形。

按，"或有忠能被害"，章樵《古文苑》注："比干、伍胥之伦"，解释准确，因下文就提到"吴沈伍胥""殷剖比干"二事，都属于"忠"而"能"者"被害"的情形。

关于"吴沈伍胥"，《史记·伍子胥列传》详细记载了吴太宰嚭向吴王进谗言，致使其被罪而死的过程：

吴太宰嚭既与子胥有隙，因谗曰："子胥……为人臣，内不得意，外倚诸侯，自以为先王之谋臣，今不见用，常鞅鞅怨望。原王早图之。"吴王曰："微子之言，吾亦疑之。"乃使使赐伍子胥属镂之剑，曰："子以此死。"伍子胥仰天叹曰："嗟乎！谗臣嚭为乱矣，王乃反诛我。……"乃自刭死。吴王闻之大怒，乃取子胥尸盛以鸱夷革，浮之江中。

这是奸臣陷害、昏君滥杀功臣、正臣的典型故事。子胥被杀，也是吴国灭亡的原因。

关于"殷剖比干"，《史记·殷本纪》："纣愈淫乱不止。比干曰：'为人臣者，不得不以死争。'乃强谏纣。纣怒曰：'吾闻圣人心有七窍。'剖比干，观其心。"①比干是王子，是

①《史记》张守节《正义》："《括地志》云：比干见微子去、箕子狂，乃叹曰：'主过不谏，非忠也。畏死不言，非勇也。过则谏，不用则死，忠之至也。'进谏不去者三日。纣问：'何以自持？'比干曰：'修善行仁，以义自持。'纣怒，曰：'吾闻圣人心有七窍，信诸？'遂杀比干，刳视其心也。"

纣王(帝辛)的叔父。作为王室宗亲,他以为"君有过而不以死争,则百姓何辜!"[①]他是在另外两位贤臣"微子去,箕子狂"的情形下直言谏纣的,本来就是冒死而行的。

另外,"或有孝而见残"一句,章樵注:"伯奇、申生之类",但崔骃下文未言及此。

按,伯奇,古代孝子。据《初学记》卷二引汉蔡邕《琴操·履霜操》,伯奇为周宣王时重臣尹吉甫(尹国国君)长子。母死,后母欲立其子伯封为太子,乃谮伯奇。吉甫怒,放伯奇于野。伯奇"编水荷而衣之,采苹花而食之",清朝履霜,自伤无罪而见放逐,乃作琴曲《履霜操》以述怀。吉甫感悟,遂求伯奇,射杀后妻。

又,申生(? —前656年),姬姓,名申生,晋献公与夫人齐姜所生之子,春秋时期晋国太子。齐姜死后,晋献公在众妾之中提拔自己喜欢的骊姬为夫人,并生下儿子奚齐。骊姬为使其子奚齐成为继承人,随后开始诋毁太子申生。公元前656年,在骊姬的多次阴谋陷害之下,太子申生在新城曲沃自缢而死。

这两例都是诸侯国太子无过错而被放逐,或被逼死,他们本人孝而无过,但都在后母为自己亲子争立过程中被诬以不孝而被罪。

鉴于以上鲜活的、残酷的实例,崔骃劝诫道:"莫遂尔情,是截是刑;无遂尔心,以速以殛"。关于"遂情""遂心"之事,是说君主(母后)不可任情以肉刑截割人,或杀逐人。宋代章樵《古文苑》注:"截,割也,劓刖之属;速,当作刺,七赐反,杀也。《周官·司寇》有三刺之法,有四刺之官。殛,流窜之类,一云诛也。舜殛鲧于羽山,叶韵合云'以殛于刺'。"即不可随性截割人、随心杀逐人,不能将肉刑、死刑或驱逐刑随心所欲地使用。

之所以如此,是因为"天鉴在颜,无细不录,福善灾恶,其效甚速"。就像《齐语》所谓"天威不违颜咫尺","天道福善祸淫"能够在"颜"即"眉目之间"明确显现,且报应之理"无细不录",不放过任何细小的善恶;报应之迅捷,"其效甚速"。因而,"理臣司律"——执掌法律的大理卿,应该从自己职司的角度,将自己执法中所见所闻之事,尤其是将上述道理让帝王知晓、通晓,深入于其内心,使其有所戒惧。

三、崔骃《大理箴》的贡献

与扬雄《廷尉箴》相比,崔骃《大理箴》自然谈不上首创之功;但已有扬《箴》,崔骃不惧画蛇添足之讥,仍创作了《大理箴》,他一定是有特别的想法的。

---

①参见《史记·宋微子世家》。

从思想背景看，扬雄身处西汉末年，崔骃正当东汉中期，虽所处时段不同，但儒家思想作为统治思想的地位并未发生变化。在这一宏观思想背景下，儒学的法律史观，仍是两人的共同遵循。因而，在基本刑政理念和倾向上，扬雄、崔骃二箴是完全一致的；只是在层次的复杂性、表达的丰富性上，后者要更胜于前者。从这个角度考察，二箴所涉法制历史人物（君臣）、法律的物质设施与代表性符号、刑罚名称、政策细节等方面，也是后者更胜一筹。因此，更细密、更全面地反映儒家的刑政观，展现着眼点相同、但细节可能不同的全新的法官箴，可能就是崔骃的创作初衷。

二箴详情，可见表1。

表1　扬、崔二箴比较表

官箴	涉及人物		设施与程序	犯罪	刑罚	政策特征	观念	
扬雄《廷尉箴》	正	1 夏(禹)；4 穆王，甫【吕】侯；6 **唐(尧)**、虞(舜)	—	1 回、僻	1 五刑；4(赎)刑；6 象刑	1 乱(治)民；4 轻制；6 全民	正	1、4 天(刑)；4 刑(者)(国)基
	反	2 蚩尤；3 **苗民**；5 **秦**；7 **殷纣**；8 有国者(所有君主)	—	5 寇贼，刑者	2 **淫刑**；3(肉)刑；7 **炮烙**；8 刖劓，剥剖(割)	5 繁辜，刑纷(繁)；7 坠民；8 **虐**杀	反	5 刑靡遏止(罪)；5 **酷**败；7 刑颠；8 人莫予奈(官逼民反)
崔骃《大理箴》	正	1 皋陶，**唐(尧)**；2(周)质、听；3 仲尼，子罕【皋】；4 张释之，汉文帝；于公，于定国；6 周武王；8 商汤；10 隽不疑	1 犴狴；2 三槐九棘(质、听)	1 罪人(共工、欢兜、**三苗**、鲧)	1 九刑	1、2 旧训；10 知害；15 赏思，断虔	正	1 平，清；1 明；3 哀矜，礼刑；4 忠，哀寡；15 慎，天鉴，福善祸恶
	反	5 **商纣**；7 夏(桀)；9 **商(卫)鞅【秦惠文王】**；11 吴(王)【伍子胥】；12 **殷纣**【比干】；13 西周【伯奇】；14 春秋晋【申生】	—	—	5 **炮烙**；7 **淫刑**；11 沉(江)；12 剖(心)；5、7、9 截，刑；刺【速】，殛	5、7、9 慢、骄、**虐**民；11、12 害忠；13、14 残孝；15 莫遂情，无遂志	反	5、7、9 以欲赏，以忿刑；9 **酷烈**

需要说明的是，表中阿拉伯数字标号，基本是人物顺序，用于与事迹对应，故其也代表事迹顺序，以便读者识别；只有个别的情况如观念，也与人物、事迹并列，以反映它与前述情况不同。但这里的所有阿拉伯数字，都与前述诸箴不同版本的阿拉伯数字标号没有对应关系。

表 1 可以说是扬、崔二箴的全息图。仔细比较二箴所包含的信息，可以发现如下的异同。

（一）法制历史人物

包括了帝王、相臣尤其是制法之官（涉及立法者、司法官）等法制历史人物。

扬雄《廷尉箴》涉及帝王，先后有夏（禹）、周穆王，唐尧、虞舜，蚩尤，商纣王；未提及具体国君的，一是“秦”，可以指秦孝公，更可能是秦始皇或秦二世；二是“有苗”。泛指后世的皇帝的，是“有国者”，以所有君主为对象。其所涉及的大臣，只有甫侯或吕侯，为周穆王“训夏赎刑”的那位大臣，是以立法者的身份出现的。

这些人物的特点是古远。传说中的唐尧、虞舜、蚩尤、有苗，三代则夏（禹）、商纣王、周穆王与甫侯；最近的是秦。

崔骃《大理箴》所涉及帝王，正面有唐（尧）、商汤、周武王、汉文帝；反面则有夏（桀）、商纣王；因叙及臣下事迹，还涉及春秋时吴王、春秋时晋献公。大臣之中，皋陶是以法官兼立法者的双重面目出现的；商鞅主要是以立法者出现的，但也有司法方面的事迹。这构成了正反两个方面的典型。其余诸人，多以法官司法身份出现，如子罕【皋】、张释之、于公、于定国、隽不疑；个别的，则以议论及司法出现，如孔子。至于吴国伍子胥、商朝比干，以及未明确提名的西周伯奇、春秋晋国申生，是以冤案或被冤杀的情形而被提及的。

这些人物的特点，不仅众多，且远近皆有，不像扬雄以古远为主。崔骃增加或突出了近事，汉代也即西汉的人与事，如张释之和于公、于定国父子以及隽不疑，皆是。

（二）物质设施与代表性符号

扬箴无，崔箴独有。“犴狴”即监狱，法律的物质设施，属之皋陶；司法的代表性符号，即“三槐九棘”，代指三公九卿，周代制度；“质”“听”也为周制，“质”指诘问、问明、辨别、责问，“听”指听狱，包括“正听之”“大司寇听之”“三公参听之”等程序。

（三）犯罪与刑罚

二箴所涉犯罪，扬箴有关犯罪，一是“回、僻”，用指蚩尤作乱、苗民“作五虐之刑”；

二是秦时"寇贼满山，刑者半市"。前者用以反衬"五刑"的天刑性质，后者则是秦法繁出情形下民人动辄得罪的惨状。崔箴讲罪人，仅提到共工、欢兜、三苗、鲧所谓远古"四罪"。在深刻性上，前者为优，因为对民众犯罪及其刑事政策选择情形的反映，更具有社会性和普遍性。

二箴所涉及的刑罚，扬箴提到"正刑"——制度上的法定刑罚，有"五刑""赎刑""象刑"，比较全面；崔箴仅提及"九刑"，写法上属于略前详后。关于"非制"——制度外的、出自帝王一时兴起的非正常刑罚，二箴都不少。扬箴除了抨击蚩尤淫刑、苗民（肉）刑外，更指斥殷纣之炮烙，对制度上"刖、劓、剥、割"等刑罚的不顾后果的使用，表达了深深的担忧；崔箴除了抨击夏（桀）的淫刑、商纣的炮烙外，也指斥吴王赐死伍子胥更将之沉江、商纣王剖比干之心等非刑，对制度上任情使用"截、刑、刺、殛"等刑罚，也表达了深深的忧虑。可见，"非制"以及对正式刑罚的任情使用，都是二箴关注的焦点。

（四）政策特征与观念

扬箴突出了周穆王"轻制"、唐虞"全民"的制刑理念，以与秦君"繁辜"、商纣"坠民"的不同，这是非常重要的政策概括。在观念上，扬箴重述了"天刑"观（天降五刑、五刑训天），并建立了"刑（者）（国）基"（周以阜基）的理念。其"刑靡遏止（罪）"的表述，指出了刑罚与犯罪的辩证关系；论证"虐杀"政策（惟虐惟杀），结果绝不是"人莫予奈"，而定是其反面——官逼民反；借助于民众反叛，"殷以刑颠""秦以酷败"——"重刑亡国论"作为事实也作为公理，就出现了。

崔箴正面的政策揭示，只有唐尧时"旧训"；反面的列述众多，如"虐民""害忠""残孝"。同时，崔箴虽没有出现"有国者"字样，但通过"嗟兹大理，慎于尔官"，实际为"有国者"设计了应奉行的政策——"赏思""断虔""莫遂情""无遂志"。

在观念方面，崔箴详细列示了"平""清""明""慎""忠""哀矜（包括哀寡）""礼刑"等一系列司法观念或理念，扬箴则缺乏这些。这些观念或理念，来自于儒家，但大多是汉代逐渐倡导或明确起来的，这是崔箴的精华所在，是其与扬箴的最大的不同之处。崔骃所欲宣扬的，正是这些观念或理念。

至于其后的"天鉴""福善祸恶"，反映其"报应论"的基调，而"纣作炮烙，周人灭殷；夏用淫刑，汤誓其军"，仍表达了"重刑亡国论"意识，与扬箴差别不大。

表1中，我们将二箴之相同者，以加黑方式显示，以显示其着眼点的同异。这些相同处，人物有唐尧、苗民（三苗）、商纣王（殷纣王），人物与朝代共同者为秦（商鞅），刑罚

有淫刑、炮烙,政策涉及“虐杀”“虐民”“酷败(酷烈)”诸项,大略对殷、秦的反思是他们历史总结的共同关注点;附带提及的还有圣王政刑的合当,如唐虞象刑,虞舜“窜三苗于三危”的“四罪而天下服”。“淫刑”主角虽有差异,一为蚩尤,一为夏桀,但过度之刑受挞伐,是一致的;刑罚“酷”的指向则是相同的,秦朝以“酷败”,商鞅之法崇尚“酷烈”——个人命运与国家命运是相似的,均以覆亡告终。

宋人吕祖谦云:“凡作箴,须用‘官箴王阙’之意,各以其官所掌,而为箴辞。……如《廷尉箴》,当说人君谨刑罚,非谓廷尉谨刑罚也。”[①]就是说,箴是用来规劝君主,而非箴规法官的。而崔骃箴中的“嗟兹大理,慎于尔官”,不是说大理自己要在官守上谨慎,而是大理应该要求君主在刑狱上谨慎。因为下文所举的例证,伍子胥被沉江,是吴王下的令;比干被剖心,是殷纣王下的令。发出“忠能被害”“孝而见残”命令的,是君主,而不是法官。正是君主的不谨慎,或听信谗言,或听任蛊惑,发泄其不满而发出处置令的。“遂尔情”“遂尔志”都是指君主,不可“遂情”“遂志”也是指君主。劝诫“赏”要“思”,“断”要“虔”,也是针对君主的。

[责任编辑:张田田]

①宋代王应麟撰《玉海》卷二百四《辞学指南·箴》引。

·法官文化·

“致君尧舜”与“得法外意”

——“读书万卷不读律”辨*

张田田**

目　　次

导言

苏轼诗“读书万卷不读律,致君尧舜知无术”(又作“终无术”)①,为人引述甚多;古往今来,人们对苏轼诗意的援引或化用,不一而足,或侧重致尧舜“不读律”(读书凌驾于读律之上),或侧重舍律则“终无术”(读书兼读律、律不可不读)。读书与读律孰先、孰重,自宋至清,莫衷一是;近代以来,论者多措意于士子务学与官员听讼等具体领域的“读书—读律”关系,对后半句“致君尧舜知无术”则较少关注。实则“致君尧舜”与“得

*本文为国家社会科学基金青年项目中国古代“违制”罪研究(15CFX012)的阶段性成果;国家社会科学基金重大招标项目“法治文化的传统资源及其创造性转化研究”(14ZDC023)阶段性成果。本篇系张田田长文《“读书万卷不读律”辨——聚焦宋元明清法官之学》节选,大纲见文末附录二。感谢陈景良、霍存福二位先生的长期指导,相关篇章曾提交几次学术会议,得益于苏亦工、徐忠明、陈灵海、李守严、邓长春教授的点评,亦得到诸位专家如周东平、尤韶华、李勤通、姚周霞、蒋楠楠、刘陈皓、伊涛等的帮助,特致谢忱。

**中南财经政法大学博士后在站;沈阳师范大学法学院副教授。

①《戏子由》全诗详见附录一。

法外意”,是“儒者之刑名”的重要元素。盖“志者,学之师也;才者,学之徒也”①,哀矜折狱、惟良折狱等理念与原则的贯彻实施,不可拘泥文本、死于句下,更有赖法官以心术引领技术,综合体现才、学、志;律例专门之学,亦须与才力、志识融会贯通,斟酌至当,如清道光朝莫镇为一部判牍作序时称,“作史有三长,才学识是也。吾谓听讼亦然。人情狙诈,机械百端,非才何以查其变,非识何以决其疑,非学何以运乎才与识而折衷乎至当”②。又如刘礼淞论听讼,兼顾“真才实学”与“仁心”:

> 夫听讼而使民咸惕然内讼以几于无讼,此守土者之责也。然或终日案牍劳形而狱讼繁兴,岂必果由于无才哉?有其才矣,而非深之以学,则其失也黯。有其才并有其学矣,而非济之以仁,则其失也忍。闇与忍交讧,则上无以简孚于有众,下益将作奸而犯科,弊有不可胜言者。于此而思所以廓清之,奉行乎法而实不拘于法,变通乎法而究不背于法,念两大好生之德,体九重恤众之心,不以刻核锻炼为能,而以慈祥恺悌为念,其难乎慎,兢兢然求得乎至当,则唯表率各属,统领庶政,二千石之责为尤重。③

清末樊增祥面对“胥天下而学法政”的西学冲击,仍坚称:

> 大抵审判之事,一要天分,二要学问,三要阅历,四要存心公恕,不贪,不酷,不偏,然后可为折狱之良吏。④

从“主体性”⑤角度,志识,落实到每一生命个体上,对应其“学术”之底蕴、宗旨与心术,较狭义的才干与学问,更为宏大,难以量化;其心态、行动之表现,如“奉行乎法而实不拘于法,变通乎法而究不背于法”,也灵活多变,不易把握。本文试从内核到具体展现,将办案者的“志识”,分为“致君尧舜”理想与“得法外意”效应两个层面,逐一分析。

---

①(魏)徐幹撰,孙启治解诂:《中论解诂·治学第一》,中华书局2014年版,第9~10页。

②(清)莫镇:《判语存录》序,见杨一凡、徐立志主编:《历代判例判牍》第10册载李钧《判语存录》,中国社会科学出版社2005年版,第7页。以下版本同。当然,这里说的驾驭才识的“学”,较为宏观,类似“志”。

③(清)刘礼淞:《判语存录》序,第3页。

④(清)樊增祥撰:《樊山政书》卷二十《批拣选知县马象雍等禀》,那思陆、孙家红点校,中华书局2007年版,第594~595页。以下版本同。

⑤借用李泽厚在《实用理性与乐感文化》中勾勒的主体性概念:“第一个‘双重’是,它具有外在的即工艺—社会的结构面和内在的即文化—心理的结构面。第二个‘双重’是:它具有人类群体(又可分为不同社会、时代、民族、阶级、阶层、集团等)的性质和个体身心的性质。这四者相互交错渗透、不可分割。而且每一方又都是某种复杂的组合体。”

一、致君尧舜的王道理想

结合苏轼诗而论,读经与读律的契合点,应在“术”。此术不仅为帝王之权术①,而且是“务为治”②的要旨③,对儒生/循吏而言,集中体现为尊“礼治”④,行教化,追求佐君行道⑤的理想,即便要权宜地对待现实问题,但矢志不移,为儒不陋、为官不俗,正在于此。

“儒法合流”的汉唐以来,论政不偏离王道,名臣“耻君不及尧舜”⑥。霸王道之辨,先秦诸子滥觞,汉《盐铁论》中亦有方向性的讨论。王利器先生分析:

> 王霸之争,既是西汉时期政治生活中的严峻现实,从而后世尚论汉事的,一般都抓住这一要害,来表达其对汉代统治阶级的看法,张栻所谓“学者要须先明王伯之辨,而后可论治体”是也。⑦

余英时所著《士与中国文化》(上海人民出版社 1987 年版,第 182 页,第 168 页)着眼于汉代:

> 汉代一直存在着两个关于“吏道”的不同观点:一个是朝廷的观点,上承秦代而来,所以“吏”的主要功能只能是奉行“律令”;另一个是大传统的观点,强调“化民成俗”为“吏”的更重要的任务,奉行“律令”仅在其次。

---

①一说,术即法家“法术势”,意在说明只有精通法律才能辅佐皇帝治理国家。张晋藩:“宋人诗文中的法观念”,载《政法论坛》2016 年第 1 期。

②《史记·太史公自序第七十》云:太史公仕于建元、元封之间,愍学者之不达其意而师悖,乃论六家之要指曰:《易·大传》:“天下一致而百虑,同归而殊途。”夫阴阳、儒、墨、名、法、道德,此务为治者也,直所从言之异路,有省不省耳。

③传统中国的“法思想”作为整全性思想的一支,其主旨亦是“务为治”。中国古代“务为治”的法思想,一个核心问题就是“治法”(亦曰“治之法”“治具”“治之具”“治术”“治之术”)问题,也就是致治之法、致治之术的问题。程燎原:“千古一‘治’:中国古代法思想的一个‘深层结构’”,载《政法论坛》2017 年第 3 期。

④如果承认中国几千年来的“治”,是有规则、规范的“治”的话,那么有文字记载的最早的规则规范之治是通常所说的“礼治”。李贵连:《法治是什么——从贵族法治到民主法治》,广西师范大学出版社 2013 年版。

⑤如宋史专家邓小南教授认为三代“圣王”政治理想的实现,必须要“致其君为尧舜之君”。邓小南:《祖宗之法:北宋前期政治述略》,生活·读书·新知三联书店 2006 年版,第 405 ~ 408 页。

⑥王珪与房玄龄、李靖、温彦博、戴胄、魏征同辅政,称:“孜孜奉国,知无不为,臣不如玄龄;兼资文武,出将入相,臣不如靖;敷奏详明,出纳惟允,臣不如彦博;济繁治剧,众务必举,臣不如胄;以谏诤为心,耻君不及尧、舜,臣不如征。至洁浊扬清,疾恶好善,臣于数子有一日之长。”帝称善。而玄龄等亦以为尽已所长,谓之确论。(宋)欧阳修、(宋)祁撰:《新唐书》卷九十八《王珪传》,中华书局编辑部点校,中华书局 1975 年版,第 3888 ~ 3889 页。又如,宋太宗欲相吕蒙正,以其新进,借赵普旧德为之表率,册拜太保兼侍中,帝谓之曰:“卿国之勋旧,朕所毗倚,古人耻其君不及尧、舜,卿其念哉。”普顿首谢。(元)脱脱等撰:《宋史》卷二百五十六《赵普传》,中华书局编辑部点校,中华书局 1985 年版,第 8938 页。

⑦王利器校注:《盐铁论校注·前言·四》,中华书局 1992 年版,第 21 页。

循吏虽兼“吏”与“师”的双重身份,但是这双重身份却不是永远融合无间的。概略言之,“吏”代表以法令为中心的政治秩序,“师”则代表以教化为主的文化秩序;用中国原有的概念说,即是“政”与“教”两个传统,也可以称之为“政统”与“道统”。这两个传统之间的关系是不即不离的,一方面互相支援,一方面又不断发生矛盾。

清儒胡承诺仍申说,为治者的首要任务是道术,“道术既定,然后统纪可一,法度可明也”,颁行律令有其局限:“秦、汉以来,节族乖方,人情俶诡,乃为律令以防之。律令之文,能治条教所及,不能治条教所不及,盖任势而已矣。任势之敝,民有遁心,下情离叛,而上亦无以自安矣。”①

从这一角度上讲,“知无术”句的出典,除了唐人诗句外,或还有《汉书·霍光传》赞语所言“光不学亡(无)术,闇于大理。”“不学无术”本意,即“无学问故无治国之术”②,换句话说,即是不识“大体”“大义”“大谊”③。

致君尧舜,宗经为要。但读书做官,为官行政,又不能空谈经书,仍离不开对本朝典章制度的理解与运用。对此,学者并不讳言,也并不抵触,只是强调应“志乎义”,即明辨义利,志存高远:

子曰:“君子喻于义,小人喻于利。”此章以义利判君子小人,辞旨晓白,然读之者苟不切己观省,亦恐未能有益也。某平日读此,不无所感:窃谓学者于此,当辨其志。人之所喻由其所习,所习由其所志。志乎义,则所习者必在于义,所习在义,斯喻于义矣。志乎利,则所习者必在于利,所习在利,斯喻于利矣。故学者之志不可不辨也。

科举取士久矣,名儒巨公皆由此出。今为士者固不能免此。然场屋之得失,顾其技与有司好恶如何耳,非所以为君子小人之辨也。而今世以此相尚,使汩没于此而不能自拔,则终日从事者,虽曰圣贤之书,而要其志之所乡,则有与圣贤背而驰者矣。推而上之,则又惟官资崇卑、禄廪厚薄是计,岂能悉心力于国事民隐,以无负于任使之者哉?从事其间,更历之多,讲习之熟,安得不有所喻?顾恐不在于义耳。

①(清)胡承诺撰:“绎志·至治篇”,见徐世昌等编纂《清儒学案》卷二百五,沈芝盈、梁运华点校,中华书局2008年版,第7973页。

②(宋)苏过撰,舒星校补:《苏过诗文编年笺注》卷八《送孙海若赴官河朔叙》,蒋宗许、舒大刚校注,中华书局2012年版,第755页。

③《汉书·隽不疑传》载传主引《春秋》之义,当机立断假卫太子案,汉昭帝与大将军霍光“闻而嘉之”,并说:“公卿大臣当用经术明于大谊。”

诚能深思是身,不可使之为小人之归,其于利欲之习,怛焉为之痛心疾首,专志乎义而日勉焉,博学审问,慎思明辨而笃行之。由是而进于场屋,其文必皆道其平日之学、胸中之蕴,而不诡于圣人。由是而仕,必皆共其职,勤其事,心乎国,心乎民,而不为身计。其得不谓之君子乎。①

出仕之前、为官之后,所学有不同侧重,这是不争的事实。同样明确的是,无论是神圣的经典,还是更直面实务需求的官箴等,均为官僚行政所不可或缺,这是后人申说“不读律—终无术”即“读书”亦须“读律”的原因。另外,后人脱离苏轼赋诗讽喻、有意推重“读书”传统的历史语境,固然是从致尧舜之“术”即实现途径上号召务实“读律”,或许曲解了苏轼本意,但换个角度来看,这也未尝不是发掘了更丰富的意蕴,将德为刑本、刑以辅德之类镶嵌在传统社会中的法律观推向纵深。

如明代季本撰《说理会编》卷八政治“政不责人”条:

治天下不可无法度,自古已然。况于后世不谨三尺则下无法守,小人之犯刑者多矣。先王议事以制不为刑辟,以其时淳庞故治犹疏阔,及其衰也民伪日滋物情多变,德礼有所不能齐,而议事者亦或无制,则刑书有不得不作焉。

苏子尝言:读书万卷不读律,致君尧舜终无术。亦未可尽以为刑名家之说也。夫致君尧舜虽本于德,而律则所以济德之不及,盖亦识时宜者矣。如舜以庶顽谗说教之不改而欲威之,禹则欲其弛鞭朴之威而专以德化,是不欲用刑也。然禹功既叙而又有顽不即功如苗民者,岂刑法之所可废哉。此舜所以有待于皋陶之明象刑也。舜之好生,本与禹同而更相讲论以酌时宜,盖用刑有不得已者焉。惟用刑之中而以德为本则即是道揆耳。

明代名臣张鼐在《宝日堂初集》卷二十九中阐发“读书万卷不读律,致君尧舜终无术”之理,更有韵味。“夫读律何以通于致君哉? 总是术耳。”何谓术? 据其所言,术即良法善治切于实用的方式方法,具有工具的灵活,然而要与良好的目的相符:

所谓术者,非委曲周旋转移计较之谓也。人生一日不可无术,道不得术不可适于用,心不得术变化不灵,学不得术不通于时,宜臣不得术不能致君尧舜。孟子曰德慧术智,有此德慧自然有术智,有此仁而无此术仁也不中用,故曰仁术者,乃仁之最灵活处也。

①(宋)陆九渊:《陆九渊集》卷二十三《白鹿洞书院论语讲义》,钟哲点校,中华书局1980年版,第275~276页。

律与术的结合,便是以仁心为重,在执法中体味立法之深意,求得治理的积极效果:

律无术何以防民之过而免于罪戾,致君不通于爱君之苦心何以积诚感动而尽力扶持纳约自牍而旋乾转坤耶?有此一点真念头便有此一番真妙用,莫为而为莫致,而致千古而下,识得术字方可语仁字,然办得仁字然后有术字,不然仁则假仁,术则假术。①

这即是仁心仁术的良性循环,相较苏轼诗中为针砭时弊而不得不有所偏重、呼吁回归传统,张萧之说则更显圆融。

另一方面,"礼乐刑政"之"刑罚",为"治"之一端。

典章为国家元气,本朝法典即为尧舜之法,知治法者方为治国人才等语,展现出将立足本朝、究心法制的经世济民态度:

夫法者,达斯道以康济乎斯世斯民者也。尧舜之道,不以仁政不能平治天下。然道于尧舜至矣。苟非仁政,则泽不下究,而经济之学可少乎哉?士生斯世,其致君尧舜之术,当不外典章以求之尔,是故祖宗之法即尧舜之法也。舍祖宗之法而别求所谓尧舜之法,皆妄也。且凡物之制也,有体裁焉久而或弊,修治以存之可也。因其弊而去之,易之以美材,弗善也,为非其体也。夫典章乃国家之元气。典章具存而国家之元气完矣。虽历代沿革之不同,诸臣议论之勤恳,惟以复其旧而已。故兹录者,皆以发明夫典章者也。或曰有治人无治法,此抑末耳,是不知所谓治人者,以其知治法也。②

读书为本,读律为用,则成就理想的儒者之刑名,达成明刑弼教的社会目标。而一方偏废,均导致不胜任、不称职。对于"为民父母"、从事地方综合治理的牧令,做到学以致用且矢志不移,尤为难事:

古之长民者,治而教之之外,无他事也。后世有簿书期会,征调共亿,趋走逢迎之烦,私计之迫,而得尽心于民事者或寡矣。而舞文殖货者,又不与焉。其善者岂无德慧术智者哉,而于先王之法意,未知其何如也。是故时之仕者,审狱讼,时赋役,慎保守,不大得罪于民,则已为难矣。岂复有为治之具,而况于教乎。若夫以儒入官者,宜有见于此矣。或者于道实未有闻,于学实未有得。蒙其名以进,一旦莅事,不阘茸卤莽以取谬悠之讥,则反睢盱恣且,窃取时俗之绪余,以苟且毫末之得而

①(明)张萧:《宝日堂初集》卷二十九,明崇祯二年刻本。
②(明)万表编:《皇明经济文录·序》,于景祥、郭醒点校,辽海出版社2009年版,第3页。

不耻者,亦何心哉?噫!何吾民之重不幸也如此。[①]

先王法意,“治而教之”,以古人语境而言,如此为王道、大体,是终极追寻。换成今天的话来解说其积极意义,仁人在位行王道,似可以理解为一种综合治理与评价取向——不片面强调如打击犯罪、稳定治安等单项短期指标,而是更注重社会长治久安,亦注重个体理想人格的养成。其具体表现,例如,关注投入久、见效慢的文教事业,关怀弱势群体,注重移风易俗,消除犯罪根源等。即便要向实践层面法繁法密、刑名钱谷“簿书期会”等因素妥协,但理想层面不能放松——因其恰恰反映了士君子自我期许与群体认同,尤其是较之“不学无术”者的优越性[②];还可从反思与超越“以死法待生人”的层面,“得法外意”而创造性执法、臻于善治。

二、得法外意的执法追求

明代丘濬在《大学衍义补》卷百十一论述“简典狱之官”时论证“刑狱人命所系,不可专委之吏胥”,理由是读书之士有其长,知法之吏有所短:

士读书知义理,不徒能守法,而又能于法外推情察理,而不忍致人无罪而就死地。

吏胥虽曰深于法比,然而能知法也,而不知有法外意,苟狱文具,而罪责不及己足矣,而人之冤否不恤也。

祝总斌先生着眼于此,分辨官、吏特质:用丘濬的话,“士”高就高在,不仅能遵守法,而且在出现法律条文所不能涵盖的具体情况时,还能从实际出发,“推情察理”,灵活判案,而不死抠条文;吏胥则不然,“不知有法外意”,不能“恤”,在某些情况下对正确判案和统治利益是不利的。这和明成祖关于御史“有学识,达治体”,而吏胥则不然的要求与评价,精神是完全一致的。[③]

丘濬的话是从另一角度即司法角度,反映了朝廷用人,不唯专业知识与业务技能,仍器重“以文取士”选拔上来的官员的原因所在:吏胥“深于法比”,可照搬现成法律知识,仍需官员斟酌决策。因为士/官的素养助其识大体,明法理,契合法律精神,而非表

①(元)虞集:《云岩书院记》,载李修生主编:《全元文》卷八四二,江苏古籍出版社1998年版,第496页。

②如祝总斌先生总结官吏之别,关键在于官员“读书知义理”,政治文化素质较胥吏为高。

③祝总斌:“试论我国古代吏胥的特殊作用及官、吏制衡机制”,原载《国学研究》第五辑,收入《材不材斋史学丛稿》,中华书局2010年版,第565~590页。

面守法、实质“乱法”。“立法者非知仁义之道不能,守法者非知立法之意不能,不知立法之意者未有不乱法者也。”(方孝孺)甚至如遇疑难,可以规避条文主义,创造性地利用成文法的“疏节阔目”,“得其意于言外”,通过“法外意”寻求实质正义。

我们从以下三个方面来考察。

其一是“有治人”先于“有治法”的基调,体现在立法的繁简、宽严、新旧方面。学者曾举例说明,恩威、赏罚、宽猛、情理法与法外意等构成相互关联的思想系统。①

例如,强调“仁心”与“徒法”兼备,仁心虽在“法外”,却至为关键,如张载在《月令统》一篇中阐释:

> 秦为月令,必取先王之法以成文字,未必实行之。“道千乘之国,敬事而信,节用而爱人,使民以时”,此皆法外之意。秦苟有爱民为惠之心方能行,徒法不以行,须实有其心也。有其心而无其法,则是虽有仁心仁闻,不行先王之道,不能为政于天下。②

又如元人论设官分职制度繁简,法岂能“绳变而不穷于变”:“古今治天下者,恒以有穷之法系无穷之变,变生则又为之法。于是法如牛毛,变如猬刺,虽聪睿之英主、明断之哲辅不能革也。”守令治理地方,按察、御史监督之,这是理想预设,然而现实中可能流于“上下相朋”;保证官员称职,“要在于疏其禁网、简其法令”,“则良法美意固溢出于法之外”③。

再如胡承诺基于明亡的教训,重申儒家治国理念与“任人”优于“任法”的基本态度。为治应先定道术,至于律令制定,得“法之平者”的理想状态是使人“易避而难犯”,

---

①参见清吴子光《台湾纪事》附录二《与当事书》,徐世昌《将吏法言》卷六《执法》。对古今制度的解读,举宋张载解释“放郑声、远佞人”,明何瑭《栢斋集》卷六《均徭私论》,清洪弃生《寄鹤斋选集·问民间疾苦对》与晚清改革中张之洞、汪康年言论。参见霍存福教授撰文《用法恒得法外意——魏晋玄学所追求的司法、执法境界》(《法律文化论丛》第1辑,法律出版社2013年版)。霍教授从东晋谢安概括陶侃行事的“陶公虽用法,而恒得法外意”一语切入,兼及“得法外意”的多种表述从法律领域推广到佛教原理说解、艺术创造、医学等方面的普遍意义,并关注核心人物陶侃与谢安的事迹,归纳“法外意”最初的玄学语境所展示出的“道与法”道家哲理及“言意之辨”等问题。在文末,霍教授极富洞见地指出:缘自儒家思想系统的“情理法”,更契合中国思想结构,也更加具体而切实,从而得到集中运用,而“法外意”发散范围广,但原发领域影响力不足,相对概括抽象,也未从儒道互补的大背景中得到更多支持。二者的共性也不可否认:都有不拘泥于外在、文本法律规则的意味,但霍教授认为“情理法”涵摄法之内外,而“用法恒得法外意”瞩目“法外”。在此基础上,本文的史料搜集和整理则能够更多地展现出元明清的“法外意”论述,是如何交融于王道、教化等儒家思想内涵的。

②(宋)张载:《张载集·经学理窟》,章锡琛点校,中华书局1978年版,第296页。

③(元)陈谟:“书王佥宪事迹后”,见李修生主编:《全元文》卷一四五三,江苏古籍出版社1998年版,第292页。

其深层则是合乎道术、寓教化之意。在律令的解释与适用上,“立法太严,必有不当其实之弊。”“人有贤否,则法有重轻,以贤者用法则法重,以不贤用法则法轻。”此轻,指的是法不能必行,权威性不足。在法官与法律条文的能动性上,“先王立法,但举大纲,而损益存乎其人。法令有限,而治理无穷者,以人行法,不以法窒人也。以人行法,虽偶有未善,害之所至,与其人为终始;法之本善者,固自若也”,但后世以法束缚官吏,形成恶性循环:“以一时救弊,而贻患无穷也。”

由此,胡承诺反对仓促变法,理由是变法易失古人立法之意与先贤法外意:

> 古人之立法也,除恶者既去异类,犹必谨其界限分别;立国者既作纲纪,犹必施以修饰爱护;制器者既成模范,犹必加以采色文章。若此者何也?所谓法外意也。法外之意,不尽在法之中,仓卒变法,未得其意,疏舛之患,以次而作,行之未久,害且倍于前矣。更用新法,恐益纰缪,即欲循其旧章,而反复多端,如元佑、绍圣,终不得指归,徒为小人攻击君子之蹊隧耳。①

袁滨、袁枚父子的律例观中,更有针对性地褒扬古律“核之已精”,且用心良苦,“正在疏节阔目”,有利于法官发挥创造性。袁枚称:

> 先君之意,以为律书最久,古人核之已精,我朝所定大清律,圣君贤臣,尤加详审。今之条奏者,或见律文未备,妄思以意补之,不知古人用心,较今人尤精。其不可及者,正在疏节阔目,使人比引之馀,时时得其意于言外。人之情伪万殊,而国家之科条有限,先王知其然也,为张设大法,使后世贤人君子,悉其聪明,引之而议,以为如是断狱,固已足矣。若必预设数万条成例,待数万人行事而印合之,是以死法待生人,而天下事付傀儡胥吏而有馀。子产铸刑书,叔向非之曰:先王议事以制,不为刑辟,武帝增三章之法,为万三千盗贼蜂起,大抵昇平时网举而纲疏,及其久也,文俗之吏,争能竞才,毛举纷如,反乖政体。②

今之条奏,变异先王大法,内容上未必精审,更大的问题是形式上“预设数万条成例”,“以死法待生人”,徒方便了“文俗之吏”,实则“胥吏所为而通儒所耻”③,不利于“贤人君子”发挥聪明才智。

---

①(清)胡承诺:“绎志·至治篇”,见徐世昌等编纂:《清儒学案》卷二百五,沈芝盈、梁运华点校,中华书局2008年版,第7963~7982页。

②(清)袁枚:“答金震方先生问律例书”,见《小仓山房文集》卷十五,江苏古籍出版社1993年版,第248~252页。

③《樊山政书》卷十三《批渭南县张令禀》。

“奉法者守令事也,用法而恒得法外意者循吏之为也”[①],儒者即便任法,“傅经而不胶纸上之言,析律而深得法外之意”[②],决狱引经,与“传爰书惟法令是师者”不可同日而语。[③]

其二是治理中对“教化”的倚重,以及如何处理教化与刑罚的关系问题。

儒者执法,视民如伤,体现慎刑与宽宏。这种与“俗吏”的区别,不主要来自以读律为基础的引律,而在于不苛细,存大体,贯彻儒家重教化、以民为本的治国理念,不徒任刑罚。“以清慎勤为体,以情理法为用”[④],“明义理,备道德”,知政亦知教,知法亦知情[⑤],以此用刑,方能体现儒者通先王立法之本意的优势,又以此为超越陈规旧俗法网浸密而“得法外意”。

> 所贵乎儒者之为政,以其能得法外意也。法有一定之例。事纷至乎前,或行同而情异,或名是而实非,百千万变,莫能尽。一概诸例而无权,则府史自足以治世,而又焉用士夫为?近年法家龊龊,于例惟谨。虽有贤士大夫,亦缩手挛足,一毫不敢行其意。闻君曾为盱郡狱掾,辩疑辟于府,反复数四不置,囚藉是得缓死,岂执一无权者所能?[⑥]

能否“如得其情,哀矜勿喜”,体恤民情、慎重民命,不拘泥成法而得法外美意,是区

---

①参见《皇朝经世文续编》卷二十六《守令下》。

②陈绂,福州长乐人,刘克庄于淳佑五年、六年任江东提刑时,陈伟提刑司检法官。刘克庄称许其为“吉士”与“仁人”。(宋)刘克庄:《刘克庄集笺校》卷一五五,辛更儒笺校,中华书局2011年版,第6101页。

③元人师泰,由翰林调任绍兴推官,“先是,凡以私鬻盗鬻而丽于法者,多连及无辜,所司为之传致,并缘为奸利。公下令,事觉,止坐犯人,不得转相连逮,平反者前后亡虑百余事。其凡刑名之事,无大小必记于籍,立限勾稽,吏曹无敢奇请他比以舞文法。间有非便文者,公一以自任,不以累其属。意之所向,万夫莫回;事之所疑,片言以决。故能庭无滞讼,狱无冤囚,豪强慹服,善良赖以为安。公在官四十三月,去之日郡民家为位焚香以拜。父老攀留,填塞道路,马不得前,追饯数十里,涕泣而别。囚之居囹圄者闻公去,亦皆恸哭不已。呜呼!是区区者谁实使之?盖公儒者,诚以本之,恕以推之,刚断以济之,公正以持之。故其原心定罪,探意立诚,一皆合乎《春秋》之义,以及有是也,汉儒以经义决疑狱,世之论者顾以为阔疏,然则儒者之用,果可与传爰书惟法令是师者同日语哉”。(元)王祎:《绍兴谳狱记》,载李修生主编:《全元文》卷一六九,江苏古籍出版社1998年版,第508~509页。

④李岳蘅:《历任判牍汇记》序,见杨一凡、徐立志主编:《历代判例判牍》第12册,中国社会科学出版社2005年版,第111页。

⑤“刑者,民命所系,非通经学古、明义理、备道德者,不可以居之耶。周人于不识过失遗亡者宥之,幼弱老耄蠢愚者赦之;而今则罗织之矣。上之人素不能教化,及陷于罪,犹能矜宥;今则罗织之,呼喝吏卒,严限烂勒,动籍其家,甚而惟恐民之不奸不罪也。盖不奸不罪,则无以逞其科罚之计。生民蠢然无知,惟知健讼而不顾其家;有司恝然无情,但滋囊橐而不恤其民……至于廉洁之士,又以故入为清,搜罗为明,但知政而不知教、知法而不知情。”(清)赵本植纂修,庆阳市地方志办公室整理:《乾隆新修庆阳府志》卷三十九《艺文·议·灾异议》,张玺、王立明、齐社祥等点校,中华书局2013年版,第410页。

⑥(元)吴澄:“凌德庸字说”,见李修生主编:《全元文》卷四九六,江苏古籍出版社1998年版,第674页。

分承载儒家治国理想的儒者与刀笔吏的标志。儒者“读书万卷”,深明大义,方不致舍本逐末。在具体案例、事例中,调和儒者与刑名之道,体现为回归立法本意和创造性地追求“法外意”。①

法外意以宽为主,以教为先,尊重习俗。“得法外意”在对待妇女贞节问题上得到集中体现。元人议论,“隋李德武妻裴淑英读《列女传》,见称述不改嫁者,乃谓所亲曰:‘不践二庭,妇人常理,何为以此传记耶?’善夫!裴之言几知道者。虽然,自先王之泽熄,世固有夫不夫而妇不妇者。则孟之所以少丧其夫,不复他适,又抚其子至能服官从政,宜乎见称于君子也。刑部侍郎襄阳王公彦宝属素更为述之,将请朝之宗工硕人咏歌之,以为世观。王公,刑官也,岂不曰出乎礼则入于刑,所以防范其民者,盖得夫法外之意者。然则王公亦贤乎哉!”②明代吕坤的办案心得则是,“贫家男女易杂,小民名节多轻,非若士夫之家,严内外以远别,有礼义以养心。故愚民贫民不可遽责以圣贤之道,凡决此辈奸情,不可细拘文法,当有法外之精意焉。”③士夫之家应严守礼义,若有奸情,是知法犯法,罪无可恕。而贫家或不具备严内外之别的条件,自来轻名节,不宜责以圣贤之道,“细拘文法”,虽于法有据,然而于情未洽。所谓依“法外之精意”宽待贫家犯奸,即是基于“先教后刑”“出礼入刑”“上无教化则下无见闻”。其余大事化小之论,也是同理。④

宽宥其他因愚穷而违法者,是“得法外意”又一具体表现。元代青阳县令徐泰亨,断案用法外意,悯民饥寒而为盗,薄责开释,与同僚不依不饶导致民死于狱中,形成鲜明对比:

> 民有告四十人同发其廪粟者,吏欲准强盗论。君曰:“吾方忧其死而食之,彼

①宋胡则“临事得法外意”,元刑官郑汝翼,元能吏苏志道,清彭玉麟“素厌文法,治事辄得法外意”,叶芸士断老妇失钱案等。见前揭霍存福教授撰《用法恒得法外意——魏晋玄学所追求的司法、执法境界》。

②(元)危素:“李节妇诗序”,见李修生主编:《全元文》卷一四七〇,江苏古籍出版社1998年版,第200页。刑官重教化,尤其被称许是得法外之意。如明代林弼《登州集》卷八《送邵武司李冯公之官序》言,“明刑之要在于知法外意”,例证是冯令尹治严邑南胜时“完堡以固民,兴学以导俗,去苛弊,简牒讼,强抑而弱扶之”。

③(明)吕坤撰,王国轩、王秀梅整理:《吕坤全集·实政录》卷六《风宪约·提刑事宜·奸情》,中华书局2008年版,第1099页。以下版本同。

④“上无教化则下无见闻,如兄收弟妻,弟收兄嫂,及雇工人奸家长妻者,于法各死。愚民皆不知也,乃有兄弟亡而收其妻,谓之就和,父母主婚,亲戚道喜者。世道不明,罪岂专在百姓哉?凡遇此等狱情,有司自当审处,何人主婚,有何证验,仍先将律法徧晓愚民,有改正离异者免究,勿听讦告之言,轻成大狱也。”吕坤:《吕坤全集·实政录》卷六《风宪约·提刑事宜·奸情》。

乃以求生而抵重禁。当用法外意可也。”悉笞而遣之。旁郡邑事类此,有瘐死者。宪府闻君议,召其长吏切责焉。①

得法外意,是问刑者综合素质的高端体现。仁心仁术两得,“刑罚中教化”,乃是官僚阶层中的佼佼者。

如蒯德模,以诸生积功保举为知县。体察民情,顺应民意,“知长洲四年,所判八百余牍,皆惬民意。常乘马日行数十里,与田夫走卒相酬答,周知民隐。一旦坐堂皇莅事,人皆惊以为神。”怜悯饥寒,注重教化,“有因饥寒为窃者,为设化莠堂,给以衣食,督其习艺,艺成各令归”。疾恶如仇,不畏强御,“驭下严而能恤其私,胥役辈争自濯磨,不敢为淄蠹”。办案情理法兼顾,“首邑讼狱繁,限日传提,随时判决,间用俳语,粲然成章。谳狱思无不入,能虚中察辞气,或故支离曼衍其词,而忽得其情会。所在发摘若神,豪猾屏息。然执宪平,不为礅刻,多得法外之意”。②

又如阮葵生“治刑以明察平允见称于时,然其神智所开,乃自唐、宋诸贤奏议而来,故能持大体,不为苛细。公卿之异于刀笔吏者在此”③。持大体,即学而有术,其人的断狱才能,固然是其脱颖而出的原因之一,但更重要的是,这种学问与经世的结合,体现了儒家“治人”的理想与优越性。据邱澎生教授撰文,明清中国固然仍不缺鄙视法律知识的士人与官员,但也存在用心仁恕而又精于治律的“法官、法律家”,如分析徐宏先及其所作《修律自愧文》可见,“不必高举司法独立、反抗君权或是宪政法治的大旗,这位十七世纪左右的刑部官员也在这里分梳了法律知识何以重要,说明修法与立法工作何以是‘事关千秋’的大业”④——“总是一片哀矜恻怛之心,不欲轻致民于死之意也”(徐宏先)。另据郑小悠博士的分析,雍、乾以后,刑部法律专业化程度日益提高,法律最精的

①(元)黄溍:“青阳县尹徐君墓志铭”,见李修生主编:《全元文》卷九七四,江苏古籍出版社 1998 年版,第 292 页。《新元史》卷二二九《循吏传》亦载此事,记其言曰“以救民而抵重禁,当用法外意可也”。

②(清)佚名撰:《清史列传》卷七十七《循吏传四 · 蒯德模》,王钟翰点校,中华书局 1987 年版,第 6373 页。

③(清)阮元撰:《揅经室集 · 二集》卷三,邓经元点校,中华书局 1993 年版,第 420 ~ 431 页。

④邱澎生:“由唐律‘轻重相举’看十九世纪清代刑部说帖的‘比附重轻’”,载《法制史研究》总第 19 期。其所列举的清代官员,如姚文然、徐宏先,均有名篇被收入《经世文编》的刑法类。其分析王樵任职刑部钻研法律书籍,成为法律专家,又见《祥刑与法天:十七世纪中国法学知识的“信念”问题》,收入《当法律遇上经济:明清中国的商业法律》(浙江大学出版社 2017 年版)一书。王樵曾被人攻击刑名业务不熟练,其律学著作是有力回击,其致力于律例及办案“有用之学”则成为一类读律者心迹的代表。另一方面,以姚文然为法律专家,或许主要以其“律意律心说”等理论为据,在专业水准上,至少是在屡任刑部长官初期,与王明德等经验丰富者尚不能相提并论,其自叙办案失入事,为“志识”与“才学”未能协调的一例。见张田田:“试论《大清律例》律目的局限”,载《探索与争鸣》2017 年第 6 期。

官员多系科举正途出身，兼有儒生与法吏双重身份。在长期的司法实践中，逐渐形成了群体的自我认同。他们把惩罚人与拯救人、读儒书与读法律、做俗吏与做青天、惩强暴与积阴功的关系作了辩证的理解，具有某种专业认同的性质。①

其三，对"得法外意"的推崇，实则隐含更深的问题：如何看待"法"，成文律例，与"礼理法制"，固然有所重叠，但绝对存在差异。积极意义上的"得法外意"，对应着超越成文法局限与缺陷，创造性运用法律与追求良法善治，其指引或为儒家士君子"致君尧舜"志识，换言之，反思性的"法外"不应割裂于"先王之法"及"良法美意"，而应获得有机统一："人情、法意、经旨，本是一理。岂有人情、法意皆安，反不合经旨者。"②

举清代名幕汪辉祖为例，其寓斋中旧联为"苦心未必天终负，辣手须防人不堪"，可谓仁恕。③ 有人以其引经决狱事迹，赞其"得法外意"，汪辉祖谦逊：

> 人谓君得法外意，君曰："吾安敢弄法，惟于立法本意不敢不详尽耳。"④

郭润涛教授敏锐地看到，汪辉祖屡以"引经决狱"见长，固然在一定程度上反映了他在"经典"与"法律"知识结构上的强弱⑤，但从《佐治药言》读律与读经等条目的经验论说来看⑥，这种结构，也是汪辉祖自觉的追求：

> 在那部已经"儒家化"的《大清律例》中，仁者可以见儒，刻者可以见法。只见法而不见儒，乃"公式之刑名"；而儒者之刑名，当然起码是既见法又见儒。然而，法儒并见的做法，尚不足以求生。刑期于无刑，便是儒法并见的做法。⑦

"尊德性以极衡平之体，道问学以括权变之用，此《中庸》要领"，"得法外意"的前提，实质上是在文本与实质相冲突之时，找准立法本意，对拘泥条法的弊端作变通乃至规避。

---

①但是在儒家观念起主导作用的形势下，其他士大夫则仍然对他们持有刻薄和"精明自用"的批判态度。郑小悠："清代刑部官员的形象：自我期许与外部评价"，载《北京师范大学学报（社会科学版）》2015年1期。

②（清）黄宗羲原撰，（清）全祖望补修：《宋元学案》卷五十一《东莱学案·林汪门人·成公吕东莱先生祖谦·东莱遗集》，陈金生、梁运华点校，中华书局1986年版，第1667页。

③（清）梁章巨撰：《楹联丛话》卷八，白化文、李鼎霞点校，中华书局1987年版，第111页。

④举无锡浦经与兄子僮养未婚妻私案，赞汪辉祖"讲习律令，剖条发蕴，寻绎究竟，轻重之闲，不爽铢黍。及其援据比傅，惟变所通，不为典要律之所穷，通以经术"。（清）汪辉祖撰：《元史本证·附录 汪龙庄行状》，姚景安点校，中华书局2004年版，第586页。

⑤郭润涛：《官府、幕友与书生——"绍兴师爷"研究》，中国社会科学出版社1996年版，第176页。

⑥如"神明律意者在能避律而不仅在引律。如能引律而已，则是悬律一条以比附人罪，一刑胥足矣，何藉幕为"。

⑦郭润涛：《官府、幕友与书生——"绍兴师爷"研究》，中国社会科学出版社1996年版，第265页。

洞悉百姓疾苦，是为“原人中情”，不拘泥于法条一味从重，而主张泯灭人性之恶法宜废，是为“陈法外意”。

旧例，颍州府属凶徒结伙三人以上执持凶器伤人者，不分首从，发极边烟瘴充军，佥妻发配。邓廷桢奏言，该府属民俗强悍，非此不足示惩。定例之后，节次加严，何必以佥妻发配，例内似无深意。此等妇女，本系无罪之人，一经随夫佥发，如长涂摧挫难堪，兵役玷污可虑。或本犯病故，则异乡嫠妇，飘泊无依；或本妇身亡，则失恃孤婴，死生奚保。况颍属妇女，颇顾名节，一闻夫男犯罪，自知例应佥配，或伤残以求免，或自尽以全身。在本犯肆为凶暴，法网固所难宽，而本妇无故牵连，苦衷亦所宜恤。疏入，上为恻然，即降旨删除此例。宋于庭先生翔凤为诗纪其事“原人中情异从坐，陈法外意删兹条”。①

“立法制刑，乃所以教也。盖后之论刑者，不复知教化在其中矣”②，“良法善治”的构想中，法律创制与实施均从属于“教化”主旨儒家，无论是重视“立法之意”还是“得法外意”，均是对恶法与“详于法者有法外之遗奸，工于术者有术中之隐祸”③的用刑深刻的警惕。而所谓“法外”，虽具有某种批判与反思的功效，仍得统一于儒家的经权，而非不明法律、纯以经旨臆测之——“法外意”是积极地重视法律实质，非“不读律—知无术”的法律无用论，亦非批评者的眼中的“儒以文乱法”，即有意轻视、破坏法律乃至玩弄之。

结语

“读书—读律”关系讨论，折射出的是儒家意识形态“德主刑辅”的法律观，以及其司法理念在现实中能否贯彻、贯彻到什么程度，其具体表现，则是以取士到为官为主线，从实效与理想等多角度评价法律的作用与司法的效果。

另外，从苏轼本人事迹及其师承等方面来看，读书并不排斥务实。其师欧阳修固然信奉文以载道，“吾所谓文必与道俱”，也认可“政事可以及物”，具备改革者与实干家的

①宋翔凤：“纪邓嶰筠中丞善政·颍州妇”，见钱仲联主编：《清诗纪事·嘉庆朝卷》，凤凰出版社2004年版，第2078～2079页。

②（宋）程颢、程颐：《二程集·周易程氏传》卷一《周易上经上·蒙》，王孝鱼点校，中华书局2004年第2版，第721页。

③（清）王梓材、（清）冯云濠编撰：《宋元学案补遗》别附卷三《元儒博考·陈氏门人·盛庶斋先生如梓·庶斋老学丛谈》，沈芝盈、梁运华点校，中华书局2012年版，第6373页。

一面，综合展现士大夫之风骨与才干。至于苏轼，虽与王安石政见不同，但研究者均认可其政治抱负、法律素养不低；其所谓"读书万卷不读律"，是变法当头呼吁尊重传统的异见争鸣，并非践踏法纪。后来居官不读律，反倒以"申韩之学刻薄寡恩""学刑名坏心术"等为遁词者，实为经典之罪人，因其舍弃了探求法意、不背经旨的儒者本色与为官本职。简言之，"读书万卷不读律，识者讥之"，士不谙律、官不读律的痼疾，非苏轼之罪。同理，俗吏拘于文法，上下其手出入人罪，揣摩上意或公报私仇，亦非法律之罪。

更进一步，在传统语境中，读律之弊的极端表现，是老吏抱案死，墨守成规，不知变通，于是有背离立法本意、导致严刑峻法或情法两失的危险。这可通过儒者的权变来调和。但舍律例而论情理，则有损法律的权威性，更有甚者，在"公人世界""例吏利"的官场中，为吏所欺，为例掣肘，便不可避免。何以破解？只有将"读律"统合于"致君尧舜之术"，以读书功底，切实驾驭读律这一专门之学：识大体，方能得法外意；懂规则，才能善用规则。

如清代在吏部为官的何刚德在《春明梦录》中所言，遇到书吏拟吹毛求疵、讹诈外官的稿件，何刚德理直气壮予以驳回："汝谓我违法，我便违法何如？行法当得法外意，此等零碎条例无关轻重，汝谓我不知耶！"部吏叫苦求退，显然是底气、见识上都远逊于何刚德，例案知识上亦无法蒙混过关。因为何刚德读过部例，常引用的熟记，琐碎条例与近十余年成案也知晓大意，掌印后"例案既熟，年富力强"。[①] 这些条件综合作用，才使书吏无法争胜。

反之，自恃诗书功底，办案捉襟见肘或不合时宜，为吏所欺，也是问题。除前揭姚文然断盗案失入外，还有下文所列蔡聘珍、包世臣。

> 古人以经术饰吏治，今则政事文学判若两途，殊不可解。以余所见，蔡君笛椽，下笔滔滔清辨，而吏事非所长。宰江陵，以拘缓被黜。包丈慎伯究心世务，与先伯父同举戊辰秋榜。所著安吴四种，于水利农田，尤致意焉。逮出宰江右，有斗殴杀人者，丈自以教化不行引咎。鞫时不问衅由，先语以同闾共井，宜敦礼让。娓娓数百言，众皆掩口胡卢。卒以迂拙不任事，引疾归。[②]

或许，清末孙宝瑄所言，确为的论，可反思那些熟读儒家经典又心契哀矜折狱精神者，在具体司法活动中不谙律例，不能尽职、尽心之憾：

---

①（清）何刚德：《春明梦录》，上海古籍出版社1983年版，第33~34页。

②唐圭璋编：《词话丛编·听秋声馆词话》卷十《包世臣词》，中华书局2005年第2版，第2699页。

《周官》党正孟月属民而读法。读法也者,读国家之法律也。是人人无不知律学矣,安有不习吏事之儒哉?唐人设学,始有律学,则当时人已多不知律可知。至宋时,以练水大儒,犹谓不宜置明法一科,以为日诵徒流绞斩之文,习锻炼文致,为士已成刻薄,从政岂有循良。

夫以律令设专科取士,则业是科者必至尽弃《诗》《书》道义而不讲,练水之虑及此,固所宜也。然谓知道义者不必明法律,自能与之冥合,则未尽然。夫所谓冥合者,不过大旨所在。若夫条目曲折,岂能尽知。惟士夫以此自恃,故遇事为吏所欺,隐而不觉也。善夫周人孟月读法之制,既未尝专设一科,而人人又无患不明律学,其命意之深远,抑可知矣。①

更进一步,"得法外意"或可解决个案问题,然而"善守法者"变通以求规避法弊、政治之弊,却无法解决法律不受重视、不易遵守的问题。黄仁宇在《万历十五年》中评论海瑞的"凡讼之可疑者,与其屈兄,宁屈其弟"等论断时称,"这一段有关司法的建议恰恰暴露了我们这个帝国在制度上长期存在的困难:以熟读诗书的文人治理农民,他们不可能改进这个司法制度,更谈不上保障人权。法律的解释和执行离不开传统的伦理,组织上也没有对付复杂的因素与多元关系的能力。"②

仍从孙宝瑄的反思来看:

我国非无法律,而不能使人一一遵守者,以法律组织之始不过出于一二人之意见非一一揆合乎人情物理之适宜者也。其后又不能随时变改,故法律中有许多难行者。若事事依据,必于人大有妨碍,是故善守法者不能不于法律外变通行之,以求合乎情理之中,然而于法律则背矣。

人之初背法律也不过于可背者背之,浸假将于不可背者而背之矣。是故有国者之定法律也,必先使法律必可行,而后使法律不可背。③

以"得法外意"的办法执法,对法律从"可背者背之",到"不可背者而背之",不免又滑向"不读律"的老路上去,因此,仍有必要再结合更具体的法律才学来考量。

---

①(清)孙宝瑄:《忘山庐日记》,上海古籍出版社1983年版,第291页。
②[美]黄仁宇:《万历十五年》,生活·读书·新知三联书店2004年版,第139页。
③(清)孙宝瑄:《忘山庐日记》,上海古籍出版社1983年版,第744~745页。

附录一:《戏子由》[苏轼,熙宁五年(1072年)]

宛丘先生长如丘,宛丘学舍小如舟。
常时低头诵经史,忽然欠伸屋打头。
斜风吹帷雨注面,先生不愧旁人羞。
任从饱死笑方朔,肯为雨立求秦优?
眼前勃谿何足道,处置六凿须天游。
读书万卷不读律,致君尧舜知无术。
劝农冠盖闹如云,送老齑盐甘似蜜。
门前万事不挂眼,头虽长低气不屈。
余杭别驾无功劳,画堂五丈容旂旄。
重楼跨空雨声远,屋多人少风骚骚。
平生所惭今不耻,坐对疲氓更鞭棰。
道逢阳虎呼与言,心知其非口诺唯。
居高志下真何益,气节消缩今无几。
文章小技安足程,先生别驾齐旧名。
如今衰老俱无用,付与时人分重轻。

附录二:“读书万卷不读律”辨——聚焦宋元明清法官之学(大纲)

导言	(一)名句“义讹”:写作缘起	
	(二)解题	1. 法官 2. 学:知识—实践 3. 宋元明清
一、源流:“读书—读律”问题的提出及其语境	(一)宋儒苏轼“诗言志” (二)问题的历史语境	1. 德与刑 2. 儒与吏 3. 讲读律令
二、悖反:“以文取士”与“法律为专门之学”	(一)科举取士不重律 (二)法律为专门之学	
三、救弊:律何可不读	(一)儒者应读律	1. 律己亦知今 2. 祥刑与持平
	(二)官幕必读律	
	(三)不善读律的表现及因应	1. 士耻言律,官未谙律 2. 拘泥文法 3. 消极因应
四、变革:经典淡出后的读律	(一)经世务实	
	(二)专科盛,法政兴	1. 学、术独立 2. 导士以法政 3. 法律教育的忧思
结论	(一)任人、任法、人法兼用	
	(二)才学志:读书兼读律	1. 志:致君尧舜与得法外意 2. 才与学

[责任编辑:夏婷婷]

·法律文化原理·

构建中国特色社会主义法治话语体系

田鹏辉*

摘　要:法治理论是法治话语的栖身之所,法治话语是法治理论的话语呈现。要“发展中国特色社会主义法治理论”,必须首先在法学研究、法律移植、法理阐释过程中构建中国特色社会主义法治话语体系。同时,法学理论界要走出书斋,深入实际,在具体的司法实践中汲取丰富的思想源泉,特别要注重总结和提炼基层司法实践经验,正确处理百姓话语、法律话语和政治话语的关系,满足群众法治需求,讲好中国法治故事,让中国的法治道路激荡世界,让中国的法治智慧启迪世界,让中国的法治经验惠及世界。

关键词:法治理论;法治话语;百姓话语;法治智慧

目　　次

习近平总书记在党的十九大报告中系统阐述“坚持全面依法治国”基本方略时,明确指出要“发展中国特色社会主义法治理论”。这实际上是肯定了发展中国特色社会主义法治理论在坚持全面依法治国基本方略中的重要地位和作用。法治理论是法治话语的栖身之所,法治话语是法治理论的话语呈现。要“发展中国特色社会主义法治理

* 沈阳师范大学法学院教授,法学博士。

论”,必须首先在法学研究、法律移植、法理阐释过程中构建中国特色社会主义法治话语体系。

一、法学研究要坚持中国立场

法学研究的中国立场首先意味着法学理论创造的中国意识,就是以中国特殊的社会发展状况和特殊的政治体制为根基,从中国的立法、司法实践出发,直面中国问题,破解现实困境,在中国语境下用中国话语阐释中国的立法、司法、执法和守法的现实,创造出真正符合新时代要求的中国法学理论。中国立场也意味着法学理论创造的中国式思考,即在揭示和解决中国法治问题的基础上,通过独特的中国式问题寻找、探索方式,发现具有原创性的法学理论生长点,确立法学研究的中国坐标和法学理论的中国标准,摆脱“以西方的标准为标准,以西方的立场为立场”的法学研究模式,告别外部依赖和单纯模仿的学徒状态,以自己的主导立场与基本态度来评判法治改革的成败得失和问题的是非曲直,从而逐步建立自己的话语体系、理论体系和学术体系,呈现新时代法学理论的中国气象。

当前,应深入研究习近平新时代中国特色社会主义思想和习近平法治思想,为决胜全面建成小康社会,开启全面建设社会主义国家新征程提供坚强的法学理论支撑。随着全面依法治国和惩治腐败进程的不断深入,“如何协调国家监察立法与刑事诉讼法的关系、如何深化司法体制综合配套改革、如何健全自治、法治和德治相结合的乡村治理体系”等都是摆在法学、法律工作者面前的重大理论课题。要解决这些重大问题,人类创造的优秀法律文明成果固然可以借鉴,但我们决不能成为西方法学理论的搬运工,而是必须坚持世界性问题中国式解决的基本思路,直面中国特色社会主义立法、司法改革的伟大实践,提出中国方案,勾勒中国图景,进而使我们的法学研究既可体现中国特色,又能对全人类的共同利益做出贡献。

二、法律移植要尊重中国国情

中国近现代以来,特别是改革开放以来实现法律快速发展的主要途径就是法律移植。在现代市场经济与中国特色社会主义法治体系日益完善的前提下,法律移植已经进入了更加精细化的立体发展阶段。在法律移植的过程中,中国固有的法律文化和西方法律文化之间必定会不断地相互渗透,并产生法律理念上的冲突。

当前，中国特色社会主义已经进入了新时代，我国的法治改革应努力构建一整套具有新时代文化特质的法律制度体系，为国际规则的修改提供完善的中国方案。为此，应以“中国法治问题”为导向，以“中国法治实践”为基础，根据自身需要与可接受性进行改造式移植、选择性移植，进而在立法、司法、执法和守法等环节形成具有中国特色的“主导性”和“内在性”，使移植过来的法律规则成为中国法律制度整体的有机组成部分，确保植入法律的本土化和生命力。与此同时，法律移植不是外国法律规则的机械植入和简单镶嵌，而是制度与文化相协调、规则与理念相融合的过程。在这一过程中，为使引进的法治理念、法律规则能够获得中国人的情感认同，必须积极争取中国固有的优秀法律文化和中国法治话语的内在支持。因此，既要充分发挥外来法律规则在中国法治建设中的引领与转化作用，更应提炼出能够与中国特色社会主义新时代相适应的传统法律文化，以此作为中国法治建设的文化根基，并与移植过来的法律制度实现整合对接，实现法律移植的最佳效果，完善具有中国特色的现代化法律制度体系。

三、法理阐释要讲好中国话语

中国话语是中华民族特定的基因密码，诠释着中国文化，展示着中国形象，传递着中国声音。在改革开放40年的伟大实践中，我们走出了一条世界瞩目的中国特色社会主义法治道路，我国法学理论和司法实践也取得了长足进步。但是，中国法学理论的世界影响力和国际话语权还不够强大，其主要原因在于一些人既不能准确把握法律历史的发展规律，又不会科学评判中国司法实践；既不愿在中国传统法学话语中提炼标识性概念，又不善于打造易于为国际社会所理解、接受的新概念、新范畴和新表述，盲目迷信西方的法律体系和法学理论，讲实体，言必称德日，谈程序，言必称英美，简单套用西方国家的法律概念和法律话语解释中国法治现象，并常常削中国司法实践之足，适西方法学理论之履。这种过度崇拜西方法学理论和司法经验的做法，暴露出严重的殖民法律文化心态，必然会使自己失去独立的判断能力和话语能力。

法律是民族精神的自然言说，法学学科阵地决不能为西方话语所“掠夺”。在阐释法条背后的规律和道理时，应从中国传统法律文化中汲取元素和智慧，与中华民族的法律文化特质、中国国情相结合，以中国自身的法律话语与外部世界沟通、对话，从主要内容到基本形式，都应当深深地刻上中国文化的烙印。西方法律话语体系的特定内涵和价值主张，无法准确地解释中国特色社会主义的司法实践，所以绝不能盲目照抄、机械照搬。

当前，法学理论界要走出书斋，深入实际，勇于和敢于直面“以审判为中心的司法体制改革、国家监察委员会的设立、认罪认罚从宽制度”等问题，同时在具体的司法实践中汲取丰富的思想源泉，特别要注重总结和提炼基层司法实践经验，正确处理百姓话语、法律话语和政治话语的关系，满足群众法治需求，讲好中国法治故事，让中国的法治道路激荡世界，让中国的法治智慧启迪世界，让中国的法治经验惠及世界。

[责任编辑：武航宇]

·法律文化原理·

人性观与民事责任制度的构建

——以环境责任为例的法理学分析*

金　星**

摘　要:从法理学的角度看,民事法律制度是建立在主体(自然人)的理性与自由这两个基本的人性基础之上的。这种特定的人性观,当然对于民事责任制度的构建与实际运行也是有效的。所以,民事责任制度必须要具备一种内在的激励机制,从而鼓励理性的当事人在侵权行为发生后积极自愿地进行法律责任的追究。但是,环境所固有的公共性特征,使得在环境侵权行为发生之后,理性的权利人难以产生追责的激励。因此,环境责任制度的可能出路,就是在环境侵权行为的直接当事人之外引入适格的第三方,从而以间接但有效的方式来激活环境责任制度。

关键词:人性;民事法律责任;法理分析

目　次

---

*本文是作者主持的国家社会科学基金项目“法治中国建设中的法律意识冲突及其应对策略研究”(17BFX018),以及作者参与的国家社会科学基金项目“法治文化的传统资源及其创造性转化”(14ZDC023)的结题成果之一。

**沈阳师范大学法学院副教授,法理学博士,硕士研究生导师。

引言

法律是一种通过规范人们的外在行为,以建立并维护适合于人类社会生存与发展的极为重要的社会机制。在任何一种社会形态里,实际上都存在着众多的秩序维护机制。但与其他社会秩序维护机制如习惯、伦理等不同,法律主要是借助于明确的、刚性的法律规则,并以规定法律关系当中当事人具体的权利、义务以及相应法律责任的方式来实现其对社会秩序的调控的。就民事法律关系而言,权利与义务通常来讲是赋予相关当事人以某种自由选择的机会,并且主要是借助于当事人之间的"自由意志"——意思自治而内在地、主动地来实现的。但法律责任却与之不同,它主要是凭借着法律制度所特有的"国家强制力"——这种相对于任何一种法律关系当中的权利主体与义务主体而言,都完全属于一种外在的、被动的第三方力量——来保证实现的。

理想状态下的法律制度,应当主要依赖于前述内在的力量而得以实现。因为在这种情况下,法律关系中当事人的权利与义务实现的社会成本更低,法律制度的运行也因之更为高效。但在实际生活中,源于诸多复杂的原因,人们在法律关系中迄今还没有,甚至说也不可能进化到能够完全自觉地、合理地享有权利并履行相应义务那样一种理想的法律运行状态。因此,法律责任制度也就当然地成了人类社会所发展出来的在任何一种法律制度中都必然要具备,并且不断完善的重要保障装置。

但是,如果我们将法律责任这一微观的制度设置放在法律体系这种宏观的有机整体中进行深入考察的话,就会发现:合理、可行且有效的法律责任机制实际上是与法律关系主体制度、法律行为制度,以及该行为的具体法律后果等相关因素密切关联的。换言之,法律责任制度在设定、变化、发展以及最终实现的程度等诸多方面,都要接受法律关系主体、法律行为及其后果的支撑以及相应的制约。而本文的目的,就是以民事法律责任为考察对象,来简要梳理法律责任制度的内在建构机制,并借此来考察我国当前环境责任制度所面临的"困境"及其可能的"出路"。

一、法律责任制度的建构机制

从法理的角度来看,现行的这一整套民事法律制度,实际上主要是围绕着"人",亦即法律关系的"主体"这一中心而逐渐发展并完善起来的。人是最终的"目的",而其他的制度,如物权、债权以及侵权责任制度等的设计,都属于"手段"。换言之,所有民事法律制度的设计，本质上都是为了民事法律关系主体人格的完善，亦即真正成为法律意义上的“人”而进行的。对此，私法领域的著名学者星野英一就曾说：“近代私法的特色首先在于承认所有人的完全平等的法律‘人格’”；而且，“社会关系如果从由法律规范着的那些方面的观点出发来领会的话，可以称为法律关系，但是如果将人是法律关系的当事人称为法律人格的话，则凡是有法（律）存在的地方便有法律人格的存在”。①

当然，如果我们完全抽象地、形式化地去看的话，这种以“人”为中心来建构一整套法律的思路或许并不是最初源于西方的这套体系化的民事法律制度所独有的特质。毕竟“徒法不足以自行”，所以在任何一种社会形态里，法律制度能否发挥其规范效力，以及究竟能够在多大程度上发挥其规范效力，实际上都要依赖于它所针对的这种社会形态当中的普通的“人”对于它的反应。换言之，也就是这种社会形态当中的人究竟会在多大的程度上认可这种法律的正当性与规范性，并最终在实际的社会交往当中将这些法律规则内化为他们的行为规范。② 换言之，是否以“人”为中心来构建法律制度并不足以构成我们认识与区分不同法律文化和法律传统的根本标志。所以，我们必须透过表面化的、形式的同一化假象，从更为具体与实质的视角，亦即究竟是以“什么样的人”为中心来构建法律制度，才可能区分进而理解和把握它们。而在本文看来，这套民事法律制度的独特之处，毋宁在于它对于作为法律关系之主体的“人”的本质属性，或曰“人性”观念的一些基本的假设上面。这些假设主要包括了如下几方面。

（1）法律关系主体——人的个人主义或者自由主义的性质。③ 这里需要特别指出的是，与学界通常对该政治术语的界定不同，这两个词在本文中的内涵主要是指：人是自由的，他具备理性与自由意志，在此前提下，他所实施的行为就是一种自由的、主动的选择。同时，只要在行为之际不存在来源于其他外在力量的不当干涉，他所实施的行为就应当是符合他的意志以及利益的。基于此，他就要对他的这一具体行为负担起最终的责任。换言之，就是他要承担该行为所有相应的法律后果，而不论这种后果在客观上于他而言是有利的还是不利的。上述意旨如果换成民事法律的固有术语来表达的话，就是“意思自治”以及相应的“责任自负”。也正因如此，德国著名的私法学家奥

①［日］星野英一：《私法中的人》，王闯译，中国法制出版社2004年版，第9页。

②参见［德］韦伯：《经济与历史：支配的类型》，康乐等译，广西师范大学出版社2004年版，第297～363页。

③对于这种意义上的“个人主义”与“自由主义”，参见［英］史蒂文·卢克斯：《个人主义》，阎克文译，江苏人民出版社2001年版；［美］大卫·鲍兹：《古典自由主义》，陈青蓝译，同心出版社2009年版。

托·吉尔克就曾经说过,“自然法领域中全部思辨的主导线索始终是个人主义——一种可循序得出其逻辑结论的个人主义”。① 而星野英一也曾说:“作为自己的立法者,法律人格是自由的。个人只要不违反有关公序良俗的法律,就可以通过契约建立自己的权利义务关系……法律人格根据自己的‘意思’自由地制定个人相互间的法律,其中操纵法律人格的,是人的意思。”②而对人性所作的这一项哲学假设很可能是发源于西方的民事法律制度与非西方法律制度之间的一项本质性的区别,本文在后面的分析中也将会扼要阐明它在相关法律制度设置上的巨大影响力。

(2)**法律关系主体——人的理性主义的性质**。这里所谓人的理性主义特质,首先当然是指人的行为是合理智的(rational)。在此意义上,它包含了与经济学上的“理性人”假设大致相同的内涵。换言之,就是在实施各类法律行为的过程当中,法律关系主体的主要目的在于实现其自身利益的最大化。亦即,“人是其自利的理性最大化者”③,尽管这种利益并不仅仅是指某种经济上的利益。但与此同时,人的理性主义特质还指法律关系主体的行为是合情理的(reasonable)。单纯的“合理智”并不要求一个人的行为一定要考虑到他人的利益。但就法律而言,“要成为一个理性的人,我们必须要考虑到他人的利益和立场——给予他们以正当的权益(proper due)”。④ 因此,对于民事法律关系中的当事人而言,其自愿实施某个法律行为,缔结某种法律关系,一定是其理性选择的结果。换言之,如果从该法律行为的最终法律结果亦即权利、义务的最终分配上来观察的话,必定是于他有利的。对此,日本学者牧野英一就认为:传统民法理论中所给定的人,是古典经济学所考虑的抽象人的“某个‘经济人’”,那个人作为自由意志的主体,由于经常被视为合理地进行活动的主体,所以“在经济学领域中……因其理性的缘故能够选择最小的劳动而收到最大的效果”,“在伦理学范畴中……因其理性的缘故,被认为是能够巧妙地遵循道德约束而行动的主体”。⑤ 而星野英一则在此基础上进一步指出,“他是具有充分的理性和意思、自律性地开拓自己命运的‘经济人’(homo oeconomicus),作为与之对应的概念,应该说是‘法律人’(homo juridicus)。”⑥

---

①转引自[英]史蒂文·卢克斯:《个人主义》,阎克文译,江苏人民出版社2001年版,第68页。
②[日]星野英一:《私法中的人》,王闯译,中国法制出版社2004年版,第33页。
③[美]理查德·波斯纳:《法律的经济分析》,蒋兆康译,中国大百科全书出版社1997年版,第4页。
④[美]劳伦斯·索伦:《法理词汇》,王凌皞译,中国政法大学出版社2010年版,第15页。
⑤参见[日]星野英一:《私法中的人》,王闯译,中国法制出版社2004年版,第38页。
⑥[日]星野英一:《私法中的人》,王闯译,中国法制出版社2004年版,第39页。

下面，我们就依据上述两项关于人性观念的假设来扼要分析它们对于现代法律制度的具体影响。

(1)**法律关系主体制度**。我们知道，从传统私法上来看，作为最本质的法律关系主体的“人”仅指“自然人”，亦即单个的人。而由众多的人以及财产结合而成的所谓“法人”，是随着社会经济发展的客观需要，例如，基于对经济资源的聚合以及经营风险的分担等因素的考虑而作出的一种法律上的拟制。对于自然人来说，其在法律上的构成主要在于“权利能力”与“行为能力”两项。前者旨在从一般意义上确定主体的“人格”，亦即其作为法律关系主体的人的资格；后者则旨在从具体情态上确定该主体的理性与意志的表达能力，并进而由此区分出了无行为能力、限制行为能力与完全行为能力的自然人。从法律规定上讲，对任何一个自然人而言，其权利能力会基于出生而当然、概括地一体取得。但是，他能否形成一个完整的法律人格，亦即能否真正成为一个完整、合格的法律关系主体，质言之，他能否通过自觉、主动地实施法律行为、缔结法律关系而享有权利、履行义务，却要视其具体的理性状况以及相应的自由状态而定。因此我们看到，对于无行为能力与限制行为能力的自然人，法律上就相对应地发展出了亲权以及监护等具体制度来进行弥补。而对于自由意志受到限制的当事人，如在民事活动中因欺诈、胁迫以及乘人之危等原因而缔结法律关系的当事人，法律上则相应地发展出了无效行为、可撤销行为等制度予以适当救济。诸如此类，其制度设计的目的就在于补足或者救济法律关系主体在理性以及相应的自由状态上的实际欠缺。这就充分说明了，在法律关系主体制度的具体设计上，的确是以人的自由与理性为基础的。

(2)**法律行为制度**。从私法上讲，法律行为是法律关系主体在自由、理性的基础上，充分发挥其自由意志，通过“意思表示”从而将其“内在”意志“外在化”的一个客观行为过程。而法律关系主体之所以通过实施某种法律行为与他人缔结法律关系，进而享有权利并承担相应的法律义务，通常而言即意味着该权利义务关系对于他是“有利的”。换言之，这一法律行为应当是其“自利的理性最大化”过程的具体步骤之一，同时，这种内在的激励机制也是促使法律制度得以实际运行的重要机制。而依据民事法律的规定，对于该当事人所实施的这一法律行为的具体法律效果的确定，也主要依赖于如下几项：首先，当事人是否具有相应的行为能力，即是否符合理性；其次，当事人的意思表示是否真实，即是否自由；最后，当事人的行为是否违反法律或者公共秩序善良风俗,即是否越过自由的外在法律界限。在此,我们依然可以非常明显地看出,人的自由与理性两项假设在法律行为制度上的实质性影响。

(3)**法律后果制度**。适格的法律关系主体(主要就是指具备相应的权利能力与行为能力的民事主体),只要在自愿的前提之下,对于其所实施的任何法律行为均应当负担该行为的所有法律后果。具体包括积极方面的利益,同时也包括消极方面的义务。而根据民事法律的相关原则与具体规定,只有当事人在此行为之际,其自由与理性受到了某些外在的不当因素,诸如欺诈、胁迫、乘人之危等的实际影响时,该行为的法律效果才可能依法发生相应的变化。具体来说,它可能是相对无效的,当然也可能是自始绝对无效的。在民事法律行为法律效果的区别上,我们也当然看到了该行为当事人在行为之际是否自由与理性的实质性影响。

(4)**法律责任制度**。本文上面已经提到过,尽管从逻辑上以及制度设计上来讲,一个理性的、自由的法律关系主体发挥其自由意志实施某一项法律行为,并且自己负担该法律行为的全部法律后果是完全合理的。但是迄今为止,所有人类社会形态中法律制度的实际运行并没有,而且似乎也不可能达到那样一种完美的程度。因此,强制性的法律责任制度的存在就具有了现实的必要性。接下来,本文就依据前述的两个假设来简要分析法律责任制度。

通常而言,法律责任的设置是为了保障法律关系中权利的实现以及与其相应的法律义务的履行的。而基于前述人的自由与理性的基本假设,任何一项法律责任制度的具体设置,如欲具有规范的以及实际的效果,则必须要满足以下几项条件:首先,当事人所实施的一项法律行为,其法律后果,亦即权利与义务必须能够在实践上完全地归属于行为者亦即法律关系主体自己;其次,从法律规范设计的合理性来讲,必须要保证具体法律责任设置的规范有效性,换言之,就是从法律规定上来看,必须要保证其对于特定法律关系的主体而言,选择履行义务是相对更为合理亦即有利的;最后,从法律的实效上来讲,则必须要保证法律责任的追究在实践上是有效的,换言之,就是从法律的实际运行上来看,这种法律责任制度能够被切实、有效地贯彻实施。

我们可以拿一个违约责任的例子作具体说明:假设甲(买方)与乙(卖方)之间订立了一项买卖合同,合同法中有关违约责任的相关规定旨在促使甲乙双方当事人诚实且全面地履行合同义务,并弥补因为一方违约而给对方造成的相应损失。首先,因为在该买卖合同中甲乙双方的权利与义务是严格对应并且完全归属于各自一方的,所以在这一合同关系里，甲乙任何一方违约，对方基本上都会选择追究其违约责任。假设乙方违约，其违约行为肯定要侵害到合同相对人甲方的权益。这种设计就从制度上保证了守约的甲方有"为权利而斗争"的客观必要性，换言之，即追究乙方违约责任的利益激励机制。与此相反，如果制度设计使得买方的合同权利实际上并不完全归属于甲，那么一旦乙方实施了违约，甲方选择追究其违约责任的激励机制就必将在一定程度上被弱化。之所以出现这种差别，其原因主要在于：在后一种情况下，甲方独自承担成本追究乙方的违约责任，而实际上维护的却是包括甲在内的多个权利人的利益。由于除了买方甲之外的其他权利人都成了"搭便车"的，所以甲方追究乙方违约责任的动机就会大为减弱。与此相应，合同法关于买卖合同违约责任的实际制度功能也就大为弱化了。

其次，合同法关于该违约责任的具体规定，必须要使得违约的乙方因为其违约行为而向甲方所承担的法律责任从可量化的角度，亦即实际损失上来看大于该行为给他带来的可能收益。否则基于理性人的假设，乙方选择实施违约行为对于他而言反倒成了一桩相对更为"合理智"的行为选择。在此情形之下，合同法关于该违约责任的规定也就成了一纸空文。

最后，该违约责任的追究，从法律实效上来看必须能够大致实现。如果满足上述前两项条件的法律责任制度在实践上无法得到有效的贯彻实施，即该违约责任制度仅仅是"纸上的法律"，而并不是"实践中的法律"，那么其对于违约行为的控制就无法真正得以实现。换言之，尽管合同法关于违约责任的规定可能是"完备"的，但是乙方在理性的算计之后仍将会选择违约，因为他很可能不会因此而被实际地追究相应的法律责任。通过上面所作的分析，我们依然看到了自由与理性人假设对于制度构建的内在支撑与制约作用。

二、环境责任制度的实际困境

在简要梳理民事法律责任制度内在建构机制的基础上，本文接下来就以其为基本的理论支点，简要地分析环境责任制度所面临的现实困境。

环境问题的历史或许与人类自身的历史一样久远，可以说自从有了人类活动，在一定程度上讲也就有了环境问题。但是环境问题的凸显，却是工业革命之后的事，主要原因就是随着人类的知识与能力的迅猛增长，其对环境的开发与利用日益拓展，由此使得环境问题也日益尖锐。当然，对于环境问题，法律制度已经在事前的防范、事中的控制以及事后的恢复与惩治等方面作出了某些积极回应,如现代社会已经普遍建立起了环境影响评价制度、环境污染收费制度、环境侵权赔偿制度以及环境责任保险制度等。但是,这些法律制度的设置仍不足以从根本上控制和解决环境问题。其原因就在于:首先,通常来讲,环境属于一种非常典型的公共物品,所以环境利益或者说其"产权"从传统私法上来讲无法清晰地界定在某一个确定的法律主体之上。由此,就相应产生了所谓"公地悲剧"的难题。换言之,由于法律关系主体在行为选择上的"合理智"的缘故,环境责任的追究在实践中缺乏有效的、必要的激励机制。因此,从制度设计上看,尽管当前的环境法律责任制度采取了所谓的"无过错责任"原则,而这种制度设置从逻辑以及实践上来看,其相对于普通的侵权行为对于环境侵权的受害方在权利的主张与实现上会更为有利(因为权利主体在求偿的诉讼过程中无须证明侵权行为人存在主观上的过错),但是从环境责任制度的实际运行上看,其依然缺乏足够的利益刺激,从而能够有效地促使"理性的"权利主体去主动地"激活"这种追责法律机制。其次,对于诸如中国这样的"发展中国家"而言,基于发展经济、促进就业、增加收入等诸多现实因素的考虑,环境责任制度在其具体设置上还存在着某些固有的瑕疵。非常突出的一点,就是从该制度的规范效力上看,并未有效地促使污染者控制或者减少环境污染。甚至相反,制度设计使得制造并且扩大环境污染对于污染者而言,反倒成了其"自利的理性最大化"的必然行为选项,此即所谓的"守法成本大于违法成本"的制度悖论。[①] 最后,从环境责任制度的法律实效上看,由于在现代社会中环境问题的制造者通常为组织化的企业,因此相对于分散的环境侵权受害方——"个人"而言,前者在经济、社会乃至于政治地位上无疑更具优势地位。这使环境责任制度在具体实施上,仍然面临着经济、社会乃至于政治方面的诸多阻力。

在环境责任制度所面临的上述三项主要的困境当中,参照国外的法律实践来看,第二个问题相对比较容易解决。简单来说,其方式就是通过立法来加重环境侵权行为人的责任负担,进而使得在法律制度的规范效力上,当事人自觉控制、减少环境侵权更为合理可行。但是,第一个与第三个问题却依然非常棘手,这其中,第一个问题显得更为紧要。因为依据本文前述的分析框架来看,如果第一个问题能够合理、有效地解决,换言之,如果现代法律制度能够建立其对于环境侵权行为进行积极追责的有效激励机制

①参见汪韬:"一份报告揭露的制度'黑洞'——水资源'大盗'是如何炼成的",载《南方周末》2013 年 4 月 25 日。

的话,则其对于环境责任制度的运行实效也必将大有助益。因此,建构有效的环境责任制度的焦点,就集中在了如何确立或者构建"适格的",亦即对于环境侵权的追责拥有有效的利益刺激的"权利主体"这一点上。

由于环境具有"公共物品"的固有特征,所以,如果按照传统私法上的权利构建的逻辑,将"环境权主体"依然确定为"个人",将不可避免地导致"公地悲剧"的出现。因此,考虑制度构建模式必须另辟蹊径。从发达国家的经验来看,其最初的制度建构思路是将环境权主体确定为"国家",由政府具体代表国家来行使环境权,并且监督各种环境侵权行为。这种制度建构思路如果仅从理论上来分析的话,是比较自洽的。它不仅符合西方社会"代议制民主"的政治理论,而且也符合制度经济学中"公共选择理论"的基本逻辑。对于"代议制民主"无须细说,对于"公共选择理论",本文在此要稍作解释。该理论认为:因为在公共物品上存在着不可避免的"搭便车"的可能性,"所以任何个人都没有动力自愿为公共物品的供给付出代价……公共物品不能由私人来生产和供给,必须由公共部门或政府来承担公共物品供给的责任。政府通过税收使每一个社会成员都为公共物品的供给做出贡献;与每个人都不愿做出贡献相比,这会改进每一个社会成员的状况"。①

仅从理论主张上来看,上述制度设置的思路是非常合理的,但是从运行的实效上来看,却并不理想。究其缘由,问题仍然出在了是否具有法律上适格的"权利主体"这一关键点上。大量的实践表明,担负着众多公共职能的国家并不能够专心于环境责任的监督与追究,因为国家的这些公共职能之间很可能存在着内在的冲突。例如,国家为了追求经济发展、就业等现实目标,就很可能会在特定时间段内放任企业对于环境的破坏。就国内的情况来看,地方政府为了 GDP 的增长而放松对于污染企业的监管与惩罚的情形也并非鲜见。因此,如何在法律上确立起适格的权利主体这一问题依然难解。

三、环境责任制度可能的出路

前已述及,在民事法律责任的设置上,基于对人性的相关假设,要求"权利与义务"必须明确、完全且有效地归属于个人。只有满足了这一必要前提条件,法律责任制度才可能有效地运转起来。然而在环境责任制度的设置上,基于环境固有的公共性特征,法

①方福前:《公共选择理论——政治的经济学》,中国人民大学出版社 2000 年版,第 35 页。

律根本无法将环境利益完全且有效地归属于个人。而将该利益归属于代表着全体公民(个人)的国家,从实践上看也仍然不能有效地解决这一难题。正是这种严峻的客观形势逼迫着人们突破制度建构的传统思维模式,去尝试新的解决办法。

从发达国家的经验来看,既然拥有最强政治实力的"国家"也无法有效地解决环境责任问题,那么就尝试再返回到传统的"市场"里面来寻求解决问题的办法。此外,既然传统的法律制度无法从"权利主体"的角度去有效解决环境问题,那么就换个角度,尝试着从"监督主体"的角度去寻求解决问题的办法。而发达国家环境责任制度的发展表明了,依靠社会的自治能力,由大量非政府的环保"公益组织"充当环境侵权的监督主体,在实践上是一种更为有效的制度设计模式。

前文已经反复提到,环境责任制度设置的主要难题,就在于法律如何得以建构起关于追责的有效激励机制。传统的法律制度是通过将权利与义务完全、有效地归属于当事人这种方式来激活这一机制的,但是基于环境的公共性特征,在环境责任的设置上无法满足这一条件要求。而环保"公益组织"作为环境侵权的监督者,却巧妙地以一种间接但却有效的方式重新激活了这一机制。

详而言之,第一,环保公益组织从法律上来讲是作为"监督主体"而非"权利主体"而设立的。从权利的最终归属上看,这种制度设置并没有违背传统私法的制度构建逻辑。但与此前的制度设计不同,环保组织之所以愿意实施更为有效的环境监督,是因为这样会使得该组织在无形的"声誉积累"以及有形的"资金获得"等方面获得社会大众——最终的环境权主体(个人)——的积极回报。并且其监督行为越是有效,这种回报也就越大。这样,环境责任的追责激励机制就被间接但有效地激活了。第二,因为这种环境侵权的监督机制是以某种"市场化"的方式获得并运作的,换言之,众多的环保公益组织在实践当中存在着彼此竞争的业务态势。因此,任一公益组织只有发挥出业务上的比较优势,亦即比其他的公益组织做得更好,也就是对于环境侵权监督得更为有效,才能存在并获得进一步的发展。而环保公益组织间的这种直接、有效的竞争关系则恰好间接但同样有效地提高了环境责任追责机制的实际效能。第三,从环保公益组织在发达国家的实际发展来看,其业务范围以及技术水平等日益精密化、专业化,与此对应,其环境责任制度的运行实效也日益提高。此外,由于环保公益组织主要是作为环境责任的"监督主体"而存在的,因此它与传统私法上将个人作为"环境权主体"的这种法律设置并不冲突,反而形成了有效的制度补充。

结语

从法理学的角度看,一项法律责任制度要取得实效,必须具备一种能够鼓励相关法律关系主体在违法行为发生后积极地追究法律责任的激励机制。对于环境责任而言,前述发达国家环境责任制度在发展趋势上有较强的借鉴意义,因为他们在环境责任上曾经遭遇的困境也正是我们当下正面临的难题。在借鉴域外成功制度实践的基础上发展出适合于我们的环境责任制度,将是法制完善的应有之义。

[责任编辑:任懿]

·民法文化·

古代中国契约法的情理化内涵研究
——兼与古罗马进行比较*

武航宇**

摘　要:“情理”化内涵,曾存在于古中国与古罗马的契约法中。古中国沿着“情理”化的路径进行契约实践。将“情理”作为一种解释方法,用以解决与契约适用密切联系的契约实践问题;作为一种契约构成原则,寻求契约内容的基础及其依据;作为一种契约适用方式,用以解决裁判原则或规则。与之相比,在古罗马,法学家关于契约实践的论述中虽没有提及“情理”因素,但普通民众的契约实践中却存在着情理化内涵的影响,比如标的的选择、价格的确定等。只不过,古罗马的契约观念与实践最后没有选择情理化的路径,而是选择通过细化契约规则来调整契约实践。

关键词:情理化内涵;契约观念;契约实践;细化契约规则

目　　次

---

*本文是国家社会科学基金规划项目“古代中国契约法观念与技术研究”(15BFX025)的阶段性成果;国家社会科学基金重大招标项目“法治文化的传统资源及其创造性转化研究”(14ZDC023)阶段性成果。

**沈阳师范大学法学院副教授,法学博士,吉林大学古籍研究所博士后。

二、古中国与古罗马借贷纠纷解决途径中情理化内涵的比较

(一)情理化约束曾是避免债务纠纷的共同方式

(二)情理化舆论约束的不同走向

所谓“情理”,从语言表述上分析,“通情达理”“不通情理”,指的是人的素质;“入情入理”,指的是对事情的分析;“合情合理”,指的是对事情的处理(状态、特点、结果);“动之以情,晓之以理”,指的是事情的处理方式。所有的事均有“情理”,不同的事有不同的“情理”。“情理”的社会化、泛化,由司法、行政的纯粹“官事”领域扩及于日常生活领域,因而有了前述的成语和熟语。法律文化影响社会文化,“公”影响了“私”。[①] 在契约观念与实践中,情理化内涵之“情理”,指的是“人之常情”“事之常理”。在契约订立、履行、违约救济等方面都存在“情理”的影响,而且这种影响并不仅存在于古中国,也存在于古罗马,只不过,“情理”化内涵最后有了不同的发展路径。

一、古中国与古罗马土地买卖实践中情理化内涵的对比

(一)先问亲邻:古中国契约实践中的情理化内涵

民间的土地买卖实践是在人与人之间进行的,不可避免地具有一定的情理化内涵,从宋代开始,在古中国法律与契约文书当中都有这方面的体现,如《宋刑统》中规定了买卖契约构成的四个要素。第一,田产买卖先问亲邻。田宅出卖人必须先征求其亲属、邻居的购买意向。在同等价格条件下,亲属和邻居有优先权。如果未经征求亲邻意见即出卖田宅,亲邻有权按照所卖价格赎回田宅。第二,到官府印契,缴纳契税。第三,过割赋役。买卖后田宅所负担的国家赋税必须从原业主的赋税册上“割除”,“过户”到买受人处,简称“过割”。第四,离业。在田宅买卖成立后,出卖人必须放弃占有,称为“离业”。当时有规定:出卖田宅后,原业主应该离业,不得留在原业为买受人的佃客。这个规定的第一条就考虑了人情的因素。当然,这也是为了便于耕种,一个家族的土地一般集中在一起,但经子孙继承之后,集中在一起的土地会分割为若干块。为了减少土地耕种时的纠纷,相邻土地的主人最好是彼此熟悉的,这样便于互相照顾。同时这也有利于协商地役权的问题,也为了使家族的土地不外流,所以在出售土地的时候,国家

①霍存福:“沈家本眼中的‘情·法’结构与‘情·法’关系——以《妇女离异律例偶笺》为对象的分析”,载《吉林大学社会科学学报》2012年第1期。

法律规定要“先问亲邻”。在民间的土地买卖契约实践中也是这样的,如在“明崇祯八年(1635年)歙县汪阿孙等卖地官契”中约定:“如有亲房内外人等异说,俱系卖人承当”①。

(二)友谊重于利益:古罗马契约实践中的情理化内涵

与之相比,本文所述的这份古罗马土地买卖契约文书当中没有这方面的内容,但是当时的人在买卖土地时确实也会考虑很多因素,比如他们会考虑土地的完整性问题,这便涉及情理化内涵。曾任古罗马执政官的小普林尼②就曾写信与友人讨论这方面的事情。为便于说明,现将其全文摘录如下:

致卡尔维奇乌斯·卢福

普林尼向卡尔维奇乌斯·卢福致意:

我按老习惯向你商量一些家务。有人打算出售一座庄园,它和我的地产毗邻,而且几乎是插进我的庄子里来了。许多因素促使我考虑把它买下来,但又有不少顾虑使我望而却步。使我跃跃欲试的,首先是因为可以将毗邻的土地并为一体;其次,可以同时照顾两座庄园,不必花费多余的劳动和路费开支,只需安排一个管庄,管家大概也只要原来的那些就够了,这当然是有利而且令人感到愉快的;两座庄园,一座可以精心装饰,另一座只需维持原状。家具的开支,以及仆役、园丁、工厂工人,乃至狩猎装备等方面的开支同样如此,因为把所有东西集中到一起总比分散在几处有利得多。但是另一方面我又担心,把偌大一个庄园至于同一种气候、同一些偶然因素之下,是否有失于谨慎?在不同的地区购置庄园是否可以更有把握地经受住命运的考验?土地和气候的变换似乎与在自己的庄园间游历同样富有魅力。

归根结底,我所考虑的主要是:土地很肥沃,水分很充足;庄园中有农田,有葡萄园,还有提供建筑用材的森林,收入虽然不很多,但靠得住。不过,这块好土已经被精疲力竭的农夫们弄得山穷水尽了。它的前主人过于经常地拍卖农夫们的财产,借此暂时减少隶农款,但因为涸泽而渔,时隔不久欠款又重新增加起来。应该

①张传玺:《中国历代契约粹编》(中册),北京大学出版社2014年版,第849页。

②小普林尼,即塞昆杜斯·小普林尼(公元62—114),古罗马的作家和演说家,生于高卢,是《自然史》作者老普林尼的侄子。19岁时被提升为罗马皇帝提图斯的祭祀,28岁成为元老,38岁又做了执政官,而后又先后出任维菲尼亚省和蓬特省总督,主要作品有《书简》(九卷)和《颂赞》。小普林尼最著名的是他的书信。他的书信涉及罗马上层社会几乎所有的生活问题,为后人提供了当时罗马社会、生活和政治的详细的描述。

为这些人补充诚实可靠的奴隶;这样做代价比较高,但是我自己从来都不使用带枷的奴隶,周围也没有人这样做。最后要告诉你的是买这座庄园要花多少钱:300万塞斯退斯。过去它曾经值500万,但是佃户如此贫穷,近来年成又普遍不佳,致使土地收益减少,其价值也就降低了。他会问,我是否容易凑齐这300万塞斯退斯?我的钱几乎全部投入地产中去了,不过还有一些用于放贷。借款不会有困难;我可以从我的岳母那里得到一笔钱,她的钱箱就等于是我自己的钱箱。……①

另外,在土地买卖的交易过程中古罗马的当事人双方对于价钱问题也要考虑双方的情感,即是否符合"人之常情""人之常理",小普林尼在其《书信集》第七卷中收录了一封向其妻子的祖父法巴图斯说明出卖地产和地价问题的信,其中所记载的内容即反映了地产买卖中的情理化内涵,为便于分析,现将全文摘录如下:

我曾指示我的人把我最近获得的一份遗产——一块地产的十二分之五——卖给出价最高的买主。您感到惊讶我的释奴赫尔米斯径直以七十万赛斯特斯的价格把它卖给了柯来丽,根本没拿出来拍卖。您认为这块地或者能卖到九十万的价钱,因此您越发想知道我是否承认他的处理。现在我来说说我的立场。我不仅希望您能同意我,而且也希望我的共同继承者也能谅解,我为了服从一个更高的职责而把我自己的利益同他们分开了。

我对柯来丽一向极为尊重,一方面由于她是被我当作圣人来纪念的柯来里乌斯·卢福斯的姐妹,另一方面由于她是我母亲的亲密朋友。此外,我同她的丈夫,卓越的米尼其·尤斯图斯有一段悠久的友好联系,同时他的儿子又是我的密友,我甚至请他主持了我作为大法官时举行的赛会。我上次在您那里时,这位夫人曾表示想在我们科木湖附近买块地产,我当即表示她可以从我在那里的地产中任选一部分,价钱由她定。不过我从父母继承来的部分不在内,因为我不能把这转让给别人,甚至柯来丽也不能。因此当最近这块属于该地区的农庄产业以遗产形式落到我头上时,我写信告知她这块地要出售。我派赫尔米斯去送这封信,她当即要求赫尔米斯立即让她买到这块地产,赫尔米斯同意了。

可见我完全应该同意我的释奴遵照我的旨意所做的安排。现在只希望我的共同继承人不要因为我卖了我原可以不卖的地产而见怪。他们不必须跟随我的榜

①巫宝三主编:《古代希腊、罗马经济思想资料选辑》,商务印书馆1990年版,第345~346页。

样,因为他们没有我所具有的同柯来丽的关系。因此他们可以按自己的利益行事。而我则认为友谊比个人利益更重要。①

后来土地的购买者柯来丽向小普林尼要求按正常的地价来购买土地,但小普林尼给柯来丽写信拒绝了这个要求,他说:“您强烈要求并坚持我把您付我的地产价不定为七十万赛斯特斯(这是您从我的释奴手中购买时的价格),而改为九十万,因为包税人向您收缴二十分之一的遗产税是这样做的估价。② 但现在该是我要求和坚持了。我请您不要只考虑让事情适合您的意愿,也要考虑一下对我是否合适。在所有其他事情上我都热情地听从了您的愿望,请容忍我这一次,只这一次,以同样的热情违反您的愿望。再见。”③对于小普林尼提到的柯来丽,她是一位有着独立经济地位的女性,这一点与古中国有些不同。古罗马的女性之所以获得了家庭的经济大权,其原因是在公元前2世纪的古罗马,由于私有制的发展,女性在出嫁时带着很多的嫁妆,婚后,这些财产由丈夫管理,后来罗马对外征服期间,妇女在管理家产时逐渐掌握了家庭经济大权。所以从公元前2世纪起,古罗马的女性所掌握的财产越来越多,出现了很多极为富有的妇女。但是妇女对财富的掌握,被一些人视为对男子家庭地位的威胁。正因为如此,在公元前169年通过了“沃克尼亚法”,禁止拥有10万阿司以上财产的人立妇女为继承人,并规定了妇女接受信托遗产的数目要少于继承人所得到的数目,试图通过法律阻止妇女对大宗财产的支配权。然而,这一法律并未能阻止富有家庭中的女子拥有大量财产,在共和国末期至帝国初期,“沃克尼亚法”形同虚设,有许多妇女独立支配着大量财产,除金银财宝之外,还包括土地和奴隶。这名叫柯来丽的妇女,就向小普林尼购买了一块价值70万~90万赛斯特斯的地产。奥古斯都统治时期,规定生育3个子女的自由妇女、生育4个子女的被释放女奴可以获得法律上完全的独立而有权占有财产,虽然妇女的财产占有权仍受一定的限制,但已经得到法律的认可,从而改变了男子在家庭中的绝对支配地位。④

古罗马民间当事人在购买土地的时候除了在价格方面需要考虑情理之外,在购买的途径方面也会考虑情理。小普林尼曾为了帮朋友特兰圭卢斯买一座合意的小农庄,写信给另一位朋友白比乌斯请求帮忙。为便于分析,现将其全文摘录如下:

---

①李雅书选译:《罗马帝国时期》(上),商务印书馆1985年版,第82~83页。

②奥古斯都规定对一切继承的遗产收缴其价值的1/20为遗产税。此信暗示柯来丽买地之后要按规定交纳1/20的遗产税。

③李雅书选译:《罗马帝国时期》(上),商务印书馆1985年版,第83页。

④袁波:“古罗马社会转型时期的新女性”,载《世界文化》2010年第3期,第43页。

我的朋友特兰圭卢斯想买一座小农庄,我听说要出手这个小农庄的人是你的一个熟人。我希望你能设法帮他以合理的价钱买到手,这会使买者更满意。买贵了会使买者感到上当,不愉快。这个农庄有一些条件很适合我的朋友的口味(如果价钱合适的话);它离罗马近,道路好,建筑物较小,土地面积不大,足够散心舒神之用而无须费力经营。对于像特兰圭卢斯那样一个做学问的人来说,他所需要的不过是一块不大的地方来休息一下头脑,清新耳目,换换精神,围着庄园散散步,在小径上走走,观赏一下自己的三两个小葡萄园,估计一下不大的种植地的产量而已。我提这些是想你明白如果你能帮他以不令他事后感到遗憾的价钱把这座他十分喜爱的小农庄买到手,他会多么感激我,而我又会多么感激你。再谈。①

通过以上分析,本文暂时可以得出一个结论,古中国与古罗马在土地买卖契约实践当中确实存在差异,比如语言方面、寻求权利救济的途径、违约处罚、地役权的规定等,但都存在情理化的内涵,说明古中国与古罗马契约实践的最终目的都是满足当时民间百姓的需要,维持正常的土地所有权流转秩序,减少民间纠纷,同时还要符合情理。

二、古中国与古罗马借贷纠纷解决途径中情理化内涵的比较

(一)情理化约束曾是避免债务纠纷的共同方式

民间对于债务纠纷的私力救济途径,也动用情理化的道德力量进行约束。古罗马的一位法学家说过:“放债取息,很久以来就是给国家惹起纷争的。它是经常造成内部争执和纠纷的原因。为此,在旧道德还不像现在这样败坏的时候,就曾做过制止它的尝试。”②也就是说,在古罗马,法学家在思考借贷关系的时候,会运用情理化的思维来考虑,认为放债取息是不符合道德标准的行为,只有道德败坏的时候才有。另外,古罗马元老加图在第二次布匿战争之后所著的《田园什事》中也针对放债进行了论述:

真的,要说赚钱,如果经商不是那么危险的话,有时还更有利些;同样还可以放债,如果它不是那么丧廉耻的话。我们的祖先就抱着这种看法,而且把这种看法订进了法律;它规定:窃盗者处以两倍的罚金,放债者罚金四倍。由此可以判断:他们认为一个公民,与其放债,还不如偷盗了。他们赞扬一个值得称许的人时,他们的

①李雅书选译:《罗马帝国时期》(上),商务印书馆1985年版,第77页。
②任炳湘选译:《罗马共和国时期》(下),商务印书馆1962年版,第35页。

赞辞总不出乎"好农人""好庄稼汉"等等,受到这种赞扬的人也被认为受到了最高的推奖。我认为商人是精明强干的人,而且是专心致志追逐金钱的人,但我前面已经说过,这是危险的行业,全然是听天由命的勾当。另一方面说:最勇敢的人和最坚强的战士却都来自农民,他们的称号受到最高的尊重,他们的生活最稳定,最少惹人嫉妒,而从事这种行业的人,也最少受人嫌恶。①

以上的资料显示,古罗马在共和国时期,以至帝国前期,普遍通行的看法是认为农业是根本,专门从事农业生产之人会得到赞扬,这是当时的"人之常情""人之常理",这一点与古中国很相似。另外,古罗马人认为商人这一职业很危险,不是理想的职业,这一点与古中国不同。古中国一直认为商业为末业,商人受到歧视。在古罗马人的眼中,放债与偷盗是类似的行为,是严重违背道德底线的,是不能被"常情"所接纳的。由此可见,在古罗马的情理化视域中,是不提倡放债的,也可以将这种情理化的舆论约束看作是避免古罗马债务纠纷的一种方式。

与之相比,古中国也在希望通过情理化的舆论约束来解决债务纠纷,明代人吕坤在《实政录》中记载:"今后佃户缺食,主家放给,亦照官仓加二,如有平借平还者,相约记善,以凭优处。"②即在民间,如果债权人不收取债务人的利息,会得到良好的评价,以此来倡导低息或无息借贷,以避免或缓解债务纠纷,这在古中国士人眼中是符合"常情""常理"的。

(二)情理化舆论约束的不同走向

无论古中国还是古罗马,借贷行为广泛存在,因高利贷而起的债务纠纷屡禁不止。国家法律规定了利率、限制了主体,同时有公权力的救济方式。民间有道德约束、有和解、保证、私刑等私力救济的方式,但是却总不能解决根本的问题,所以两国都在探寻最终的解决方案。在探索最终解决方案的过程中,两国的债务纠纷解决方式开始走向不同的道路,古罗马逐渐细化契约规则,很少关注情理化舆论的约束,而古中国则是沿着情理化舆论约束的路径前行,探寻公正的"观念"。

1. 古中国强化"公正"观念

古中国的最终解决方式是追求符合情理化内涵的"公正"观念。早在南宋高宗绍兴二十三年(1153 年),温州布衣万春上书言:"乞将间有私债,欠还息与未还息,及本与

①任炳湘选译:《罗马共和国时期》(下),商务印书馆 1962 年版,第 9 页。

②谢国桢:《明代社会经济史料选编》(中),福建人民出版社 1980 年版,第 204 页。

未及本者,并除放。”[①]万春上书代表了民间一部分人的声音,他看到大多数高息放贷者倚势欺压百姓的现实,要求国家通过强制手段免除民间债负,解决百姓的困难。万春的行为似乎是符合了“人之常情”,但是他没有从经济学的角度来考虑借贷行为存在的必要性,所以不符合借贷行为之“常理”。借贷行为之“常理”,就是借贷行为是民间所必需的一种资金融通方式,而借贷关系之所以能正常运转,就是因为出借方在承担资金无法收回风险的同时,能够获得一定的收益。当然,这种国家公权力赦免债负的情况在唐宋时期也存在过,这在当时契约文书中有体现。但是在南宋,随着经济的发展,宋高宗也看到,如果通过国家公权力强制免除民间债负会影响经济的发展,所以高宗的意见是:“若止偿本,则上户不肯放债,反为细民害。乃诏私债还利过本者,并以依条除放,此最得公正之道。”[②]高宗的这种解决方式就是国家不禁止借贷,不会通过公权力赦免债负,而是要通过公权力保障民间借贷朝“公正”的方向发展,即只要不“回利为本”,国家不会干预高息借贷的行为。

经过南宋的发展,至元代,国家不再颁布赦免民间债负的谕令了。的确,限令商人“助官均田”“合居共爨”“于粤赈族子勿令转徙”“借资不取息”等的做法,都是与承认利息合法、资本的集中、农民的自由转徙等新社会创生的前提条件相违背的。[③] 如明代人陆深在《河汾燕闲录》中记载:

> 江南放债一事,滋豪右兼并之权,重贫民抑勒之气,颇为弊孔。然亦有不可废者,何则?富者贫之母,贫者一旦有缓急,必资于富;而富者以岁月取赢,要在有司者处之得其道耳。只依今律例,子母之说而行,各为其主张,不使有偏,亦是救荒一策。正如人有两手,贫富犹左右手也,养右以助左,足以便事。一等好功名官府,往往严禁放债之家,譬如戕右以助左,则为废人矣。[④]

陆深对借贷问题认识得比较深刻,高息借贷行为确实是一个弊端,豪强地主借机勒索贫民。但是如果完全禁止,那么对于社会来说也是行不通的,因为贫民需要钱的时候,还要从富人那里借,所以贫民与富人都是社会的重要组成部分,不可或缺。有的政府追求好名声,可能会禁止高利贷,表面上看是为百姓着想,实际上,是违反经济规律

①谢国桢:《明代社会经济史料选编》(中),福建人民出版社 1980 年版,第 205 页。
②同上。
③傅衣凌:《明清时代商人及商业资本　明代江南市民经济试探》,中华书局 2007 年版,第 143 页。
④谢国桢:《明代社会经济史料选编》(中),福建人民出版社 1980 年版,第 205 页。

的,正常的社会经济生活秩序会被打乱。所以,明清之时,国家公权力不再赦免债负,但是在总体上把握着利息率、“回利为本”等问题,地方的借贷行为非常普遍。

明代人周晖在《金陵琐事》中记载:“(金陵)当铺总有五百家,福建铺本少,取利三分四分。徽州铺本大,取利仅一分二分三分,均之有益于贫民。人情最不喜福建,亦不可奈何也。”①这表明,民间对于低息借贷还是很认可的,而且这也是符合民间的经济需求,符合民间认可的“情理”。

至清代,胡承谋在《吴兴旧闻》中记载:“湖郡典息,向例十两以上者,每月一分五厘起息;一两以上者,每月二分起息;一两以下每月三分起息。贫民衣饰有限,每票不及一两者多隔一二年,本利科算,不能取赎,每多没入。自童国泰控之当道,与典商结讼十三年,卵石不敌,深陷缧绁,有啖之以利者,志不少变。后巡抚金公轸恤民瘼,准行审勘,断定盖以一分五厘起息,数十年来贫民阴受其福,所省典息,何止累万?国泰字仲甫,乌程人,读书不得志,以民生利弊为己任。康熙三十八年(1699年),翠华南巡,国泰条奏五款,其最要者程、安、德三县浮粮及开浚虎溇港二事,湖人至今称颂之。”②由此可见,借贷行为的公正解决之道,不是彻底禁止借贷,而应该是符合经济规律的引导,官府与民间合力控制利息率,才能减少因借贷而起的纠纷。

当然,也有的放债者在情理化道德舆论的感召下,为彰显大度,博取善名,同时也为教育子孙而主动免除债负。清代人钱泳在《登楼杂记》中记载:

> 徽州人有汪拱乾者,精会计,贸易于外者三十余年。其所置之货,皆人弃我取,而无不利市三倍。自此经营,日积日富,而自奉菲薄。并诫诸子,不得鲜衣美食,诸子亦能守成。然人有告借者,无不满其意而去,惟立券时,必载若干利,因其宽于取债,日积月累,子母并计之,则负欠者具有难偿之患。一日,诸子私相谓曰:“昔陶朱公能积能散,故人至今称之。今吾父聚而不散,恐市恩而反招怨尤也。”拱乾闻之,语诸子曰:“吾有是念久矣,恐汝辈不克体吾志耳,是以蓄而不发。今既能会吾意,真吾子也!”于是检箧中券数千张,尽召其人来而焚之,众皆颂祝罗拜,自此以后,诸子亦能自经营,家家丰裕,传其孙曾。今大江南北开质库或木商、布商、汪姓最多,大半皆其后人,当为本朝货殖之冠。③

①谢国桢:《明代社会经济史料选编》(中),福建人民出版社1980年版,第200页。
②同上。
③谢国桢:《明代社会经济史料选编》(中),福建人民出版社1980年版,第210页。

所以,从民间的角度,舆论导向也允许借贷行为的存在。但是仍然追求符合"情理"的公正的借贷行为,一方面,利息率不要太高;另一方面,对于极贫之人的债负能免则免,就会得到社会的肯定。比如上文提到的徽州商人汪拱乾,即将负欠者的"难偿之患"全部免除,当借贷契约文书在债务人面前被全部烧毁的时候,众债务人感激涕零。汪拱乾因为受情理化舆论导向的影响,免除了百姓久不能赎的债务,在道德上得到了极大的赞颂。

另外,民间也在探寻理顺借贷关系的办法,在某些特定的地区,会出现一些特殊的解决办法,明代人王士性在《广志绎》中记载:

> 中州俗,淳厚质直有古风。虽一时好刚,而可以义感。语言少有诡诈,一斥破之,则愧汗而不敢强辩。其俗又有告助,有吃会。告助者,亲朋或征逋追负,而贫不能办,则为草具,召诸友善者,各助以数十百而脱之。吃会者,每会约同志十数人,朔望饮于社庙,各以余钱百十,交于会长蓄之,一位会中人,父母棺衾缓急之备,免借贷也。父死子继,愈久愈蓄,此二者皆善俗也。①

对于古中国规范借贷关系、减少借贷纠纷的问题,除了国家正确引导,民间道德舆论帮助,民间一直在寻找根本的解决办法,所以,在中州地区出现了"告助"与"吃会"的形式来取代借贷,并且取得了很好的效果。

可见,古中国从国家到民间,对于民间资金融通问题都在积极探索符合经济发展规律的方式,无论哪种方式都是围绕着符合"情理"的"公正"观念而展开的。

2. 古罗马的解决方案是细化契约规则

为了减少因借贷而产生的纠纷,古罗马的皇帝和法学家做出了相当大的努力,他们从借贷契约本身出发,设计了一系列具体的规则来解决问题。

(1)强化契约文书的稳定性。

古罗马的多名皇帝为了从根本上解决因借贷而起的纠纷,提出借贷契约双方当事人必须严格遵守契约文书的约定,比如亚历山大皇帝在对尤里安和阿米亚奴的指示②中说:"在你们就消费的款项达成了协议而该约定款项并未交付使用的情况下,允许向出借人提起要求给付之诉,请求他履行契约义务。如果出借人提起诉讼,那么,你可以

①谢国桢:《明代社会经济史料选编》(中),福建人民出版社1980年版,第206页。

②亚历山大皇帝的这一谕令颁布于公元223年11月4日,马克西姆第二次执政,艾里安第一次执政。

提起未付款项之抗辩对抗原告。”①即只要双方签订了借贷契约文书,那么就允许请求借贷一方向出借人要求履行借贷行为,国家公权力支持请求借贷一方的要求给付之诉。

为了保证借贷契约的稳定性,古罗马的法学家认为,只要契约成立了,就不能按一方的意志更改。在借贷契约中,如果债务人打算提前还款,那么为了维护契约的稳定性,也要按照原来约定的时限支付利息。对此,斯凯沃拉在《学说汇纂》中做了论述:“某人在罗马接受了一笔作为消费借贷使用并且可以于3个月后在外省偿还的款项,债务人亦向债权人允诺在外省偿还该款项。然而,几天后,在罗马,该债务人在证人面前对债权人说,他已经准备好在罗马偿还这笔款项了,但是扣除了本应支付的利息。我们要问,如果债务人准备在罗马偿还依据要式口约应该在外省偿还的本金与利息呢?在这种情况下,债权人是否可以在偿还期限到来时请求偿还全部本金与利息呢?我认为,债权人可以要求债务人在要式口约规定的地点偿还全部本金与利息。”②

对于强化契约的稳定性方面,古罗马皇帝安东尼·比乌也作出过这样的指示:“如果在先前的审理中已经证实了支付利息的允诺是按规定作出的,那么,尽管未作记载,但是,依据善意原则仍应支付利息。”③即使双方达成的合意没有落实在具体的文书当中,对于这种合意,借贷双方当事人也应依善意原则履行契约,债务人应向债权人支付当初口头约定的利息。

对于使用借贷,即使出借方不要利息,也没有规定使用期限,双方当事人在契约文书签订以后,也不能随意违约。对此,保罗在《论告示》中阐释:“由于使用借贷更多的是出于自愿和方便他人,而不是出于对金钱的需要,因此,使用借贷的期限及范围由提供便利之人,即出借人确定。交付使用借贷物之后,缩短使用期限,提前索回使用借贷物,不仅违背了你提供便利的初衷,而且在交付和接受交付使用借贷物时产生的责任同样不允许你这样做。因为,这已经成为一个涉及当事人双方的契约了。因此,双方均享有诉权。这个开始只是基于单方提供便利即单方意愿的行为,在交付了使用借贷物后,就成为了双务契约并享有市民法之诉了。”④

---

①[意]桑德罗·斯契巴尼选编:《契约之债与准契约之债》,丁玫译,中国政法大学出版社1998年版,第87页。

②[意]桑德罗·斯契巴尼选编:《契约之债与准契约之债》,丁玫译,中国政法大学出版社1998年版,第83页。

③[意]桑德罗·斯契巴尼选编:《契约之债与准契约之债》,丁玫译,中国政法大学出版社1998年版,第81页。

④[意]桑德罗·斯契巴尼选编:《契约之债与准契约之债》,丁玫译,中国政法大学出版社1998年版,第95页。

另外,还应特别强调的是,为了维护契约的稳定性,即使是对出借人来说风险极大的恶意借贷,古罗马法学家也认为应该完全履行契约规定的内容。对此,马尔切勒在《学说汇纂》中表述为:"即使是小偷或强盗进行使用借贷,他们也同样依据契约享有使用借贷之诉的保护。"①

总之,古罗马的皇帝以及法学家,都是在极力维护借贷契约的稳定性,希望以此来减少或消除因借贷而产生的纠纷。

(2)必须按借贷契约约定的利息结算。

古罗马法学家认为应严格地遵守契约规定。其所谓的遵守契约规定是指双方当事人的合意必须具体详细,包括规定利息率,如果没有规定利息率,则不能推定利息的数额,所以债权人不得请求支付利息。正如莫德斯丁在《论解答》中所解释的例子:"盖尤斯·塞尤士在收到奥卢·阿里借给他的一笔钱后写了如下一张字条:我,盖尤斯·塞尤士收到借给我的10枚金币。我将于下月1日将这笔钱连同我们商定的利息一起归还你。人们会问,依据这张字条是否可以请求支付利息?支付多少呢?"莫德斯丁认为,如果没有写明所商定的利息,那么,就不得请求利息的支付。② 莫德斯丁的意思是,既然缔结契约时没有这样的约定,那么就没有理由请求支付利息。古罗马法学家认为,不仅在借贷时应约定利息,还应以要式口约的形式约定利息,否则关于利息的约定也是无效的。阿富里坎在《论问题》中举了一个例子来进一步说明在借贷契约中约定利息的问题:"蒂提借给山普罗尼3万元并以协议规定由山普罗尼从蒂提借给他的这笔钱和利息中为蒂提支付应当由蒂提上缴的税款,而且规定了利息为年息6%。如果应缴税款少于应付给蒂提的利息,那么,剩余部分应当返还给蒂提;如果应缴税款超出了应付的利息,那么,超出部分从本金中扣除;如果应缴税款不仅超出了应付的利息而且超出了本金,那么,超出的部分由蒂提补足。"③然而,蒂提与山普罗尼并未以要式口约的形式对上述事项作出规定。那么,蒂提应当提起哪个诉讼要求山普罗尼返还上缴税款后的剩余部分呢?阿富里坎的解释是:"在借钱给他人时,只有以要式口约的方式对支付利

①[意]桑德罗·斯契巴尼选编:《契约之债与准契约之债》,丁玫译,中国政法大学出版社1998年版,第93页。

②[意]桑德罗·斯契巴尼选编:《契约之债与准契约之债》,丁玫译,中国政法大学出版社1998年版,第81页。

③[意]桑德罗·斯契巴尼选编:《契约之债与准契约之债》,丁玫译,中国政法大学出版社1998年版,第79页。

息做出了规定,才允许索取利息。”[①]在蒂提与山普罗尼的借贷契约中,蒂提很明确地规定了借贷的利息率,也明确规定了具体的支付方式,然而借贷双方当事人并没有采用要式口约的方式来约定借贷利息,所以债权人无法向债务人索取利息。那么所谓的要式口约是什么样的呢? 乌尔比安在《论萨宾》中阐释:“如果要约人在发出要约后得到答复前离去,那么,不产生任何效力。但是,如果要约人在发出要约后立即离去,在他回来后得到了答复,那么,要约有效。事实上,一段微不足道的时间间隔不使债产生瑕疵。”[②]这段话所说的是典型的要约与承诺问题,即一方发出要约,没等对方作出承诺就离开了,说明契约没有成立,因为双方没有达成合意,发出要约一方仍可以向其他人发出要约,所以发出的要约只有对方作出了承诺才具有约束力。但是如果要约人在发出要约后,虽然暂时离开一会儿,但是马上回来,而且此时对方作出了承诺,这样,他们之间的契约关系才成立,他们所做的约定才是具有约束力的。

在具体的契约实践中,还有更为细致的问题,即如果受要约人简单回答,这项契约是否成立? 乌尔比安在《论萨宾》中更进一步作出了解释:“如果受要约人简单回答:将会完成,那么,他不会因此受到约束。如果受要约人被这样问及:在本月 15 日以前? 回答:我会在 15 日以前。他同样不会因此受到约束。因为承诺与要约不符。如果要约是附条件的而承诺则未附条件,应当说他也不会受到约束。在作出承诺时,如果承诺人增加或减少了某事项,那么,债是有瑕疵的,但是,要约人立即对承诺人的修改表示同意的情况除外。然而,在这种情况下,应当说缔结的是另一项要式口约。”[③]由此可见,所谓的要式口约,即要约人发出明确的要约后,承诺人必须完全依要约作出承诺,契约才成立,否则契约不成立,一旦契约不成立,那么契约中的内容也就没有法律效力。所以说,古罗马对于契约成立的理论阐述很透彻。

(3)界定不同类型借贷的偿还与风险分担问题。

古罗马对于借贷的种类进行进一步的划分,分为消费借贷和使用借贷,与古中国不同的是,古罗马的海运借款因为有其独特之处,需要被单独说明。

---

①[意]桑德罗·斯契巴尼选编:《契约之债与准契约之债》,丁玫译,中国政法大学出版社 1998 年版,第 79 页。

②[意]桑德罗·斯契巴尼选编:《契约之债与准契约之债》,丁玫译,中国政法大学出版社 1998 年版,第 19 页。

③同上。

一是关于消费借贷的偿还。什么是消费借贷?保罗在《论告示》中阐释:“消费借贷不是以收回原物为目的的借贷(否则就是使用借贷或寄托了),但是,收回的应为同种类的物品。因为,要是我们借出的是小麦而收回的却是另外一种物品,如葡萄酒,那就不是消费借贷了。”①因为消费借贷的标的可能是金钱,也可能是消耗物,所以如果其标的是消耗物的话,那么债务人就不能返还原物,这就涉及一个归还时价格计算标准的问题。对此,尤里安在《论米尼奇》中论述道:“如果就葡萄酒的消费借贷提起诉讼,那么,应该按照哪个时间来计算价格呢?是以应该交付的时间为标准,还是以争讼开始的时间或是宣告判决的时间为标准进行计算呢?萨宾认为,如果没有确定时间标准,那么就以出借方提出返还请求的时间为标准计算价格。那么,以哪个地区的价格为标准计算价格呢?萨宾认为,如果约定了返还地点,那么,就以这一地区的价格为标准计价。如果没有指定返还地点,那么,就以请求地的价格作为计价标准。”②可见,古罗马的商品经济确实繁荣,因为其商品价格变化较频繁且商品流转的地点也较多。所以在消费借贷契约中,借贷双方确实应该细化关于偿还借贷物的时间与地点。

二是关于使用借贷的归还。使用借贷是指借贷中的标的是以使用为目的而出借的。古罗马法学家彭波尼在《论萨宾》中阐述:“当我们借出使用借贷物时,我们仍旧保留对该物的所有权和占有权。”③乌尔比安在《论告示》中也说:“因为,没有人通过使用借贷转移所有权。”④也就是说,使用借贷的标的物在借贷关系中不转移所有权,而且该标的物也是不能被轻易改变之物。既然不改变标的物所有权,那么是否允许出借他人所有之物呢?保罗在《论告示》中解释说:“我们甚至可以将我们占有的他人物品作为使用借贷的标的。尽管我们明知占有的是他人的物品,仍可将它出借。”⑤也就是说,对于占有的他人所有之物,也可以作为使用借贷的标的物出借。

乌尔比安也在《论告示》中进一步阐释:“在使用中能被消耗掉的物品不能作为使

①[意]桑德罗·斯契巴尼选编:《契约之债与准契约之债》,丁玫译,中国政法大学出版社1998年版,第63页。

②[意]桑德罗·斯契巴尼选编:《契约之债与准契约之债》,丁玫译,中国政法大学出版社1998年版,第197页。

③[意]桑德罗·斯契巴尼选编:《契约之债与准契约之债》,丁玫译,中国政法大学出版社1998年版,第93页。

④同上。

⑤同上。

用借贷的标的,除非使用者借用物品的目的仅仅是为了炫耀自己的富有而不是为了使用。”[1]也就是说,使用借贷中债务人归还的应该是从债权人那里借来的原物。如果这个标的物损坏了,怎么办?乌尔比安在《论告示》中解释说:“如果返还了使用借贷物,但返还的是损坏了的物品,除非赔偿了损失,否则不视为返还。确切地说,当我们讲‘不视为返还’,是特指返还的是已损坏的物品而言的。”[2]

三是关于海运借款的风险。因为海上运输的风险很大,所以从事海上贸易之人所需资金的借贷也与普通的借贷不同。莫德斯丁在《学说汇纂》中阐释:“用于海洋运输的借款称为海运借款。事实上,如果所借款项是打算在当地使用的,那么就不是海运借款了。此外,还应当考察使用借款购买的商品是属于哪一种法律调整的范围以及在海运中是否由债权人承担风险的问题。只有在商品采用海运的情况下,所使用的款项才是海运借款。”[3]

海运借款的风险承担与普通借贷不同,莫德斯丁在《论规则》中说:“海运借款契约的风险,从船离岸之时起,由债权人承担。”[4]因为海运借款类似于风险投资。此外,古罗马皇帝戴克里先和马克西米安[5]致奥诺拉托也认为:“显然,海运借款契约的风险由债权人承担。海运借款契约在船进港前不受一般借款契约共同利率的制约。”[6]海运借款因为其性质的特殊性,所以其风险承担与利率与普通借贷存在差异,这也为近现代海商法风险转移标准提供了借鉴。

综上所述,在古中国与古罗马的契约实践中,无论是标的的选择,还是价格的确定,均包含情理因素影响,但其发展方向却存在巨大的差异,古罗马社会的契约实践在考虑情理的同时,法学家们也通过细化契约规则来调整契约实践。而古中国的契约实践则是从情理因素中衍生出更多的变通方式来适应社会需要。两国契约法中“情理”化内

---

①[意]桑德罗·斯契巴尼选编:《契约之债与准契约之债》,丁玫译,中国政法大学出版社 1998 年版,第 95 页。

②同上。

③[意]桑德罗·斯契巴尼选编:《契约之债与准契约之债》,丁玫译,中国政法大学出版社 1998 年版,第 89 页。

④同上。

⑤公元 286 年 3 月 12 日,马克西姆第二次执政,阿奎里努第一次执政。

⑥[意]萨德罗·斯契巴尼选编:《契约之债与准契约之债》,丁玫译,中国政法大学出版社 1998 年版,第 89 页。

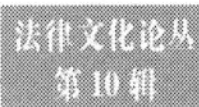

涵发展方向的差异形成是由多重因素造成的,尚须继续探讨。但毋庸置疑,古中国契约实践中所蕴含的契约观念,完全可以与西方契约观念相衔接,成为构建法治中国的优秀传统要素。

［责任编辑:张田田］

·民法文化·

"用益权":"物权法定主义"之僵化性的缓和良方

李迪昕*

摘　要:"物权法定主义"造成了物权类型的封闭和僵化。物权法规定的用益物权体系已经完全不能满足我国当下社会发展的需求,应借民法典制定之机进行改革,改革之枢要即在于创造性地移植和借鉴大陆法系通行的"用益权"制度。用益权是以不损害物之实质为限,对他人之物进行使用和收益的权利。在罗马法上,广义的用益权与人役权同义。用益权包括不动产用益权、动产用益权和权利用益权。学界热烈讨论的"居住权"和"三权分置"政策下的"土地经营权",在权利性质上即为用益权。

关键词:物权法定主义;用益物权;用益权;居住权;土地经营权

目　　次

*法学博士,沈阳师范大学法学院副教授,研究方向为民商法学。

一、物权法定主义下的类型强制:用益物权与担保物权

《中华人民共和国物权法》(以下简称《物权法》)根据自物权与他物权的理论分类,把物权类型化为所有权、用益物权和担保物权三类,所有权为自物权,用益物权和担保物权为他物权。这一立法体例的建构,体现了我国现代民法的后发优势,即把大陆法系成熟的物权理论直接予以移植而确立为法律文本的结构,形成了独具特色的立法体例。实际上,在比较法上,并没有立法例将“用益物权”“担保物权”直接规定为立法概念,这一对概念范畴仅在理论阐释中被提出,并且往往不被作深入讨论,而是直接进入对各类具体的用益物权或者担保物权的分析。

由于《物权法》继受了大陆法系的“物权法定主义”原则,这就意味着,当“用益物权”和“担保物权”被法定化为最高级别的他物权类型时,具体的他物权类型设计,就只能相应地被归入用益物权或者担保物权的类型之下了,这是“类型强制”的当然要求。由此决定,混合了用益物权和担保物权双重属性的“典权”制度,就难以跻身于其中,所以物权立法最终舍弃了高度本土性的典权制度,是其“一分为二”的他物权结构必然的体系选择。

单就用益物权而言,《物权法》规定了土地承包经营权、建设用地使用权、宅基地使用权和地役权四类子用益物权,根据“物权法定”的要求,除了这四类用益物权之外,也就不存在其他的用益物权类型了(特别法上规定的特许物权除外)。因而在此意义上,“物权法定主义”造成了物权类型的封闭,这种封闭性,就是学界通常所言的物权法定主义之僵化性。法律决定于社会,社会发展决定了法律演进,当社会发展提出了新类型的物权需求,而物权立法又未能及时跟进时,如何协调新制度需求的满足和恪守物权法定主义之间的对立冲突?为此,民法学界提出了物权法定主义之缓和或者克服问题,有更进一步者,甚至提出了放弃物权法定主义原则的主张。

理论主张可以大胆提出,但立法选择却只能“小心求证”了。完全可以想象,我国未来民法典的物权法编,不可能放弃物权法定主义原则。我们甚至于认为,在我国的以公有制为主导的物权立法中,坚持物权法定主义原则,也是坚持社会主义公有制的必然要求。因此,在当下的制度语境中,我们只能就物权法定主义之缓和的问题展开讨论,而讨论放弃物权法定主义或者开放物权类型体系的话题尚为时过早。

不论在私有制下还是在公有制下,物权类型的演进都是社会发展的客观需求,因而

在我国法上,也同样存在着物权法定主义的僵化性问题,这就需要讨论如何缓和或者克服其僵化性而为新物权的催生松绑的问题。在《物权法》的制定过程中,对此问题有过讨论,但囿于其时并没有体系化的物权立法,故而其讨论更多地局限于理论层面,带有"预判"性质。迄今,《物权法》颁布实施已有十几个年头,其间已经出现了丰富的物权实践活动,《物权法》构建之物权制度的得与失,已经并正在接受着实践的检验。值此民法典制定之机,全面盘点《物权法》,回应现实社会发展和顶层政策设计所提出来的新要求,在坚持物权法定主义原则下,检讨现行的用益物权体系,可谓恰逢其时。

《物权法》构建的四类用益物权,土地承包经营权、建设用地使用权、宅基地使用权基本上是社会主义公有制物权的体现,并非借鉴和移植的结果;唯有地役权,可以说是一项从大陆法系舶来的无关公有、私有的技术性物权。我们认为,这样的用益物权体系,已经完全不能满足我国当下社会发展的需求了,必须借民法典制定之机进行改革。

二、物权法定主义之缓和:用益物权体系改革的动因和契机

具体而言,改革我国现行法上的用益物权体系,主要有以下几个方面的原因和政策契机。

(一)现行法确立的用益物权体系,基本上属于"土地物权",而忽略了其他的不动产物权

土地是最重要的不动产,也是设立各类用益物权的最主要客体。根据我国现行《中华人民共和国土地管理法》的规定,土地按用途被划分为农用地、建设用地和未利用地三类。由此决定,为农用和建设之目的而在公有土地上设定用益物权,乃我国公有制土地物权的最主要表现形式。土地承包经营权是在农用地上设定的用益物权,建设用地使用权和宅基地使用权是在建设用地上设定的用益物权。而"地役权",虽然借鉴了大陆法系的权利名称,但其实质却为"不动产役权",而并非单一地以"土地"为权利客体。总体而言,除"地役权"可在房屋等不动产上设立外,其他的用益物权,都为"土地物权"。由此决定了,房屋等重要的不动产,只存在设定地役权这样的一种物权性用益途径,这就大大限缩了除土地外其他大量不动产的物权性利用方式,于"物尽其用"原则,显然是不相符合的。

（二）现行法确立的用益物权体系，基本上属于“公有制物权”，而忽略了大量的私有物权

由于我国实行大一统的土地公有制和自然资源公有制，因而于土地和自然资源上设置的用益物权，都为公有制物权。而在比较法上，大陆法系的其他立法例，基本上都立基于经济基础的私有制，因而其用益物权类型，也基本上都是私有制物权，这构成了我国物权法与其他法域物权法的重大区别。实际上，不论在公有财产上，还是在私有财产上，从财产权平等保护利用的角度讲，都应当容许设置物权性的用益方式，偏公而废私的政策选择是没有正当性的。就我国当下的社会财富现状而言，房屋是私人能够拥有的最重要财富，其用益方式，除了自住和出租之外，显然还应当存在进行物权性用益的空间，排除房屋的他物权利用方式，实际上造成了对私有财产过度限制的结果，是缺乏正当性基础的。

（三）现行法确立的用益物权体系，基本上属于“固有物权”，而忽略了物权类型的可移植性

物权法规范的是一国财富的归属和利用问题，而财富的形成、形式、分配和利用问题，具有较强的“地方性”，因而可以说，是历史传统决定了财富的分配利用，而不是理性设计决定了财富的分配利用。在此意义上，任一法域的物权法，往往都具有较强的“固有法性”，不同法律文化和法域间在物权制度上的可通约性较弱，此点构成了债权制度和物权制度的重大区别。但是，物权法的“固有法”属性，并不绝对地排除物权制度在不同法域间的移植和借鉴。民法典、物权法本来就是人为理性的体系化构造结果，在制度建构的过程中，理性地科学选择和移植域外法上的先进物权类型，从而促进本国经济和社会财富的增长，本就是我国民法现代化和社会现代化的题中应有之义。在我国的固有法中，本来只有相邻关系制度，现在增设了地役权制度，“地役权”就是舶来的用益物权类型。所以说，对于域外法上历经千年而不衰、至今仍保持着旺盛生命力的物权类型，我们在民法典的制定中，当然应予以重视，经深入斟酌论证后，再决定其取舍选择，而不是贸然地予以拒斥。

（四）现行法确立的用益物权体系，全部都是“不动产物权”，而忽略了动产用益物权的存在

用益物权的主要客体为不动产，此乃不争之论。但用益物权可否成立于“动产”之上呢？就此问题，争议极大。就我国现行《物权法》的规定来看，凡是由法律明定的“有名用益物权”,毫无例外地都是不动产物权,如土地承包经营权、建设用地使用权、宅基地使用权、地役权、海域使用权、探矿权、采矿权、取水权等。但吊诡的是,《物权法》第117条针对用益物权的立法定义中,却明确指出,用益物权可以成立于他人所有的“不动产或者动产”上。这即意味着,我国法上的用益物权,在类型上,应当包括“不动产用益物权”和“动产用益物权”两种类型。在有了这一“一般规定”之后,在具体的物权类型选择上,为什么又没有提到任何一种“动产用益物权”呢?这十分令人困惑,也导致了对我国物权立法不具有科学性的强烈指责。至今仍有学者主张,在民法典的物权法编制定中,应把《物权法》第117条规定的“动产”删除,使用益物权回归纯粹的“不动产用益物权”类型。由于无立法理由书可考,《物权法》第117条的条文形成理由迄无定论。但须明确的是,就比较法而言,《物权法》将“动产”纳入用益物权的客体范围,是完全正确的,因为在动产之上成立用益物权乃大陆法系各法域之立法通例,绝无争议。那么接下来的问题就是,我们应当如何构建我国法上的“动产用益物权制度”呢?现行《物权法》这一“貌似错误的疏漏”,是否为新类型用益物权的引进提供了契机呢?这是我们在制定民法典时应当予以思考的。

(五)现行法确立的用益物权体系,完全不能适应当下社会财富的利用实际,无法包容新型物权

“民事权利体系”是一个开放的体系,社会的发展进步,会催生出大量新兴权利的诞生。民事权利体系的丰富化是社会进步的体现,民事权利的萎缩停滞也是社会发展停滞不前、不文明的体现。《中华人民共和国民法总则》已经把“虚拟财产权”纳入民事权利体系,这就是新兴权利入典的极好范例。财富是人民创造的,人民创造财富的目的即在于享用财富,而不是为了做一个“守财奴”。“无财产即无人格”,有了财产,人民就有了追求幸福的物质基础,也就有了精神生活。而要保证能够持续地享用财富,就必须善用财富,这最起码要做到财富的“保值增值”。人民有正当追求财富的愿望,法律的任务就是要帮助人民实现愿望,赋予人民更多的财产权行使方式和选择权,而不是堵塞财富创造的通道。如近两年提出的“以房养老”问题,是通过债权性的制度结构解决好,还是通过物权性的制度结构解决好,就非常值得深思。我国现行法上的用益物权制度,对社会财富的创造和利用已经产生了相当明显的负外部性,其禁锢性必须予以打破,以迎接和包容各种可能的新兴用益物权类型。

（六）现行法确立的用益物权内容，无视用益物权的财产权属性，于宪法财产权保障的宗旨有违

我国实行土地公有制，每一个公民作为一个“私人”，不拥有任何一寸土地；而“土地乃财富之母”，没有土地的个体公民，又如何能够享用土地带来的财富呢？这就需要一种土地的用益机制，为此，《物权法》在土地公有制的基础上创设了土地承包经营权、建设用地使用权和宅基地使用权三大类用益物权。因而可以说，“土地所有权”乃国家拥有的最大财富，“用益物权”就是国民能够拥有的最大财富了。但反观我国现行法上的用益物权制度，权利结构上却存在着重大的缺陷，这尤其典型地体现在集体建设用地使用权、土地承包经营权和宅基地使用权上。财产权之核心权能体现在“处分权”上，无处分权能的财产权只是一种有其皮相而无血肉的“空虚权利”，用其“维持生存”尚可，而要用其“追求幸福”就不可能了。既然各种各样的用益物权已经被明定为“物权”，是人民能够享有的最重要财产权利，那么赋予其应有的处分权能就是最基本的法理要求了。譬如，建设用地使用权人能否在其建设用地上为他人设定他物权呢？土地承包经营权人能否在其承包地上为他人设定他物权呢？宅基地使用权人能否在其宅基地上为他人设定他物权呢？这些都是值得思考的问题。一言以蔽之，只有赋予用益物权人全面的财产权能，才能使用益物权成为名副其实的财产权利，也才能与我国《宪法》已经确立的宪法财产权保障意旨相符合。

（七）根据“三权分置”政策，土地承包经营权已经被解构，需要引进新类型物权对其重新定位

农地“三权分置”政策的提出，被视为继家庭联产承包责任制提出以来的又一次重大的农地制度创新。自该政策提出以来，在我国民法学界，反对者有之，赞成者有之，但不论是反对还是赞成，政策既定，其对我国现行用益物权体系都必将带来一定的冲击。在民法典的制定中，如何将政策法律化，是我国民法学界和民事立法者面临的一个重大课题。“三权分置”后，“土地承包经营权”还要维持一种独立的用益物权地位吗？“承包权”是否需要被确立为一种独立的用益物权？“经营权”应被设计为一种物权性权利还是债权性权利？这些问题，在民法典的制定中都需要给予正面回答。因此，新政策的提出，为我们重构用益物权体系、引进新类型的用益物权提供了极好的历史契机。

三、用益权的移植与借鉴：“西法东渐”的“滑铁卢”

前文已经提及，放弃物权法定主义在立法论上不具有可行性，“放弃论”实际上是一种置之死地而后生的“休克疗法”，难有政策妥当性。那么，如何克服物权法定主义之僵化性所带来的制度副作用呢？可行的选择应当是“缓和论”意义上的“疏导疗法”。正如一国要克服“闭关锁国”政策所带来的恶果，当然不是采取更加严格的禁锢政策，而是要打开一扇窗，让外面的新鲜空气进来，让内部的压力释放出去，形成内与外的良性循环，方为上策。

“物权法定主义”包括两个方面的核心内容，即类型强制和内容固定。所谓类型强制，即除法律明文规定的物权类型之外，不允许创设新的物权类型。所谓内容固定，即每种物权的权利内容都由法律明文规定，不得任意改变特定物权的特定内容。就类型强制而言，如在用益物权和担保物权之外，不允许创设具有混合属性的典权；在抵押权、质权、留置权之外，不允许创设让与担保。就内容固定而言，如不允许创设存续期间超过30年的土地承包经营权，不允许在国有土地上创设宅基地使用权，不允许创设转移占有的不动产抵押权，不允许创设约定留置权等。这一系列的“不允许”，就造成了物权制度的“刚性”，并进而导致了其僵化性，形成了物权制度与社会财富利用实际的脱节。理想的法律制度对社会发展应起到的是助推作用，而不是形成社会发展的阻碍。所以说，对于物权法定主义所带来的僵化性应予以缓和和克服。

我们认为，在我国未来民法典物权法编的制定中，应创造性地移植和借鉴大陆法系通行的“用益权”制度。“用益权”是罗马法上的一项古老的用益物权，关于其产生，“历史的和传统的原因要比科学的原因更多”。[①] 这实际上是说，在罗马法上，“用益权”不是理性设计的一项用益物权，而是在历史传统中自生自发形成的，经历了由习惯到习惯法再到法定物权的演进历程。这即意味着，“用益权”的发生，具有强烈的“地方性”，是特定地域、特定民族、特定社会传统的产物。但虽如此，却并不妨碍在罗马法复兴以后，两大法系对用益权制度的共同继受。这即表明，一项制度的发生可以具有“地方性”，但其发生学上的地方性却并不一定会影响到该制度本身所内在的“科学性”。而一旦具有了“科学性”，那么该项制度就会冲破地域限制而扩散，最终形成一种基于人为理性的“普适性”制度。

在西法东渐的过程中，《日本民法典》就没有继受用益权制度。究其原因，有学者认为，用益权属于人役权范畴，而日本社会并不存在“人役”习惯，且人役权制度有

---

①[意]彼德罗·彭梵得：《罗马法教科书》，黄风译，中国政法大学出版社2005年版，第190页。

碍于经济流通,故在役权制度中仅取地役权而弃人役权;就中国而言,虽非无此习惯(如我国旧时各地常有指定某项土地之收益作为嫁奁或养老之费用者,即属人役权性质),然仍仿日本立法例,仅设地役权,盖亦着眼于人役权有碍经济流通,故舍之。① 另有学者认为,日本民法之所以没有规定用益权,主要是在于对用益权功能的认识使然。在日本民法制定时,用益权除了养老功能之外的其他功能还没有得到发展和认识,而日本和中国都是实行家庭(家族)养老制度的,加之普遍缺乏家庭成员之间的平等、独立观念,故用益权等人役权的东渐命运只能是"消失",不为民法所确认。②

在《物权法》的制定过程中,不论是立法者还是民法学界,都曾力推在《物权法》中规定"居住权"这样的一种人役权制度,但不知何故没能成功。这就意味着,立法者并没有深入研究人役权制度,不了解其形成、发展和现实价值,就贸然对之加以否定了。

四、用益权的制度源头:罗马法上的用益权

东罗马帝国拜占庭皇帝查士丁尼在6世纪时,下令编写了一部法学教科书——《法学总论》(又译《法学阶梯》)。在该书中,查士丁尼皇帝对古老的用益权制度进行了全面的裁剪和梳理。③

(一)《法学总论》中的用益权

关于"用益权"的定义。用益权是对他人的物使用和收益的权利,但以不损害物的实质为限。

关于用益权的设定方式。用益权可以从所有权中分离出来,这种分离可采取各种不同的方式。如某人把用益权遗赠他人,则继承人只享有所有权,而受遗赠人则享有用益权;反之,如以遗产除去用益权遗赠他人,受遗赠人只享有所有权,而继承人则享有用益权;又可以把用益权遗赠一人,而以土地除去用益权遗赠另一人。如果不用遗嘱设定用益权,则应以约定和要式口约的方式为之。

关于用益权的客体。不仅得就土地和建筑物,而且也得就奴隶、驭兽和其他物设定

①郑玉波:《民法物权》,黄宗乐修订,三民书局2007年版,第216~217页。

②屈茂辉:"用益权的源流及其在我国民法上的借鉴意义",载《法律科学》2002年第3期。

③参见[罗马]查士丁尼:《法学总论——法学阶梯》,张企泰译,商务印书馆1997年版,第61~63页。

用益权,但通过使用而消耗的物除外,因为无论根据自然法或市民法,可消耗物都是不适于设定用益权的。这些东西中有酒、油、面粉、衣服等,钱币与此极相类似,因为通过在不断地周转中使用,它也就多少等于消耗了。

关于"准用益权"。元老院作为一种实用措施,规定在继承人获得充分担保的情况下,也可以在可消耗物上设定用益权。如以钱币的用益权遗赠他人,所给予的钱币成为受遗赠人的所有物,但受遗赠人应向继承人提供担保,在前者死亡或身份减等时,须将同一数量的钱币归还。其他可消耗物也可以交付受遗赠人,使他成为物之所有人;但经估价后,受遗赠人同样应提供担保,在他死亡或身份减等时,即以相当于估价数量的钱币归还。这些在可消耗物上设定的用益权,即为"准用益权"。

关于用益权的消灭。用益权因用益权人死亡或遭受两种身份减等之一(即大减等或中减等),或因不依约定方式和规定期间行使而消灭。同样,用益权因用益权人将其权利移转于所有人时,或相反的情形,因用益权人取得物的所有权(这种情形称为"合并",即我们通常所称的"混同")而消灭。除此之外,用益权也会因为客体的消灭而消灭,如建筑物由于火灾、地震、衰败而消灭,用益权即随之而消灭;于此情形,用益权也不能继续存在于地基上。

关于用益权终止后的法律效果。用益权终止时,用益的权利重新归属所有权,从此,原先只保有所有权的人,对物重新享有全部且充分的权利。

(二)《学说汇纂》中的用益权

以上是查士丁尼皇帝在《法学总论》中对用益权的总括性阐释,出于教学的需要,其并没有引经据典地引述法学家或者敕令的具体表述。但《法学总论》只是查士丁尼皇帝编纂的《民法大全》的第一部分,在《民法大全》的第二部分《学说汇纂》中,查士丁尼皇帝又就"用益权"制度作了专卷的论述,将古典法学家们的著述,主要是他们的评论、法律解答等汇集起来,这就是《民法大全·学说汇纂(第七卷)·用益权》。该卷共分以下九篇:论用益权及实现使用和收益的方式、论用益权的增加、用益权取得的时间、用益权或使用权的消灭方式、论因使用权而消费或减少之物上的用益权、用益权受到请求或否认及另一人持有用益权、论奴隶的劳务、论使用权和居住权、用益权人须提供担保的方式。①

①参见《民法大全·学说汇纂(第七卷)·用益权》(米健译,法律出版社1999年版)目录部分。

须补充指出的是,罗马法上的役权包括地役权和人役权两种,人役权又分为用益权、使用权、居住权、对奴隶和他人牲畜的劳作权。[①] 从这一分类上看,用益权属于人役权的范畴。但由《学说汇纂》的体例内容来看,罗马法上的人役权又与用益权的外延范围相同。因此可以说,广义的用益权与人役权同义,居住权、使用权、劳役权(对奴隶和他人牲畜的劳作权)同属于用益权的范畴。

五、用益权的制度流变:法、德民法典中的用益权

后世大陆法系各国民法典,都唯《法国民法典》和《德国民法典》之马首是瞻,而这两部民法典,都最大限度地继受了罗马法上的用益权制度。

(一)《法国民法典》中的用益权

《法国民法典》于第二卷“财产以及所有权的各种变更”之第三编“用益权、使用权与居住权”,全面规定了用益权制度。其于第578条对用益权的定义如下:“用益权是指,对他人所有之物,如同本人是所有人,享有使用、收益之权利,但享用人应负责保存物之本体。”法国民法学者指出,《法国民法典》关于用益权的定义,缺少了两个基本要素,一是未揭示出用益权为一种临时性权利,二是未揭示出用益权是一种物权,但它确认了用益权为所有权的一种派生权利。[②] 据此,学者们将用益权的权利特征从以下三个方面进行了揭示。其一,用益权为物权之一种。这一特征的揭示,主要是通过与租赁权的比较来进行的。承租人对租赁物享有的是“债权性的用益权利”,而用益权人对用益物享有的是“物权性的用益权利”,这一区别是本质性的。其二,用益权具有时间性。用益权的存续总是短暂的,如其为永久性的权利,即会造成所有权权能与所有人的永久分离,这就使之成了具有身份性的封建权利。所以说,永久性权利不能成为用益权。当自然人为用益权人时,这种权利的存续期间就是自然人的生存期间,为一种终身权利。当然,虚有权人(所有权人)亦可以设定一种“连续的用益权”(usufruits successifs),即在第一个用益权人死后,他人继续成为用益权人。而当非个人的法人、非法人组织为用益权人时,用益权的存续期间以30年为限(《法国民法典》第619条)。其三,用益权为所有权的派生权利。根据传统观点,在用益权人和虚有权人之间,所有权的权能被予以重新分配。用益权人享有使用、收益的权利,虚有权人享有处分的权利,但其仅有处分虚

①[意]彼德罗·彭梵得:《罗马法教科书》,黄风译,中国政法大学出版社2005年版,第194页。
②转引自尹田:《法国物权法》,法律出版社2009年版,第350页。

有权的权利,而无消灭物的权利。可见,用益权虽派生于所有权,但其为独立于所有权的权利,亦即用益权与虚有权彼此独立。①

在法国,用益权的设定,主要包括三种情形。一是保留用益权的不动产出卖行为,其价款通常为一笔年金(即养老金)。这是法国人通常在年老时实施的一种行为:用益权人(出卖人)为一老年人,其欲在维持现有生活环境和条件的同时,将其财产转化为收入。为此,他将其不动产予以出售,但保留对该不动产的使用,而不动产受让人则以定期支付养老金的方式支付价款。于此情形,该老年人的继承人将一无所获。二是保留用益权的赠与行为。这通常是发生在家庭内部的行为,由考虑自己生活保障的直系尊亲属向其卑亲属实施。三是生存配偶的用益权,此处的生存配偶通常是一老年寡妇。应当特别指出的是,在法国,除家庭内部关系之外,用益权在其他领域也有所适用,这主要体现为用益权对租赁的替代,旨在规避法律对承租人的一些特别保护措施。②

(二)《德国民法典》中的用益权

《德国民法典》于第三编"物权法"第四章"役权"规定了地役权、用益权和限制的人役权。而于"用益权"一节中,又分三目类型化地规定了"物上的用益权"(第1030条至第1067条)、"权利上的用益权"(第1068条至第1084条)和"财产上的用益权"(第1085条至第1089条),共计60条。由此,也可以看出德国民法对用益权制度的重视程度。根据《德国民法典》的相关规定,用益权为收取物之收益的权利,且原则上不得转让与继承(第1030、1059、1061条)。在德国的用益权实践中,用益权通常包括三种。一是供养用益权,可在所有权人生前或者死后设定。二是担保用益权,这主要体现于为作为担保物权人的债权人再设立一项用益权的情形,通过这种方式,作为担保物权人的债权人可以立即享受对土地之收益(如收取租金),而不必等待实现担保物权时才能收取。担保用益权的存在,实际上相当于在担保物权体系上,又创设了一种新类型的担保物权,即用益担保物权。三是所有权人用益权,即在土地上由所有权人为自己设定用益权。③

六、类型强制的突破:我国物权法上用益权制度的构建

我国制定《物权法》,不仅否弃了传统固有法上的典权制度,也拒绝了大陆法系上的用益权制度,殊欠妥当。

①尹田:《法国物权法》,法律出版社2009年版,第350~356页。

②尹田:《法国物权法》,法律出版社2009年版,第356~359页。

③[德]鲍尔、施蒂尔纳:《德国物权法》(上册),张双根译,法律出版社2004年版,第698~699页。

“用益权”与“用益物权”不是同一概念,更不是同一制度。《物权法》用于结构线索的“用益物权”和“担保物权”两个概念,在大陆法系的学术谱系中,本来只是两个学理概念,在比较法上并没有成为立法用语的立法例。在比较法学理上,“用益权”是一种“用益物权”,“用益物权”是一个上位概念,与“用益权”相并列的地役权、地上权、永佃权等,都是归属于“用益物权”这一类概念之下的具体用益物权种类。《物权法》没有借鉴和移植大陆法系上的用益权制度,或许不无将“用益权”与“用益物权”两个概念混淆的原因,认为既然已经使用了“用益物权”概念,又怎能在其之下再把同等含义的“用益权”规定为从属于“用益物权”的下位概念和一个具体的用益物权种类呢?若如是,则实在是一大误解也!

根据《物权法》第117条规定:“用益物权人对他人所有的不动产或者动产,依法享有占有、使用和收益的权利。”同法第39条规定:“所有权人对自己的不动产或者动产,依法享有占有、使用、收益和处分的权利。”两相比较,就权能而言,用益物权与所有权的最大区别在于,用益物权人无处分权能。究其原因,是因为用益物权为他物权,于他人之物上成立,故对用益物权之客体无处分之权,亦属理之当然。但是,所有权是一种“财产权利”,用益物权也是一种“财产权利”,同为财产权,所有权人有权处分“所有物”,用益物权人也应当有权处分“用益物权”,此亦为当然之理。前文业已指出,一种无处分权的财产权,本质上就不是真正的财产权。所以说,“凡财产权皆有处分权能”,是财产权的一个应有属性,剥夺了处分权能,就是剥夺了财产权本身。

在《物权法》规定的四大类用益物权中,因地役权具有附属性,故对其不作讨论,而其他三大类用益物权,都具有独立性,故从应然的角度讲,就都应当具有独立处分性。而在这三大类物权中,除建设用地使用权具有较强的处分性之外,土地承包经营权、宅基地使用权几乎都被剥夺了处分权能,这显然是无视二者之财产权属性的体现。当然,不论三种用益物权处分权能之强弱如何,《物权法》都没有赋予任何一种用益物权以“用益物权本身”为处分客体的处分权能,亦即用益物权人不能在其享有的用益物权上再为他人设定用益权。前文已述,《德国民法典》明确地将“权利上的用益权”规定为一类典型的用益权,根据其相关规定,在具有可让与性的权利上,尤其是债权和有价证券上,都可以设立用益权。同其道理,在债权上都可以设定用益权,为什么在物权上就不能再设定用益权了呢?这显然于理不通。

如果我国物权法将用益权确立为一种独立的用益物权,并且赋予用益物权人以用益物权为客体设定用益权的权利,那么因政策面改革而带来的许多纠结的法律问题就可能迎刃而解。如以上文提到的农地"三权分置"改革为例,自该政策提出以来,学界就一直在探讨其在法律上应当如何表达的问题,众说纷纭,迄无定论。这其中的关键点,在于如何定位三权中的"经营权",其究竟为债权还是物权?如为债权,显然不利于权利保护和鼓励规模经营。如为物权,显然又于"物权法定主义"原则有违,因为《物权法》并未规定"经营权"这样的一种用益物权,如将其定位为物权,就需要通过修法以解决其"类型强制"问题。如果把用益权引进物权法,这一问题就可以有个妥当解了。实际上,当土地承包经营权中的"经营权"被独立出来加以处分时,就是土地承包经营权人为他人设定用益权的问题,经营权就是用益权。

以上所述,是就用益物权人为他人设定用益权的角度,就我国物权法应当规定用益权所作的分析。实际上,《物权法》只规定四大类用益物权的体例处理,本身就欠缺周延性,因为其将用益物权的范围限定得过于狭窄、过于封闭,从而与现实社会中的物权性财富用益状况过于脱节。我国已有诸多学者,就船舶用益权①、企业用益权②、国有不可移动文物用益权③、无线电频谱资源用益权④、公有住房用益权⑤等用益权类型进行了学术探讨,这些探讨都是有益的,也是值得肯定的。

一言以蔽之,如果我国民法典物权法编构建起用益权制度,那么历来存在争议的诸多问题就会消弭于无形之中,不仅可以发挥出现有财产权的应有权能,而且也可以引入众多的物权性权利,从而有效地缓和和克服"物权法定主义"带来的僵化性,实质性地提高财产权的应受保障地位、扩大人民可得享有的物权性财产权范围,诚可谓一举多得。

结语

"物权法定主义"造成了物权类型的封闭和僵化。《物权法》规定的用益物权体系已经完全不能满足我国当下社会发展的需求,因而应借民法典制定之机进行改革,改革之枢要即在于创造性地移植和借鉴大陆法系通行的"用益权"制度。用益权是以不损

①参见马得懿:"创设船舶用益权",载《中国海洋大学学报(社会科学版)》2005年第4期。
②参见屈茂辉:"企业用益权制度的几个问题探析",载《求索》2002年第4期。
③参见赵冀韬:"关于国有不可移动文物用益权的法理思考",载《中国文物报》2015年3月20日。
④参见胡丽:"论无线电频谱资源用益权制度的构建",载《河北法学》2017年第9期。
⑤参见方菲:"以用益权为视角对公有住房相关权利的探讨",载《中国房地产估价师》2004年第6期。

害物之实质为限,对他人之物进行使用和收益的权利。在罗马法上,广义的用益权与人役权同义。用益权包括不动产用益权、动产用益权和权利用益权。学界热烈讨论的“居住权”和“三权分置”政策下的“土地经营权”,在权利性质上即为用益权。笔者认为,我国未来民法典在构建起“用益权”制度的同时,应将“居住权”和“土地经营权”明定为用益权,从而赋予此等权利以用益物权之强势地位,以最大可能地实现对权利人合法权益之保障。

[责任编辑:佟金玲]

·刑法文化·

夏法“不孝”罪臆解

赵进华*

摘　要:很长一段时间以来,受章太炎《孝经本夏法说》中论断的影响,中国法制史学界的大多数学者认为早在四千年前的夏代,法律上就有了“不孝”罪这一罪名,而且其含义与后世的不孝罪略同。另有一部分学者则似乎对夏代法律存在不孝罪持怀疑态度。然而,结合传世文献中吉光片羽的记载和历史人类学的线索可以推知,夏代人对鬼神的信仰催生了最早的孝道观念,在这样一种原始的、有别于后世的孝道观念的支配下,表达孝、实现孝的规范应该构成了夏礼的大部分内容;与此同时,一切不敬鬼神、亵渎神明的行为则构成应予严惩的犯罪行为,即“不孝”。这就是“五刑之属三千,而罪莫大于不孝”的由来。总之,夏法上是应该有“不孝”罪的,只不过,此“不孝”罪非彼不孝罪也。

关键词:夏法;“不孝”罪;鬼神信仰;孝道观念

不孝罪是中国古代法制史上一个重要的罪名,属于“十恶”重罪之一,历来为国家和社会所重视。对于这一罪名,《唐律》解释道:“善事父母曰孝,既有违犯,是名‘不孝’。”从出土文献记载来看,“不孝”罪名至迟到秦代已经出现,睡虎地秦墓竹简之《法律答问》中有:“免老告人以为不孝,谒杀,当三环之不?不当环,亟执勿失。”①这是秦代律法中有不孝之罪的确证。那么,不孝罪究竟起源于何时?

对于这一问题,目前学界颇有影响力的一种观点认为,不孝罪起源于夏代,是夏法(《禹刑》)中的规定。据笔者眼界所及,在近二十年来所出版的《中国法制史》教材中,

* 东北大学文法学院讲师,法学博士。

①睡虎地秦墓竹简整理小组编:《睡虎地秦墓竹简》,文物出版社1990年版,第117页。

持这种观点的在十部以上,其中包括为学界所公认为权威的、分别由张晋藩和曾宪义两位学界泰斗所主编的教材。① 值得一提的是,2017年高等教育出版社出版的"马克思主义理论研究和建设工程"教材《中国法制史》仍然延续了这一观点,认为"夏朝的刑法还对不孝罪作了规定,将其也归入了打击之列",并特意解释道:"这是一种不能善待祖父母、父母的犯罪。"②此外,还有为数不少的专著和论文亦持此种观点。③ 同时,这些论著大都认为,所谓"不孝"之"孝"乃是针对父母或尊长而言的。④ 一些论著虽然没有明言这一点,却也显然把夏代的"不孝"罪和后世的不孝罪等量齐观,典型的说法如:

> 在夏代,由于国家是以家族和宗法制度为基础而建立的,忠孝是重要的伦理道德准则,必须自觉遵守,如果违背这一伦理道德则为社会所不容,也当然为法律所不原,因此,不孝罪,必然成为刑法所打击的一种最严重的犯罪。同时,也由于民族中传统的尊老、敬老的习惯影响,统治阶级也认识到强化"孝"能促成"忠",既加强亲族的凝聚力,也能增进国家中的效忠性。因此,对"不孝"罪的惩处,又是必然首重之事。⑤

诸如此类的对夏代"不孝"罪的解释,在各教材中并不鲜见,措辞大同小异。然而,仔细揣摩,不能不令人产生困惑和疑问。似此类解释,恐怕均有过度解释之嫌,是以后来的制度和观念揣测以前的历史。

同时,笔者发现,坊间亦有若干教材在介绍夏代刑名时,没有提到"不孝"这一罪名,或者付之阙如。这似乎表明这些作者对夏代存在不孝罪心怀疑虑,至少认为证据不足,为避免读者追问,所以干脆隐去不谈。

---

①参见曾宪义主编:《中国法制史》,北京大学出版社2000年版;徐祥民、胡世凯主编:《中国法制史》,山东人民出版社2000年版;李交发、唐自斌主编:《中国法制史》,湖南大学出版社2001年版;马作武、张洪林、任强主编:《中国法制史》,中国人民大学出版社2004年版;周子良、王霄燕、高世洪主编:《中国法制史》,法律出版社2006年版;张晋藩、朱勇主编:《中国法制史》,高等教育出版社2007年版;郭成伟主编:《中国法制史》,中国法制出版社2007年版;叶孝信主编:《中国法制史》,复旦大学出版社2008年版;周东平主编:《中国法制史》,厦门大学出版社2009年版;曾宪义、赵晓耕主编:《中国法制史》,北京大学出版社2009年版;占茂华主编:《中国法制史》,中国政法大学出版社2009年版;马志冰主编:《中国法制史》,北京大学出版社2012年版;朱勇主编:《中国法制史》,中国政法大学出版社2017年版。

②《中国法制史》编写组编:《中国法制史》,高等教育出版社2017年版,第27页。

③参见胡留元、冯卓慧:《夏商西周法制史》,商务印书馆2006年版;张晋藩:《中华法制文明的演进》,法律出版社2010年版;陈晓枫、付春杨:"'自然法'与'法自然'的文化分析",载《法学评论》2002年第6期;薄建柱:"道德法律化传统与中国法治现代化",载《人民论坛》2011年第17期。

④参见张晋藩、朱勇主编:《中国法制史》,高等教育出版社2007年版,第15页;叶孝信主编:《中国法制史》,复旦大学出版社2008年版,第9页。

⑤李交发、唐自斌主编:《中国法制史》,湖南大学出版社2001年版,第6页。

本来,对于距今四千年前的某一项具体的法律制度,在实物证据阙如的情况下,今天的学者并没有十足的把握保其必有或必无。大多数学者之所以众口一词,实在是因对前辈学者的“权威”论断过度依赖所致。一个多世纪以前,国学大家章太炎先生撰有《孝经本夏法说》一文,以为《孝经》本于夏法,其中“五刑之属三千,而罪莫大于不孝”亦指夏法而言。[①] 正是这一论断对后来学者的研究形成了莫大影响。曾宪义主编的《中国法制史》就坦言:“近人章太炎在《孝经本夏法说》中认为,《孝经·五刑章》全部为夏法的内容。这种认识似有偏颇之嫌,但他指出夏代出现‘不孝罪’,并提出‘罪莫大于不孝’的认识,却是可信的。”[②]郭成伟主编的《中国法制史》、胡留元、冯卓慧所著的《夏商西周法制史》等书亦持同一论断。[③] 作为专攻中华法制“源头”的大部头力作,胡留元、冯卓慧合著的《夏商西周法制史》对夏代“不孝”罪又进一步引申道:“夏朝是建立在以血缘为纽带的家族统治基础上的奴隶制国家,为巩固新生的奴隶制政权,充分发挥忠、孝礼仪规范的精神支柱作用,并运用法律手段,把不孝作为最严重的犯罪之一,予以严惩,这对增强家族凝聚力,维护以王权为核心的宗法体制,是不无裨益的。”[④]论断不出旧说窠臼。

至此,我们不得不问,夏法中果真有“不孝”罪吗?若有,夏法中的“不孝”罪和后世的不孝罪是一回事吗?

不消细说,不孝罪的出现,自然是与先民孝观念和孝实践分不开的。关于中国人孝观念的起源,史学界有多种说法。曹方林认为,孝应起源于“民知母不知父”的时代[⑤];康学伟则认为孝观念是父系氏族公社时代的产物[⑥];杨荣国先生在《中国古代思想史》中提到,“孝”的思想产生于殷代,殷人以“孝”为“教”。[⑦] 而据有的学者考证,即便到了殷人那里,亦并无孝的观念。[⑧] 陈苏镇也认为孝的观念不会早于殷周之际。[⑨] 这些说法

①章太炎:《章太炎全集(四)》,上海人民出版社1985年版,第17~19页。

②曾宪义主编:《中国法制史》,北京大学出版社2000年版,第26页。

③郭成伟主编:《中国法制史》,中国法制出版社2007年版,第13页。

④胡留元、冯卓慧:《夏商西周法制史》,商务印书馆2006年版,第62页。

⑤参见曹方林:“论孝的起源及其发展”,载《成都师专学报》2000年第3期。

⑥康学伟:《先秦孝道研究》,吉林人民出版社2000年版,第27页。

⑦杨荣国:《中国古代思想史》,人民出版社1973年版,第11~12页。

⑧参见徐复观:“中国孝道思想的形成、演变及其在历史中的诸问题”,载《中国思想史论集》,上海书店出版社2004年版;张力:“殷人无孝说”,载《殷都学刊》1989年第4期。

⑨陈苏镇:“商周时期孝观念的起源、发展及其社会原因”,载《中国哲学》(第十辑),生活·读书·新知三联书店1983年版,第39~48页。

的是非得失,非笔者学力所能评判,唯一的感觉是,这些学者所谈论的孝或孝观念,无一不是后世的孝观念,即"善事父母"意义上的孝观念。问题在于,以后世的标准来探寻孝观念的源头,极有可能是刻舟求剑,而难窥其真容。

今人"孝""敬"联称,表明"孝""敬"语义接近,几于可以互训。区别在于,"敬"的指向对象没有一定,而"孝"的指向对象有一定(专指父母尊长)。实际上,如若拉长历史的视角,我们会发现,"孝"的指向对象在几千年里是有变化的。孔子曾盛赞大禹"菲饮食而致孝乎鬼神"①的美德,其义是指夏禹自己菲食恶衣,却以隆重丰盈的祭典祭祀鬼神。对鬼神而称"孝",这和今人对"孝"的理解明显不同。这提示我们,中国古人的孝观念其前身当与鬼神崇拜和祭祀有关,而不是一开始就切入小家庭生活的。《尚书·召诰》云:"有夏服天命。"《礼记·表记》云:"夏道尊命,事鬼敬神而远之。"据已有的研究可知,夏代虽然已经有了国家机器的建立,在国家政治生活中却延续了氏族社会时期重鬼尊神、崇尚祭祀的传统。夏人通过举行隆重的仪式,致献丰盛的牺牲来祭祀包括其祖先神在内的天地神明,表达其虔诚敬意,以祈求祖先的呵护和神明的庇佑。《左传·文公二年》云:"孝,礼之始也"。② 对于远古的先民来说,正是出于向鬼神表达敬意(致孝)的需要,才有了最初的祭祀活动,于是礼就产生了。而随着祭祀活动的长期开展,原始的孝道观念开始形成,其内涵不断丰富和成熟。

"在人类的早期,人类由于受到社会生产力水平和人类认识水平的限制,不仅不可能把与自己生死攸关的自然力量和社会力量作为支配的对象,而且反把它们当做支配自己生存和生活的神秘力量。这两种力量就在原始人的观念中表现为对超自然的自然力量和对超人间的氏族祖先的崇拜,这两种宗教观念是原始宗教的基本观念,由此观念而象征化为两种基本的崇拜对象。"③这两种观念在起初的很长一段时期内很可能是混在一起的,只是到了后来才慢慢地分离开来。《尚书·甘誓》云:"用命,赏于祖;弗用命,戮于社。"孔《传》云:"天子亲征,必载迁庙之祖主行。有功,则赏祖主前,示不专。""天子亲征,又载社主,谓之社事。不用命奔北者,则戮之于社主前。社主阴,阴主杀。亲祖严社之义。"④孔颖达疏云:"礼,左宗庙,右社稷。"⑤表明当夏立国之初,祖先祭祀

①语出《论语·泰伯》。
②《国语·周语》云:"孝,文之本也"。其义略同。
③吕大吉:《宗教学通论新编》,中国社会科学出版社2010年版,第375页。
④(汉)孔安国传,(唐)孔颖达正义:《尚书正义》,上海古籍出版社2007年版,第259页。
⑤(汉)孔安国传,(唐)孔颖达正义:《尚书正义》,上海古籍出版社2007年版,第261页。

已被夏人从一般的神明祭祀中分离出来。不过,对夏人而言,两类祭祀虽有亲、严之分,其禳灾祈福的动机则一也,其敬畏心理也很难说有本质的不同,因而设施和行为背后的观念形态均名之为"孝"。

关于孝道初型,学界较一致的推论是——孝道观念最初可能是先祖亡灵崇拜的产物,是从祖先祭祀中推演和抽象出来的,尔后才由尊逝去的祖先扩展到敬在世的亲长,并逐步形成完整的孝道伦理。[①] 笔者认为,这一推断有一定道理,然而其历史线条可能是不完整的。因为,在祖先崇拜发生之前,人们应该已经产生了一般的鬼神观念和信仰[②],正是这种一般的鬼神信仰以及与之相伴生的祭祀活动催生了最初的孝道观念。大禹"菲饮食而致孝乎鬼神",为禹所致孝的"鬼神"恐怕不仅限于先祖亡灵,还包括其他的山川神祇。正缘于此,所以到了后来,即便孝的指向已经被固定为父母尊亲,其含义中仍包含了对丧葬祭祀之礼的高度重视,"生,事之以礼;死,葬之以礼,祭之以礼"。[③] 这可以看作是最初的孝观念在后世的遗存。

孔子云:"殷因于夏礼,所损益可知也;周因于殷礼,所损益可知也。"[④]可知夏、商两代各有当时之礼。不仅如此,随着国家机器的建立和不断强化,夏代具备了对违礼行为给予惩治和纠正的强制性力量。于是,在大量发生的祭祀实践中,夏人关于孝的规范意识得以进一步清晰化。在夏人的规则体系中,对鬼神庄敬就是"孝",反之即为"不孝"。而所谓"不孝",不过就是不敬鬼神、亵渎神明的一种概称而已。推想起来,关于孝与不孝的分际和辨识,即便不是夏礼的全部内容,至少应该构成夏礼的大纲和重中之重,而"出礼则入刑",于是就出现了"五刑之属三千,而罪莫大于不孝"这样一种结果。

据《尚书》《史记》等文献记载,夏启讨伐有扈氏,作《甘誓》,指斥有扈氏"威侮五行,怠弃三正"。有的教材认为"威侮五行,怠弃三正"是罪名。[⑤] 这一判断恐怕并不准确,笔者认为"威侮五行,怠弃三正"应该是对罪状的描述。"五行"指金、木、水、火、土。

---

①王丽珍:"初民伦理形式之递演——由春秋以前的'孝观念'视察",载《晋中学院学报》2013年第5期。

②这应该是目前学界的主流观点,如据丁山先生的研究,"然而民族宗神,都自山鬼祭起,足证山魈野魅一般地神的信仰,确先'人死曰鬼'灵魂之说而存在。"见丁山:《中国古代宗教与神话考》,上海世纪出版集团2011年版,第594页。另外,也有不同观点,如赫伯特·斯宾塞主张最原始的宗教是祖先崇拜,然后才向自然崇拜发展,而这种发展是由于原始人群语言上暧昧、不精确而发生误会所造成的。参见朱天顺:《原始宗教》,上海人民出版社1964年版,第7页。此说可备一说,但并未为中外学界广泛认可,今不从。

③语出《论语·为政》。

④同上。

⑤参见蒲坚主编:《中国法制通史》第一卷《夏商周》,法律出版社1998年版,第108页。

“三正”有多种解释：《经典释文》引马融云：“建子、建丑、建寅，三正也。”《史记集解》引郑玄曰：“天、地、人之正道。”顾颉刚、刘起釪则认为“三正”指诸大臣、官长。[①] 顾、刘的新说证据并不充分，旧说未可尽废。所以，所谓“威侮五行，怠弃三正”是指有扈氏违反天常、不循正道、亵渎神明，这样的罪行如果要冠以一个罪名，还有比“不孝”更合适的吗？尽管《甘誓》中没有直接点明有扈氏的罪名，而仅仅是宣示了罪状，然而在那样一个神权政治社会，当政者意图消灭异己势力，还有什么比“不孝”罪更趁手的工具呢？正是因为有扈氏触犯的是“不孝”这样的无上大罪，所以“天用剿绝其命”，同时基于“大刑用甲兵”的原则，要以战争的形式对他予以制裁。

笔者推测，商代法制应该大体上继承了夏法上关于“不孝”罪的规定，“不孝”主要指对神明的不敬。因为《吕氏春秋·孝行览》引《商书》云：“刑三百，罪莫大于不孝。”与夏法的精神意旨完全一致，所不同者，两代法制繁简相差悬殊。也只有把“不孝”罪解释为不敬鬼神，才能对夏、商两代“罪莫大于不孝”的刑制有透彻的了解，否则就很难理解为什么在当时会把“不孝”罪规定为最严重的罪行。周秦以降，虽然“罪莫大于不孝”的说法仍然被人提起，可是实际上，不孝罪“原恶大憝”的地位已被谋反、谋大逆等“不忠”类罪名所取代。一个显而易见的事实是，在“十恶”之中，不孝罪既非排在首位，也不是处刑最重的。所谓“罪莫大于不孝”，不过空有其名而已。人们似乎没有意识到表达和实践之间的距离，于是“不孝”罪的原初含义也就隐而不彰了。

如此看来，夏法中存在“不孝”罪是完全可能的。唯需要注意的是，夏法上的“不孝”罪与后人所理解的不孝罪不可同日而语，当然也并非毫无关联。须知，夏人的鬼神崇拜中含有一定的先祖亡灵崇拜的成分，而且越到后世祖先崇拜的比重越大。在这样一个观念演变的过程中，“不孝”罪的含义也发生了微妙曲折的变化，“不孝”罪的指向对象从一般意义的鬼神到先祖亡灵再到在世的尊亲。《礼记·王制》记先王之制云：“山川神祇，有不举者为不敬，不敬者君削以地；宗庙有不顺者为不孝，不孝者君绌以爵。”笔者推测，这一段记载的应该是周代的制度，因为不敬罪和不孝罪已经出现了分离，而不再搅和在一块儿。对非祖宗神的怠慢亵渎成立不敬罪，对祖宗神的不敬方成立不孝罪，这就比较接近后世的不孝罪了。

清人皮锡瑞引陆德明释文“推郑之意，以为五帝官天下，禹始传其子。传子者尤重

①刘起釪：“释《尚书·甘誓》的‘五行’与‘三正’”，载《文史》1979年第7辑。

孝,故为孝教之始”。[①] 徐复观据此认为,孝道和传子的政治制度有密切的关系,甚至可以说是起于政治上的传子制度。[②] 如前文所述,这种观点未免狭隘,最初的孝道其实和传子政治并无必然的联系。然而由于夏代已经有了较为成熟的国家文明,这就使得先民朴素的孝观念被纳入到理性化的规则体系,得到国家机器的强力庇护,因而成为一种更为自觉也更为有效的治理形式。在这个意义上,说夏代是“孝教之始”,亦未尝不可。

基于此,笔者认为,夏法中是应该有“不孝”罪的,归根结底,这是由夏王朝的政治形态(神权政治)和意识形态(鬼神信仰)所决定的。而此“不孝”罪,名为“不孝”,实为不敬神明行为的总称。今人望文生义,先入为主地认定了“不孝”罪就是不孝父母,于是,或者得出夏代已有如后世一样的不孝罪,或者干脆否认之。其实,这两种判断恐怕都是有问题的,过犹不及,述夏代刑名者当留意于此。

台湾法史学家张金鉴先生在讲到上古律法时,先是引用《竹书纪年》《国语》和《尚书大传》等古籍中有关上古律法的记述,然后表明了自己的态度:“上古时代,以文献不足征,这些论述,不是作伪,便系揣测,均未足凭信。”[③]先生之立场可谓严谨之至。然治上古史者,亦不当划地为限,故步自封。若能博采文献之记载,辅以合理之揣测,未尝不可成一家之言,亦未尝不可逼近历史的真实。是以笔者不揣鄙陋,直陈己见。然则,上古之事渺茫难知,所谓“研究”近于臆断。还请有识之士不吝教正!

[责任编辑:武航宇]

---

①(清)皮锡瑞撰:《孝经郑注疏》(四部备要本)卷上,吴仰湘点校,中华书局2016年版。

②参见徐复观:“中国孝道思想的形成、演变及其在历史中的诸问题”,载《中国思想史论集》,上海书店出版社2004年版,第133页。

③张金鉴:《中国法制史概要》,正中书局1974年版,第15页。

·司法文化·

司法权性质之辨析

佟金玲*

摘　要:司法权是作为一项国家权力而产生的,因此司法权随着其在国家权力体系中的职能变化而嬗变。在权力分立视野内,司法的本质是裁判、审判活动,司法权即为裁判权、审判权。在法院审判活动中,司法权的运作特征可以概括为:中立性、独立性、被动性、参与性与终局性。国家通过依法行使司法权,来解决社会冲突。司法权既要维持不同国家权力的平衡,也要维持公民权利与国家权力之间的平衡。司法权的运作,能确保公民权利和国家权力处于更加平等的地位,使个人有与国家权力机构展开平等对话、交涉的机会。

关键词:司法权;裁判权;审判权;中立性

目　　次

*沈阳师范大学法学院讲师,法学博士。

（三）被动性

（四）参与性

（五）终局性

四、司法权的功能

（一）解决纠纷

（二）制衡权力

（三）保障权利

人在达致完美状态的时候，是最优秀的动物，然而一旦撇开了法律和正义，他就是最恶劣的动物。

——柏拉图

一、司法与司法权的历史嬗变

对司法这一理论的探讨由来已久。在英文中，"justice"兼有"司法"和"正义"的双重含义。可见，司法等同于正义，这是人类千百年来的理想。司法权是作为一项国家权力而产生的，随着其在国家权力体系中的职能变化而嬗变。因此，在不同的历史阶段，由于不同的历史文化传统，人们对司法权的概念的认识和理解就有很大不同。所以要准确地界定司法权是什么，从来都不容易。

司法权是在国家权力分立的语境下明确提出来的。最早对国家权力的职能分工进行系统论述的学者是亚里士多德，他认为在国家权力分立的政体中，司法权是由司法机关行使的对纠纷和冲突进行裁决的国家权力。可概括为：司法权是裁决权。其后孟德斯鸠在其完备的分权理论中明确提出了立法权、行政权、司法权的分权制衡原则。在延续并丰富了亚里士多德对司法的理解之上，孟德斯鸠强调司法的权力应独立行使，"司法权不应给予永久性的元老院，而应由选自人民阶层中的人员，在每年一定的时间内，依照法律规定的方式来行使；由他们组成一个法院，它的存续期间要看需要而定"①。其后，汉密尔顿等在《联邦党人文集》中从政治学的视角将司法权界定为判断权，即"司法部门既无军权、又无财权，不能支配社会的力量与财富，不能采取任何主动的行动。故可正确断言：司法部门既无强制，又无意志，而只有判断；而且为实施其判断亦需借助

①［法］孟德斯鸠：《论法的精神》（上），张雁深译，商务印书馆1993年版，第187页。

于行政部门的力量"①。《布莱克维尔政治学百科全书》中司法的词条,比较简洁地阐释了司法的定义,即司法是"法院或者法庭将法律规则适用于具体案件或争议"②。近代,日本的棚濑孝雄将司法理解为法院的裁判权,他认为"司法就是严格适用法律的理念,其实是对现实中的审判进行抽象,强调其某一侧面而得到的一种'规范——事实'性的综合命题,采取统一的方法对现实中审判的其他侧面进行抽象"③。显然,现代各国普遍将司法权视为裁判权。例如,美国《宪法》第3条第1款规定:"合众国的司法权属于一个最高法院以及由国会随时下令设立的低级法院。"

在我国古代,"司法"一词最初被用在官名之中,如两汉郡之佐吏有决曹,贼曹掾,主管刑法。北齐称法曹参军。唐制,在府叫法曹参军。元废。由此可见,在中国古代"司法"是官府中掌管刑法的人。在中国历史上,司法与行政历来是不区分的,例如,清代州县是基层行政机关兼司法机关,作为司法官的"州县官不仅主持庭审和作出判决,还主持调查并且讯问和侦缉罪犯。用现代的眼光来看,他的职责包括法官、检察官、警察、验尸官的职责。这包括了最广义上与司法相关的一切事务"④。也就是说,州县官既行使审判权也行使侦查权、检察权、执行权。这样自然就不存在分权的思想和制度,所以也就没有与立法权、行政权相对应的司法概念。近代意义上的司法是引进西方的概念,在清末修律中,设置审判机关大理院和地方各级审判庭。《大清法规大全·宪政部》中有"立法、行政、司法则总揽于君上统治之大权"的规定。⑤ 司法权主要由法院行使。在中华人民共和国成立后,最开始是借鉴苏联的司法制度。

二、司法和司法权的界定

在20世纪50年代,中国检察机构实行检审分立,由审判机关和检察机关分别行使职权,形成了互相独立、制约的机制。但对于何谓"司法",我国学界却仍是莫衷一是,众说纷纭。司法与司法权是紧密相关的概念,纵观对司法、司法权内涵、范围的总结,笔者认为,司法和司法权概念具有代表性的观点有以下三种:

---

①[美]汉密尔顿、杰伊、麦迪逊:《联邦党人文集》,程逢如、在汉、舒逊译,商务印书馆1980年版,第391页。

②[英]戴维·米勒、[英]韦农·波格丹诺、邓正来主编:《布莱克维尔政治学百科全书》,中国政法大学出版社2002年版,第6页。

③[日]棚濑孝雄:《纠纷的解决与审判制度》,王亚新译,中国政法大学出版社2004年版,第254页。

④瞿同祖:《瞿同祖法学论著集》,中国政法大学出版社2004年版,第452页。

⑤鲁明健:《中国司法制度教程》(修订本),中国政法大学出版社1996年版,第2页。

(一)广义说

与立法权逻辑上相对应的是执法权,国家行政机关和司法机关的执法活动都应包含在其中。因此,司法机关适用法律,即法院的审判活动和检察机关的检察活动与立法活动并不是在同一逻辑层面的。洛克在《政府论》中所主张的分权理论就是以此为逻辑起点的,他将国家权力分为立法权、执行权和对外权。[①] 这种观点认为,司法处于“国家与社会之间的中立地带,以法官裁判为核心环节,联动国家权力与社会权利的良性运转”[②]。与此相似的观点认为,“司法是多样化的,不为法官和法院所独有,也不单是国家的职能。实际上,一些非法院的国家机关,甚至某些非国家的社会组织也具有一定的司法性质和作用”,该学说认为司法是国家机关适用或执行法律的活动,司法权就是国家机关的执法权,凡是能够适用或执行法律的国家机关都可统称为司法机关,包括国家行政机关的执法活动,也包括国家司法机关的执法活动,依此说,“司法机关不仅包括公、检、法机关,还包括准司法机构如调解机构、仲裁机构等,甚至包括影响司法的社会力量(如媒体、社团或企业)、政治力量(人大及政府的领导有关部门等)”[③]。

(二)折中说

张文显教授认为“司法是指国家司法机关通过专业化的程序和方式适用法律解决案件纠纷的专门活动。与此相应,司法权包括审判权和检察权,审判权由人民法院行使,检察权由人民检察院行使”[④]。司法的范围包括人民法院对刑事案件、民事案件、行政案件的审判活动和人民检察院对公诉案件的审查、起诉活动以及刑事裁判、民事裁判、行政裁判的抗诉活动。这是学界对司法定义主流的学说。依此说,司法机关包括法院和检察院。此学说区分了司法活动与一般执法活动。从广义上讲,司法活动也属于法的适用的一种形式,但司法是一种特殊的执法活动。在《中华人民共和国宪法》中虽没有“司法机关”的专门规定,但是对法院和检察院的职权以及活动原则都有规定,这是此学说的宪法基础。相关条款同时规定了人民法院和人民检察院都享有独立的地位。显然,从《中华人民共和国宪法》立法体例和立法意图分析,法院和检察院都是司法机构,都享有司法权。

---

①[英]洛克:《政府论》(下),叶启芳、瞿菊农译,商务印书馆1964年版,第92页。

②廖奕:《司法均衡论——法理本体与中国实践的双重建构》,武汉大学出版社2008年版,第182页。

③同上。

④张文显主编:《马克思主义法理学——理论、方法和前沿》,高等教育出版社2003年版,第207页。

（三）狭义说

“司法是与裁判有内在联系的活动，司法权往往被直接称为司法裁判权。”[①]此种观点是当今世界上大多说国家通行的观点。从司法、司法权的历史演变看，司法始终是与裁判、审判相关的。司法权是审判权、裁判权，这也是司法权起源时的应有之义。司法权即裁判权观念的历史，可以追溯到汉密尔顿“司法即判断”的经典论述。基于此，功能主义视角下的司法“与立法程序和行政程序不同，它的功能在于通过查清纠纷和案件的事实，公布真相，以协助司法机关对于纠纷和案件进行法律处理”[②]。依该学说，司法是法院的审判活动，司法权仅指审判权，享有司法权的主体只有法院和法官。司法的本质是判断，司法权的本质是判断权——这是司法区别于行政，司法权有别于行政权的关键。[③] 因此，司法权区别于立法权、行政权的直接体现是在其运作过程中，即“司法权行使过程最核心的部分是听审案件，即查明案件事实并将一般的规则适用于具体案件并作出裁判”，因为“只要司法尚未被视为将一般规则适用于具体案件时，就不可能有立法与司法的界限”。[④] 因此查明事实、适用法律规则是司法权行使不可或缺的过程。

还有学者从法社会学的视角，对司法做了动态宏观的分析，认为“司法权的展开过程，实质上是凭借制度塑造社会正义的过程，其实质是为社会运行与发展提供网络模式”[⑤]。这种分析方法也将司法权界定为裁判权。根据该学说的观点，司法的中心为“法官裁判”；司法的外层则包括了公安机关、检察机关、其他国家机关及诉讼参与人的诉讼活动。

综上，对于司法权的内涵的界定，学界并没有统一的意见，因为他们在各自语境下的理解都是有一定道理的。例如，司法的折中说是从《中华人民共和国宪法》以及党的政策来看，将检察院的检察权和法院的审判权均定性为司法权并无不妥，况且检察院毕竟不是完整意义上的行政权行使机关。将司法权定义为判断权，即法院的审判权，这是国家权力视野下的划分，显然只有法院能够行使司法权，法院的审判活动也就是司法活动，这也是当今绝大多数国家采用的做法。

---

①陈瑞华：“司法权的性质——以刑事司法为范例的分析”，载《法学研究》2000年第5期。

②［英］戴维·M. 沃克：《牛津法律大辞典》，北京社会与科技发展研究所译，光明日报出版社1988年版，第486页。

③孙笑侠：“司法权的本质是判断权——司法权与行政权的十大区别”，载《法学》1998年第8期。

④［德］马克斯·韦伯：《论经济与社会中的法律》，张乃根译，中国大百科全书出版社1998年版，第51页。

⑤徐显明：“司法权的性质——由《法院工作规律研究》谈起”，载《人民法院报》2003年6月23日。

据此，笔者从审判的动态视角，将司法理解为以法院审判为核心的活动，司法权是司法的依托，司法权本质为裁判权、审判权。“司法权以判断为本质内容，是判断权，而行政权以管理为本质内容，是管理权。”①进一步理解，“司法判断是针对真与假、是与非、曲与直等问题，根据特定的证据（事实）与既定的规则（法律），通过一定程序进行认识”②。

三、司法权的特征

通过对司法及司法权内涵的界定，明确了司法权运作的范围，即在法院审判活动中，进一步掌握司法权的运作特征，才能在法治建设的进程中构建理性的司法制度。司法的特征可以概括为：中立性、独立性、被动性、参与性与终局性。

（一）中立性

中立性是司法权的第一特征。这与司法权的本质是判断权紧密相关。判断权要求法官在裁断时要站在中立的位置，不得偏袒任何一方，其所作的判决才能是公正的。在司法关系中，法官处于超然的位置，应是争议中与当事人无任何利害关系的第三方，他需要用客观的视角来审查、判断争议，他只服从于法律，且不受任何力量的影响。在罗马法中就有“任何人不能成为自己案件的法官”的程序正义原则。司法的中立性在司法程序上给予双方当事人同等的权利和义务，为双方平等地参与司法裁判的过程，从而使双方当事人能够对判决结果产生源自内心的认同和信任。③ 在现代法治国家中，司法权中立不仅是要求法官与案件没有利害关系，还要求没有任何能够影响法官作出客观公正判决的外在因素，这也是司法程序不同于立法程序和行政程序之处。《世界人权宣言》第10条规定，“人人完全平等地有权利由一个独立无偏倚的法庭进行公正的和公开的审讯，以确定他的权利与义务并判定对他提出的任何刑事指控”，这是在国际法律渊源中首次提出司法公正标准，并以司法机关中立裁判为保障。可见，司法程序的运作本身需要法官处于中立的位置来裁判案件。

（二）独立性

司法权的独立性是指在司法裁判过程中，司法机关和法官只服从法律规则和内心

①孙笑侠：“司法权的本质是判断权——司法权与行政权的十大区别”，载《法学》1998年第8期。

②同上。

③汪习根主编：《司法权论——当代中国司法权运行的目标模式、方法与技巧》，武汉大学出版社2006年版，第55页。

的确信，而不受来自司法机关内部或者外部的干涉、影响。“在国家权力体系中，司法权作为虽然是一种相对独立的权力，但与立法权和行政权相比，其独立性却处于明显的弱势地位，使司法权在行使过程中，极易遭受其他权力尤其是行政权的侵犯，当其他权力机构与纠纷解决的结果利益牵涉时，就有可能利用其强势地位影响和干预司法决定过程。”①因此如何保障司法的独立性成为司法公正的前提。一般来说，司法权独立包括以下三个方面：司法职能独立，即国家的司法职能应与其他职能互不隶属，可称为“法院的内部独立”；司法组织独立，即司法机关作为一个整体独立于外界的干涉和影响，即“法院整体独立”；法官身份的独立。在现代法治社会，司法的独立性是普遍承认和确立的基本准则，例如1985年11月29日通过的联合国《关于司法机关独立的基本原则》将“司法独立”原则作为对各国司法的最低限度要求。

（三）被动性

司法权的被动性是诉讼中“不告不理”原则的直接体现。司法权的被动性首先体现在司法程序启动方面，这与行政权行使的主动、干预不同。托克维尔在考察美国司法制度运行的情况后，对司法权的被动性作了形象的概括：“从性质上来说，司法权自身不是主动的。要想使它行动，就得推动它。向它告发一个犯罪案件，它就惩罚犯罪的人；请它纠正一个非法行为，它就加以纠正；让它审查一项法案，它就予以解释。但是，它不能自己去追捕罪犯、调查非法行为和纠察事实。”②司法的被动性还表现在裁判结果上。在法院作出判决的时候，是以起诉方的内容为限，法院不审理双方未曾提出异议的内容，无论是一审程序，还是上诉审程序或者再审程序都遵循这样的原则，即“告什么理什么”。案件审理中的“当事人主义”，强调当事人在举证和质证中的主导地位，而法官处于超然、中立的地位。法院在受理案件后，以起诉方在起诉书中载明的内容为裁判的范围，不得超出其范围主动审查其他事实。案件的举证责任完全由当事人承担，司法机关只是被动地对证据材料进行审查以确定是否采信。庭审中，双方当事人通过证据和事实进行辩论，法官仅仅以第三者的身份进行裁判，他不是庭审的主导者，而只是一个判断者。

（四）参与性

司法权的多方参与性贯穿于司法活动的全过程。在司法权运作的过程中，司法

①谢佑平、万毅：“审判中立论”，载《湖南省政法管理干部学院学报》2001年第4期。
②［法］托克维尔：《论美国的民主》（上卷），董果良译，商务印书馆1993年版，第110页。

机关的裁判必须是以当事人参与的过程中充分行使其诉讼权利来主张案件事实和理由的前提下作出的。日本学者棚濑孝雄也同样认为:“审判的本质要素在于,一方面,当事人必须有公平的机会来举出根据和说明为什么自己的主张才是应该得到承认的,另一方面,法官作出的判断必须建立在合理和客观的事实和规范基础上,而这两个方面结合在一起,就意味着当事者从事的辩论活动对法官判断的形成具有决定意义。”①从现代法庭的设置和司法程序的运作方式可以看出,裁判活动要通过当事人双方与裁判者进行面对面的交涉、说服和争辩来进行;从法官在法庭之外的活动方式来看,裁判者在形成其内心确信的过程中,也始终伴随着当事人双方的意见。② 可以说,在司法活动中,法官与当事人及其他诉讼参与人都有各种的诉讼角色和地位,一方面当事人的意志在审判过程中得到了尊重和表达,体现裁判过程的公正性和民主性;另一方面,法官的裁判受当事人辩论的内容和形式的约束,并充分吸收程序参与各方的意见,使裁判结果能建立在对案情全面分析的基础上,以此达到程序公正的要求。

(五)终局性

司法的终局性是由司法是解决纠纷的最后一道防线的特点所决定的。因此,法院所作的业已确定的判决,除非依照法律的特别规定,不得再重新审理和判决,同时对当事人、法院及其他国家机关产生拘束力。司法的终局性是司法权的本质属性。因为与立法权和行政权不同的是,司法权代表国家权力对纠纷作出权威性的裁决,不得随意地变更。司法的终局性直接体现为裁决效力的终局性。以刑事诉讼为例,在大陆法系国家存在“一事不再理”原则,英美法系将与之类似的原则称为“禁止双重危险”原则。其基本的理论基础是既判力,即“某一判决一旦具有既判力,就意味着同一被告人的同一行为不得再受到起诉和审判,从而产生所谓的‘一事不再理’的消极效果”③。因此,司法的终局性能保障法的安定性和社会关系的稳定性,对当事人及其他国家机关产生拘束力和执行力。在法治社会里,司法的终局性是树立司法权威的前提,是由司法权是裁判权的本质所决定的,是司法公正起码的标准。正如季卫东

①[日]棚濑孝雄:《纠纷的解决与审判制度》,王亚新译,中国政法大学出版社 2004 年版,第 256 页。
②陈瑞华:“司法权的性质——以刑事司法为范例的分析”,载《法学研究》2000 年第 5 期。
③陈瑞华:《问题与主义之间——刑事诉讼基本问题研究》,中国人民大学出版社 2003 年版,第 327 页。

教授所言,“经过司法裁判所认定的事实关系和法律关系,都被一一贴上封条,成为无可动摇的真正的过去”①。

四、司法权的功能

“所谓功能,是将系统的要素和多个作为要素集合体的子系统,或者说整个系统所负担的活动、作用、职能解释为与系统实现目标和系统适应环境所必须满足的必要性条件相关时,对这些活动、作用等所赋予的意义。”②司法活动作为一种过程价值,也作为一个对司法权内涵和特征的界定,是对司法权静态结构的剖析,而司法权动态运作中的效用却未涉及,所以需要研究司法权的功能,以便分析其对社会延续的作用。从司法运作的角度,可以将司法权的功能概括为如下三个方面。

(一)解决纠纷

以人类为中心的社会,由于其内部利益的分化而发生的各种社会冲突贯穿于人类社会发展的整个过程。在人类社会初期,人们多以私力救济的方式解决社会冲突,包括复仇、和解、自决等。随着生产力发展和国家出现,产生了新的解决纠纷的方式——司法裁判。可见司法的直接功能是“司法权存在的目的,一方面是给那些受到损害的个人权利提供一种最终的、权威的救济,另一方面也对那些颇具侵犯性和扩张性的国家权力实施一种中立的审查和控制”③。

在多元纠纷解决机制下,司法权并不能解决所有的社会纠纷,但是司法权作为权威的裁判方式,也是社会公正的最后防线。因此,司法机构发挥着纠纷解决不可替代的作用,“法院确实特别(虽然不是唯一地)适合成为这样一种职责的承受者。作为纠纷的解决者,法官通过鼓励和平地解决民间冲突来服务于政治秩序”④。现代社会呈现的价值多元化,使利益冲突也更复杂,因此解决纠纷的机制也为人们提供了更多的选择。较之私力救济,公力救济在解决纠纷方面具有更公正的优势,因为法官是职业的裁判者,有专业的经验和法律技能;裁判过程具有公开性和透明性,能够接受社会的监督,更能保证司法公正;当事人权利救济途径具有多样性,如可以申请上诉、再审等。这样使审

①季卫东:《法治秩序的建构》,中国政法大学出版社 1999 年版,第 19 页。

②[日]富永健一:《社会学原理》,严立贤等译,社会科学文献出版社 1992 年版,第 162 页。

③陈瑞华:“司法权的性质——以刑事司法为范例的分析”,载《法学研究》2000 年第 5 期。

④[美]诺内特、塞尔兹尼克:《转变中的法律与社会——迈向回应型法》,张志铭译,中国政法大学出版社 2004 年版,第 64 页。

判这种解决纠纷的方式区别于仲裁、调解等纠纷解决方式,使其成为当事人权利保障的最后屏障。在现代司法权运作过程中,其发挥解决纠纷功能的方式有两种:一种是直接解决纠纷,即"定分止争";另一种方式是间接解决纠纷,即一方面司法权保障其他纠纷解决机制的施行,另一方面司法权监督其他纠纷解决机制的运行,如《中华人民共和国仲裁法》规定的法院对于违法的仲裁裁决可予以撤销的仲裁司法监督权。概言之,"在现代社会,由于司法不仅具有解决各种冲突和纠纷的权威地位,而且司法裁判乃是解决纠纷的最终手段,法律的公平正义价值在很大程度上需要靠司法的工作而具体体现"①。

(二)制衡权力

在国家权力的演化过程中,司法权与立法权、行政权之间的关系更加紧密,而一切有权力的人都容易滥用权力。因此,要防止滥用权力,就必须以权力约束权力。② 据此,司法权如何与立法权、行政权制衡的功能应运而生。分立的国家权力应相互制衡、相互控制。"如果司法权不同立法权和行政权分立,自由也就不存在了。如果司法权同立法权合而为一,则将对公民的生命和自由施行专断的权力,因为法官就是立法者。如果司法权同行政权合而为一,法官便将握有压迫者的力量。"③从司法功能的视角来看,司法权对宪法所规定的人民的权利的威胁性最小,因而为了使三权实现权力的平衡和制约。

1. 司法权制约立法权

司法权对立法权的制约集中表现为司法审查。但对立法权的司法审查并不是使司法权优于立法权,而只是说当议会在通过的法案中所表现的意志,与人民在宪法中所表现的意志相冲突时,不是以议员们的意志为准。④ 以 1803 年马伯里诉麦迪逊案为起点,开创了法院通过解释宪法来控制立法机构的审查原则。违宪审查制度的宪政要旨在于:通过成文宪法的解释对立法机构形成有效制约,现代议会制不能无限制地行使立法权,议会多数人的"专制权力"被司法权限制,多数人的民主与少数人权利保护之间的状态实现制衡。现代许多国家,如德国、俄罗斯、意大利、西班牙、韩国等国都设立了

①王利明:《司法改革研究》,法律出版社 2000 年版,第 9 页。
②[法]孟德斯鸠:《论法的精神》(上),张雁深译,商务印书馆 1993 年版,第 154 页。
③同上。
④[美]汉密尔顿等:《联邦党人文集》,程逢如等译,商务印书馆 1980 年版,第 264 页。

宪法法院,赋予其违宪审查的权力。目前,我国尚未建立违宪审查制度,但根据我国《行政诉讼法》的规定,在审理行政案件时法院拥有可以部门规章和地方规章为参考的权利。从这个意义上说,法律赋予司法机关对部门规章和地方规章的审查权利,对于符合法律和行政法规的部门规章和地方规章,人民法院可以此为审判依据;反之,则不能作为审判依据。

2. 司法权制约行政权

按照行政权与司法权分离的原则,行政不干预司法,而司法也不应介入行政事务。然而这并不意味着司法不应对行政进行监督。因为"行政机关是法律的产物,正如公司从属于它的章程一样,行政机关从属于设立它的授权法。这就是说,行政法的基本原则与公司法的基本原则一样,是不得越权的原则……如果行政行为在法定权限之内,它是有效的;如果在权限之外,它是无效的"①。据此,法治社会要求行政机关必须在法律规定的范围内并遵循法定的程序行使职权,对行政权进行有效的监督和制衡,这是依法行政的前提。而从国家权力的角度,司法权具有中立性和独立性,对行政权进行制衡是具有极大优势的。司法机关能够在行政机关与行政相对人之间发生争议时充当中立的第三方,对行政行为合法性进行审查。我国《行政诉讼法》已经规定,法院依法享有对行政机关具体行政行为的合法性进行审查的权力。从这个意义上说,法院不仅仅是对行政机关实施的适用法律法规错误、超越职权、滥用职权、不履行义务等各种违法的具体行政行为进行审查,而且还对那些具体行政行为是否符合宪法规定进行审查。所以,由法院裁判的行政案件发挥了对行政机关活动的有效监督作用。

(三)保障权利

司法权是维护法律实施和社会正义的最后一道防线,它是公正地解决公民之间各种纠纷以及公民与政府之间各类纠纷的手段。公民权利的保护通过以审判权为本质的司法权运作来实现。社会冲突呈现日益多样性,伴随着立法权的衰弱和行政权的扩张,公民的权利更容易受到国家权力的威胁。因为司法权具有独立性、中立性和被动性,也不太可能直接侵犯公民的权利,其较立法权、行政权更适合承担保护公民权利和自由的任务,司法机关成为保障公民权利的"最小危险部门",即"无救济则无权利"。在现代社会,司法权保障公民权利的功能,主要通过以下两种方式实现:

---

①[英]哈耶克:《自由秩序原理》,邓正来译,生活·读书·新知三联书店1997年版,第200页。

第一,确立司法权行使的范围,保障当事人的合法权益。例如,"在英国,不管一个人的地位如何,不管他控诉个人或国王,他都更有把握使世人听到他的控诉,而且在英国所有的法庭都可以找到维护他的财产、自由与生命的最好保障"①。在我国,公民权利的救济途径存在于司法裁判活动相应的三种诉讼形态之中:民事诉讼、刑事诉讼、行政诉讼。在民事诉讼中,各方当事人在法庭上争辩举证,法官依照法定的审判程序对查明的事实适用实体法作出裁判。民事诉讼裁判是使受侵害的民事权利通过公力救济的方式确认为现实权利的过程。刑事被害人通过刑事司法权对被告人进行刑事责任审判,一方面通过刑法的惩罚功能保护受害者的合法权利,另一方面也为被告人提供一次获得庭审的机会,保证其基本人权。同样,在行政诉讼中,作为相对的个人因为不服行政机关的决定和行为,而向法院提出司法审查的请求,使法院对行政机关的行政管理权实施控制和制约,以保障行政相对人的权利不受行政权非法侵害,发挥司法权的权利保障功能。

第二,司法权运行的过程中,保障程序性权利。为了确保司法权在法定的轨道上运行,在司法权的实施进程中,需要有效的制约机制。首先,在司法程序中设置程序性的权利,能有效地确保司法的公平和正义。例如,设置当事人的上诉权、再审权、申请强制执行权等程序性权利。以民事诉讼中的上诉权为例,一审法院作出的裁决,如果有程序或实体上的裁决错误,当事人可以通过上诉,启动二审程序,以纠正可能的错误,以保证自己的合法权利。这样体现了司法公正,也符合正当程序的要求。其次,在司法程序中确立基本原则,以保证司法运行的正当性,保障权利不受侵犯。例如,在民事诉讼中规定了诉讼当事人平等原则、公开审判原则、诚实信用原则、辩论原则、回避原则等;在刑事诉讼法中确立了以事实为依据、以法律为准绳原则、罪刑法定原则、无罪推定等原则;还有行政诉讼法中的法院独立行使审判权原则、具体行政行为的合法性审查原则、行政被告不得处分法定职权等原则。这些原则的规定,一方面为司法权的运行提出正当性的要求,另一方面可以在法律规定有漏洞时起到实践指导的作用。因此,程序性权利和程序原则,能够制约司法权,保障公民权利不受侵犯。

综上,在权力分立视野内司法的本质是裁判、审判活动,司法权能够保持中立性、参与性、独立性和终局性,公民就可借此"为权利斗争",使国家权利受到法律的控制,更

①[法]托克维尔:《旧制度与大革命》,冯棠译,商务印书馆1996年版,第263页。

好地保障公民权利。解决纠纷是司法权的直接功能,并且成为其他功能发挥作用的先决条件,司法权的其他功能都是其原初功能的演化。国家通过依法行使司法权,来解决社会冲突。司法权既要维持不同国家权力的平衡,也要维持公民权利与国家权力之间的平衡。较之前一种冲突中两种国家权力的势均力敌,后一种冲突中的公民权利处于弱势地位,进而更为迫切地需要有一种强大的力量来支持,作为公平正义象征的司法,被赋予了支撑社会公正体系的重任。因此司法权的运作,能确保公民权利和国家权力处于更加平等的地位,使个人有与国家权力机构展开平等对话、交涉的机会。而在司法运行过程中,司法的公平正义不仅仅表现为裁决的结果,更为重要的是保障裁判过程中的司法独立、公平。正当程序的内容在法庭审理的过程中显现,比如法官居中裁判的位置、当事人双方平等的辩论、公开审理等内容,这些内容透过审判过程中的象征符号进行着表达,例如,法官的法袍、使用的法槌都是法官职业化的特征,将双方当事人的位置对等地摆放于法庭两侧,法庭上悬挂国徽,等等。

［责任编辑：武航宇］

·司法文化·

新媒体时代“媒体审判”之应对

任　懿[*]

摘　要:网络技术的迅猛发展,使得司法资讯可以通过互联网技术几乎同步传播到每一个人。新媒体时代的“媒体审判”展现出技术进步对法律的挑战,它将公众、媒体与司法集中于同一场域,并且需要法律人通过法律解释与法律修辞对媒体和公众进行说服,最终通过理性的商谈,来维护社会系统的正常运行。价值观最慢反映社会结构变动对社会变迁带来的压力。因而在规范结构中存在着两种方向的运动:一种是通过立法以法律与教育传播价值观,即由上而下进入个体角色的“控制”;另一种是由个体角色首先反映变化并最终在法律的价值观中反映对社会变迁的压力,即由下而上进行的“调试”。在“社会主义核心价值观融入法治”的背景下,需要我们在法律层面审慎对待“媒体审判”,克制运用“控制”的方式,正视个体角色对社会价值观的调试,关注个体权利观念的变动,将“媒体审判”作为一种社会现象,通过法治思维、法律方法、程序正义来消解“媒体审判”的负面影响。

关键词:媒体审判;法律解释;程序正义;社会主义核心价值观

目　次

[*]沈阳师范大学法学院讲师,法学博士。

引言

党的十九大报告指出:“中国特色社会主义进入新时代……社会主义核心价值观是当代中国精神的集中体现……全面依法治国是中国特色社会主义的本质要求和重要保障。”“社会主义核心价值观是社会主义法治建设的灵魂”①,因此新时代社会主义建设,就需要社会主义核心价值观的引领,将社会主义核心价值观融入社会,融入法治。

法律关注人的行为,马克思曾提到:“对于法律来说,除了我的行为,我是根本不存在的。”②合法行为使国家、政府或共同体通过法律规范在日常生活中的实现,来共享共同体的价值观,并使得共同体的价值观深入于“个体角色”;而法律对违法行为的认定与处罚,则通过司法机关、执法机关依据共同体对法律实现其既定社会目标的预期,在调解个体对社会的“紧张压力”的同时,稳定法律秩序,并凝聚社会共识。“法律就是生活的全部”(萨维尼),仅通过对法律概念以及规范命题的逻辑推演无法展现法律在社会生活中的全部场景。法律规范不但存在于文本之中,它更通过日常生活对司法实践的反馈而获得新的功能意义,进而“置身”于社会。这就需要我们把法律当作一种“社会现象”,在一个更宽广的社会背景中观察它。“这也就是卡尔波尼埃(Carbonnier)所说的,通过法律研究社会以及研究社会中的法律(cf. Carbonnier, 1978:19 ~21)”。③

网络技术与信息传播技术的不断创新与发展,是新时代背景下经济社会发展的动力源之一。互联网技术彻底改变了人类社会的生产、权力以及文化结构。依据福柯的微观权力理论,生产影响权力,规范则在权力与知识话语的共同作用下产生变化。而司法活动作为“规范”与“事实”的联结,不断遭遇网络技术带来的新挑战。不同于以往纸质媒体或者电视传媒等的报道,21 世纪的新媒体可以结合互联网与云端技术,通过移动社交网络使相关司法资讯迅速传播至每一个人,从而形成“人人为法官”的局面。在

①参见中共中央办公厅、国务院办公厅印发的《关于进一步把社会主义核心价值观融入法治建设的指导意见》(2016 年 12 月)。

②《马克斯恩格斯全集》,人民出版社 2006 年版,第 17 页。

③[英]罗杰·科特威尔:《法律社会学导论》(第 2 版),彭小龙译,中国政法大学出版社 2015 年版,第 8 页。

一定程度上讲,新媒体当然有利于形成公民对司法活动的有效监督,但同时,它也可能通过设置引人入胜的标题或者进行偏离客观事实的报道,从而引导舆论、舆情影响司法,使正当法律程序形同虚设,进而形成所谓“媒体审判”“媒体司法”的情形。为了应对可能的“媒体审判”,就要“把社会主义核心价值观融入社会发展各方面,转化为人们的情感认同和行为习惯”①,“用活生生的案例培养讲规则、守规则、信规则和按规则办事的社会习惯,切实树立法律的尊严和权威”。②

一、“媒体审判”是否合法

“媒体审判”一词源自美国1965年的“易思特案”③,它是指“新闻报道形成某种舆论压力,妨害和影响司法独立与公正判决”④。媒体审判不同于正常的舆论监督。舆论监督强调自主性,它通常是在事件发生后,公民通过在公共空间的公开讨论形成“公共意志”,并最终通过立法者将其转化为“公共规则”。而媒体审判强调媒体对公众意见的影响与引导,它会影响公共讨论、公民参与的真实性与自主性。因此,舆论监督是多元的意见表达,而媒体审判则是单一意见的聚拢。

在新媒体时代,涉及司法个案的信息可以通过网络、微博、微信、新闻移动客户端等互联网工具“病毒式”地迅速传播至社会大众。在这个过程中,一方面,微博、微信等“自媒体”的意见发表可以快速地形成群体公众舆论的聚集,而新闻的固有属性又使得每一次传播都会导致某种程度的“信息衰减”;另一方面,由于“群体极化”的原因,群体中的个人会自主地寻找信息中最为极端的一面,从而导致这种传播最后剩下的只有情绪、态度和价值判断。互联网技术使得信息可以快速传播,这使得人们很容易对迅速发生的事件在掌握信息片断的时刻,就已在情绪影响下得出对整个事件的情绪性结论,很快形成了“舆论翻转”。即使媒体快速更正了之前的报道信息,但由于已经形成的“群

---

①参见《习近平:决胜全面建成小康社会　夺取新时代中国特色社会主义伟大胜利——在中国共产党第十九次全国代表大会上的报告》(2017年10月)。

②参见《最高人民法院关于在人民法院工作中培育和践行社会主义核心价值观的若干意见》(2015年10月)。

③1962年,美国得克萨斯州犯罪嫌疑人易思特因与肯尼迪总统的私交,导致他所涉及的一起简单的经济案件引起了媒体的高度关注。在案件审理前和庭审过程中,摄影记者和电视台记者随意拍摄审理案件的主法官与法庭,造成法庭秩序混乱,在一审中易思特被判有罪,易思特不服上诉。1965年,美国最高法院否决了得克萨斯州法院的判决,易思特被宣判无罪。美国最高法院的改判理由是媒体在案件审理前的倾向性报道,以及在庭审过程中的媒体录像,对被告作了含有偏见的宣传,损害了他在诉讼中的应有权利。

④刘建明等:《新闻学概论》,中国传媒大学出版社2007年版,第359页。

体聚拢”,导致其后的司法审判,只要事实认定与舆论内容稍有差异,就会形成媒体的反弹。以2017年4月四川泸州太伏中学赵鑫自杀案为例,原本是一起相对简单的自杀案件,在最初的网络传播信息当中,除了当事人尸体的图片之外,其他关键内容则包括了“校园暴力”“富二代”以及“校长儿子”等。虽然媒体随后对之前的报道进行了更正,如当地校长的儿子并不在太伏镇读书,而警察局长也只是在年初刚生一个女儿。但公众仍然愿意接受之前的错误而又相对极端的信息,并要求公安机关、司法机关在这种舆论的基础上进行司法裁判。可见,媒体审判的本质是非专业的社会公众的意见表达进入专业的司法领域,对司法形成庞大的舆论压力,并企图干预司法。那么,这种媒体审判是违法的吗?

首先,不能否认的是,媒体通过对个案的报道,从而发动人们关注司法,客观上使公众对个案的讨论形成对法律规则的商谈。同时在新媒体时代,法官、律师与学者也借助自媒体、新媒体对公众进行说服。从交往理性的角度看,法律规则只有通过公民的交往行为,对公共领域的事件进行论辩与商谈,才能使法律获得真正的有效性与正当性。“在完全世俗化的政治中,法治国若没有激进的民主的话是难以形成、难以维系的。”①因而,美国大法官Clark就认为,媒体对司法个案的关注,尤其是对刑事诉讼的关注,可以在一定程度上促进司法公正。②

其次,从权力运行的实际情况看,新闻自由权与独立审判权之间的矛盾从20世纪40年代至今从未停止过。为了防止媒体审判,在司法实践中,各国主要通过“藐视法庭罪”限制媒体对“正当法律程序”的干扰,从而延迟媒体对“正在诉讼中”的个案进行报道。英国在1981年颁布的《藐视法庭法》(Contempt of Court Act)中,通过CCA-1、CCA-7、CCA-2以严格责任来规范媒体对司法个案的报道。该法案明确规定了诉讼程序的开始与截止的时间范围,强调只要诉讼程序开始,就禁止媒体对“正在诉讼中”的个案进行讨论或报道。如果媒体借助不客观、不中立的损害性资料对司法、舆情进行指引、暗示,从而侵犯了当事人的合法权利,法院有权对相关当事人进行刑事责任的追责。

美国虽然在1831年即通过了有关禁止藐视法庭的法令,但在1941年的“奈伊诉合众国案”以及20世纪60年代的“《纽约时报》诉萨利文案”中,法院都通过援引美国《宪

①[德]哈贝马斯:《在事实与规范之间——关于法律和民主法治国的商谈理论》,童世骏译,生活·读书·新知三联书店2003年版,第6页。

②陈婴虹:《网络舆论与司法》,知识产权出版社2013年版,第106页。

法》,强调媒体与公众有对公众事务和公众事件发表意见的表达自由权,并且认为只有社会各阶层对司法个案形成“无负担的、公开的讨论”,才能真正树立法律的权威。这些典型案例突破了1831年以来美国的藐视法庭罪所规定的严格责任,强调除非法官、政府有足够的证据能够证明媒体在报道时主观上对案件当事人怀着显著的恶意,故意进行歪曲事实的报道,否则不能认定媒体“藐视法庭”。这就使得在实践中很难通过司法的“独立审判权”对抗媒体的“新闻自由权”。在现阶段,美国的司法实践主要是通过“公正审判权”来应当“媒体司法”现象,即通过“禁言令”严格隔离、限制法官、当事人、陪审团、当事人律师、参与案件审理的工作人员与媒体、公众就正在诉讼中的案件发表意见,同时也隔离陪审团事先通过媒体获得案件信息,从而影响案件的公正审判。

对于媒体对司法的报道,我国现阶段的司法实践持相对开放的态度,鼓励媒体与公民对司法权实施监督。同时以司法公开来满足人民群众监督司法的愿望,强调“以公开为原则,不公开为例外”,防范司法腐败,并期望通过“司法公开倒逼司法改革”。虽然《中华人民共和国刑法修正案(九)》将披露、报道不应公开的案件信息,情节严重的规定为犯罪,但是从严格意义上看,媒体审判并不等同于披露、报道不应公开的案件信息。尽管也有学者认为,媒体审判违反《中华人民共和国刑事诉讼法》(十二条)“未经人民法院依法判决,对任何人都不得确定有罪”,但媒体审判实际上是强调通过对司法个案的报道对法官司法形成舆论压力。因此,媒体审判在目前处于不合法但也并不违法的法律边缘地带。如果说由科技进步导致的权力与社会结构的变化无可避免,那么媒体也必定在一定程度上影响、重塑司法活动,这就需要将媒体审判放置于更为广阔的社会背景下,用法治的方法思考其解决之道。

二、认真对待法律解释

媒体审判的潜在危害在于媒体通过操控舆论,对个案的诉讼结果产生实际法律影响,“把舆论内容凌驾于司法之上,干预和影响司法”①。从国外处理媒体审判的制度设置来看,几乎都是从以下两个角度来应对的:首先,通过立法明确关于法官、检察官、律师接近媒体的基本法律准则;其次,鼓励司法与执法机关设立专门的发言人向媒体提供案件信息。② 媒体审判实际是法官、社会大众、媒体就法律问题在法律与社会系统的相

①刘建明等:《新闻学概论》,中国传媒大学出版社2007年版,第359页。

②高一飞:“国际准则视野下的媒体与司法关系基本范畴”,载《东方法学》2010年第2期。

互运行中,碰撞最为激烈的场域。经历了媒体审判的案件当事人期待法官能够抵御舆论压力,独立依法办案,而社会大众由于对案件信息掌握的片面与破碎,则需要法官、检察官、律师作出合法并且合理的法律解释。这就需要法律人"运用法律思维,把经验上升为思维规则"①,进而作出合法且合理的法律解释。

党的十九大报告指出,将社会主义核心价值观融入法治,需要关注司法个案,强调通过个案的司法公正促进整体的社会公正。具体而言,就是要"完善司法政策,加强司法解释,强化案例指导。遵循法律精神和原则,实行适应社会主义核心价值观要求的司法政策,增强适用法律法规的及时性、针对性、有效性"。就法律解释来看,其不同于其他解释之处在于它的实践性与规范性,"作为活动,解释的目标不是任意的结果,而是正确的结果:正确的解释。解释的结果是一种解释性主张"②。此外从解释的结果看,"每个解释都是一种广义上的法的续造"③。因此,它能够有效应对规范与事实之间的鸿沟,在解决法律面对科技进步的"滞后性",即法律语言本身缺陷的同时,也可以通过法教义学方法,运用法律解释,回归法律概念,解决"法律与技术之间的赛跑"④。

三、完善我国正当法律程序制度

法官面对社会大众的舆论压力,应坚持按照正当法律程序,"以公开为原则,以不公开为例外"来审理案件。虽然在案件审理过程中需要运用法律方法对公众进行法律上的说服,但从长远看,程序正义原本就是现代法治文明的突出标志。因为它不但在形式上保证了任何法律纠纷一旦进入正当法律程序都能真正实现法律之治;同时在实质上又通过法律至上,保护了当事人的权利。

在现阶段,我国正当法律程序制度的规则依旧相对简陋,同时在民事、刑事、行政审判等领域,都存在着这一制度所追求的价值与实体法之间衔接困难等问题。因此,我们正可借助司法应对媒体审判的契机,来完善正当法律程序制度。这就需要法院等部门有效利用网络技术创设司法公开的各种载体,如建立司法机关审判流程公开平台、裁判

①陈金钊:"法学话语中的法律解释规则",载《北方法学》2014年第1期。

②[德]罗伯特·阿列克西:《法 理性 商谈:法哲学研究》,朱光、雷磊译,中国法制出版社2011年版,第70页。

③[德]罗伯特·阿列克西:《法 理性 商谈:法哲学研究》,朱光、雷磊译,中国法制出版社2011年版,第83页。

④[德]阿图尔·考夫曼、温弗里德·哈斯默尔主编:《当代法哲学和法律理论导论》,郑永流译,法律出版社2013年版,第532页。

文书公开平台、执行信息公开平台等,从而实现媒体、公民对司法个案的监督。但同时也要通过立法禁止媒体尤其电视媒体、网络媒体逾越媒体的权利边界,对正在诉讼中、法院尚未定罪量刑的案件当事人进行“电视认罪”式的报道,防止媒体在社会各阶层尚未对案件进行商谈并形成共识之前,仅凭记者的主观直觉简单地寻找应适用的法律规范,误导公众忽视司法的涵摄,把案件事实与客观事实相混淆,以报道者的个人立场代替法律规范背后的价值选择,从而形成媒体审判。这既侵害了司法机关的公正审判权,也实实在在地伤害了法律的权威性。

结语

党的十九大报告指出,中国正处于全面建成小康社会的决胜阶段。这实际上是一种广泛且深入的社会变迁。按照劳伦斯·弗里德曼和杰克·拉金斯基的观点,社会变迁指的是“社会结构包括社会关系、既有社会规范和社会角色,在行为模式上产生的非重复性改变”。任何一种社会变迁,都需要科技、教育、经济、政治、法律等相关社会子系统的变化才能最终引起。20 世纪以后,对于科技革命所带来的巨大影响,法律人认为可以通过大规模的立法活动或法律的转向,借助法律规则对个体行为的规范,凝聚新的社会共识,在实现社会控制(control)的同时,使能够促进社会变迁的“新”的价值观渗入到个体角色之中。而根据塔尔科特·帕森斯的理论,构成社会规范结构的组成要素包括:价值观、规则、集体和角色。“个体角色由于在结构的低端,必然会最快反映地区、家庭、工作中的日常压力”,而集体、规则、价值观随其在结构中的逐渐增高而变化渐慢,因此价值观最慢反映社会结构变动对社会变迁带来的压力。因而在规范结构中就存在着两种方向的运动:一种是通过立法由法律与教育传播价值观,由上而下进入个体角色的“控制”,另一种则是由个体角色首先反映变化并最终在法律的价值观中反映对社会变迁的压力,即由下而上进行的“调试”(condition)。

媒体审判汇聚了技术进步对法律的挑战,将公众、媒体、司法集中于同一场域。这需要我们审慎对待它,将它作为一种社会现象,并用法治思维、法律方法、程序正义来消解其负面影响。坚持社会主义核心价值观的引领,通过理性商谈实现司法公正,通过法律规则的“控制”将社会主义核心价值观融入法治,同时,也要认真对待公众在面对媒体审判背后的权力话语、权利观念,关注个体在面临公共事件时对集体的主要诉求,用司法公正促进社会正义。

[责任编辑:金星]

·品读堂·

法律职业·法律职业精神·法律精神

——《法律职业的精神》读后*

夏婷婷**

摘　要:法律职业群体不等于法律职业共同体。法律职业共同体当然地具有法律职业的精神。《法律职业的精神》一书为我们详细介绍了何谓法律职业的精神,在罗马时期、英格兰时期、美国时期分别对法律职业精神的发展做出了怎样的贡献。法律职业精神主要有三个表征:抛开地域性和民族性;社会责任意识;将思想转化成檄文。《法律职业的精神》一书带给我们一个引申的思考,在12—13世纪同样处于历史转型中的中国,出现了讼师群体,他们与英美律师在职业本质上具有共通性,却始终未能得到国家的认可。这其中的原因多种多样,但最为关键的原因在于统治者的态度,最终导致法律职业没能在中国封建社会形成。在我国法律职业群体已经形成的今天,重拾法律职业的精神甚为必要。

关键词:法律职业共同体;权力共同体;法律职业精神;律师;讼师;法律精神

目　次

---

*2016年国家社会科学基金项目"案例、事例中的法官文化研究"阶段性成果;国家社会科学基金重大项目"法治文化的传统资源及其创造性转化研究"(14ZDC023)的阶段性成果。

**沈阳师范大学法学院副教授,法学博士,硕士研究生导师。

(二)法律职业精神、法律精神与"权力共同体"

三、《法律职业的精神》一书中所回顾的"为法律而斗争"的历史进程

(一)罗马时期的贡献——法律科学的产生

(二)英格兰时期的贡献——普通法上的司法独立

(三)美国时期的贡献——理性战胜意志

四、法律职业精神的具体表征

(一)抛开地域性和民族性

(二)社会责任意识

(三)将思想转化成檄文

五、12—13世纪中国讼师与英国律师的不同命运

(一)南宋一则判决暴露出国家对讼师的态度

(二)宋代已经具备了"法律职业化"的条件

(三)讼师始终没有取得合法地位的原因分析

余论:不同的个人命运与中西方相同的法律精神

引言:对《法律文化论丛》往期"品读堂"专栏部分文章的简要评述

论丛编辑部决定将第10辑《法律文化论丛》设计为一期纪念版,每位编辑各自都领了任务,或发表新作,或结合自己的兴趣爱好选择前九辑中一个专栏所发表过的文章进行总结和延展评述。笔者选择的是"品读堂"专栏。"品读堂"是《法律文化论丛》的常设专栏,主要收录书评和读后感一类的文章。回顾《法律文化论丛》前九辑"品读堂"作者所写文章,内容实为丰富,所读书目贯通古今中西。① 但是,对书评类的文章再做评述,实为难事。

①对前九辑"品读堂"文章进行整理,在此专栏发表过的文章分别是:金星:法的现代化与法律意识——评川岛武宜的《日本人的法意识》(第1辑);董作春:国际法的道德诉求——评惠顿《万国公法》第三卷(第2辑);姜晓敏:老骥伏枥结硕果 鹤鸣九皋慰先贤——简评《中国法律思想通史》(第3辑);崔丽:法哲学探索的新思路——评张文显教授著《法哲学通论》(第3辑);包玉秋:法理与情理——读《权力场》有感(第4辑);董作春:国际私法学基础如何重构——以反思《国际私法》新版教材为中心(第4辑);金星:现代法律意识的形成机制——评泰勒《人们为什么遵守法律》(第5辑);夏婷婷:法贵为平,官贵为清——评李甲孚《古代法官录》(第5辑);韩伟、沈玮玮:在法律传统的回归中开新:评《中国传统法律文化研究》丛书(第5辑);崔丽:从纠纷解决到规则之治:互动与统一——重读《送法下乡》(第6辑);栾兆星:法律中背离的结构与戏剧中展演的人生——读《清代的法律、社会与文化:民法的表达与实践》(第6辑);杨扬:身份观念下的中国法律史——读瞿同祖《中国法律与中国社会》有感(第7辑);崔丽:从法律职业精神检视我国法律职业共同体的专业化建设——读《法律职业的精神》的思考(第9辑);张猛:重返"桃花源":法律职业精神的失落与寻回(第9辑)。一共11位作者为"品读堂"奉献了14篇文章,这些文章的选题各异,但共同点是均以名著为研读对象,还有作者的书评呈现问题意识的连续性,如金星老师的两篇文章都是围绕"法律意识"展开读书和思考。

一来已发表的书评论文涉猎法理学、国际法学、法律思想史、法律文化学等学科,受制于笔者法律史的学科限制,研读其他部门法书籍颇有难度;二来精读十四部著作,再对"品读堂"中发表的文章观点逐一评说,也已超出了笔者的能力范围。好在我们这辑论丛的设计并不是呆板不变通的,幸运的是我读过《法律职业的精神》这本书,而且也打算从法律史的角度对中西法律职业精神的不同走向寻找时间点和形成原因,并打算写一篇读后感。所以,两事并做一事,笔者选取崔丽和张猛所写的关于《法律职业的精神》的书评中所提出的很多好的问题,尝试性地给予回应,作为笔者这篇书评的一个特殊引言。

崔丽老师的文章,更准确来讲,应该是一篇读书报告,《法律职业的精神》一书对崔老师来说更多地起到了引发思考的作用。这篇文章主题明确,文章紧紧围绕法律职业的专业性特征展开论述。崔老师对法律职业精神的理解是:以法律专业素养为基础,以崇高的职业道德为核心的价值目标和精神追求。换句话说,法律人应当以现代法治理念为指导、以实现公平正义为职业目标。[①] 崔老师认为,法律职业需要具备职业素养和职业道德两个要素,这与《法律职业的精神》的作者罗伯特·N. 威尔金的观点并不冲突,也符合对法律职业精神的主流认识。

崔老师在总结法律职业精神的内涵后,把重点放在对我们法律职业共同体专业化建设的思考上。崔老师在文章中提到,法律活动的开展是一项专业性活动,必须由特定的主体来完成,而这个特定的主体又必须是掌握专业的法律知识的主体。同时,因为法律职业是一种追求公平正义的职业,所以要求从事这种职业的主体必须有别于利己主义者与自我膨胀者,这就有必要对法律职业设立独特的准入条件和门槛。以我国为例,近年来逐步提高了法律人的行为规范和执业标准,崔老师认为这种改革是必要的,也是法律职业的必然需要。

崔老师在展望我国法律职业共同体专业化建设问题上认为:"在法律职业精神的引领下,法律职业共同体建设对法律人在专业技能、专业伦理、专业思维和专业准入四个方面提出了基本要求。"[②]具备专业技能是成为合格法律人的基本前提,而目前获得专业技能的主要途径是法学教育。通过法学教育和学习,我们可以掌握区别于其他人

①崔丽:"从法律职业精神检视我国法律职业共同体的专业化建设——读《法律职业的精神》的思考",《法律文化论丛》第9辑,知识产权出版社2018年版,第101页。

②崔丽:"从法律职业精神检视我国法律职业共同体的专业化建设——读《法律职业的精神》的思考",《法律文化论丛》第9辑,知识产权出版社2018年版,第103页。

的专业概念和法律术语,进而形成一套解决法律问题的专业话语体系。在具备职业技能的同时,法律职业更需要共同认可和遵守的职业伦理。崔老师还强调,“法学是正义之学,只有富有正义感的人才是合格的法律人。”①而面对法律人在司法实践中遇到的多重冲突和困境,崔老师认为只有法律人坚守法律专业伦理才能使法律从理想走进现实。关于法律的思维方式种类,崔老师赞成郑成良教授的分类,即“以权利义务为线索”“普遍性优于特殊性”“合法性优于客观性”“形式合理性优于实质合理性”“程序问题优于实体问题”“理由优于结论”的法律思维六个规则。当法律思维方式与其他思维方式发生冲突时,崔老师以程序正义优于实体正义为例对法律思维方式的独特性加以探讨,其结论是在法治社会中,法律人处理法律与其他思维方式的冲突应遵循的原则是:“合法性优先,尽可能兼顾其他思维方式。”②

《法律职业的精神》一书具有理想主义情结,但对现实同样具有启发性。崔老师抓住了法律职业精神对当今我国法律职业发展和法律职业共同体建设的现实意义这一点。文章中用了一定的篇幅梳理了我国从2002年到2018年法律职业准入条件的变迁,从全国统一司法考试到法律职业资格考试,在条件设定上更为严格,在考试形式上更加规范;同时我国从制度保障层面促进法律职业共同体内部人员的流动,如《关于建立法官检察官逐级遴选制度的意见》等文件,对我国法官、检察官进行了员额制改革,崔老师认为这些改革措施都是从制度层面提高了法律人的专业化、精英化培育的步伐。当然,崔老师也意识到,威尔金追溯法律职业和法律制度史有其特定的时代背景,通过英美法系法律职业产生和发展的传统可以看出,西方法律职业共同体的形成有其悠久的历史,法治文化传统和理念根深蒂固。法律职业的精神是在法律实践中自下而上的自治中逐渐形成的,是历史必然的产物。而与西方相比,我国正处于司法改革关键时期,法治文化传统与西方不同,基于我国是采取自上而下的法治推进模式,崔老师强调我国应重视规则的引导作用,通过规则—行动—意识—精神逐步提升的模式,引领法律人追寻崇高的法律职业精神。③

①崔丽:“从法律职业精神检视我国法律职业共同体的专业化建设——读《法律职业的精神》的思考”,《法律文化论丛》第9辑,知识产权出版社2018年版,第103页。

②崔丽:“从法律职业精神检视我国法律职业共同体的专业化建设——读《法律职业的精神》的思考”,《法律文化论丛》第9辑,知识产权出版社2018年版,第105页。

③崔丽:“从法律职业精神检视我国法律职业共同体的专业化建设——读《法律职业的精神》的思考”,《法律文化论丛》第9辑,知识产权出版社2018年版,第107页。

总体而言,崔老师的这篇读书报告文风平实,没有激进观点,但也没有留给读者思考的引申问题。反观张猛老师的这篇名为《重返"桃花源":法律职业精神的失落与寻回》的读后感,却给读者留下了一种在悲观中寻找希望的感觉。张猛老师同样赞成专业知识和团队精神是法律职业产生的前提条件,并进一步强调公共精神是法律职业独立的社会基础。但张老师的文章探讨的重点不在于此,他认为《法律职业的精神》一书中所说的重商主义时代的来临,导致法律职业中公共精神逐渐萎缩退化,取而代之的是现代意义上约束法律人行为的法律职业伦理。但在实践中,法律职业伦理并未能担负起法律职业精神的功能和使命,从而陷入了徒有"法律规范"外在形式,缺乏"法律规范"内在效力的尴尬境地。

笔者认为,法律职业精神的产生受制于特定的时代,正如威尔金所言:"法律职业的荣耀就是不断产生反对国王专断意志的领袖。"①法律职业精神的确立凸显于与王权的斗争时期,"根据意志而不是法律进行统治的地方,不但没有国王,也没有政府,如果当今世界能理解这一点,世界也避免了那无法言表的烦恼和痛苦","几个世纪以来,经历了不断反对和无数的反复,法律职业界不懈的坚持,终于建立起'法律是理性',而非'法律是意志'的理念"。② 可见,法律职业精神实质上是理性规则与个人(国王)意志斗争的结果。没有王权的专断也就不能催生出"法律职业领袖"。从个体角度而言,法律精神的发端是"榜样的力量",是"伟大人物"的高尚情操和勇敢行动激励了众多法律从业者去热爱、研究、传授、实践和建立法律的意图、神圣感和灵感。③ 在与权威对抗的时代,法学家从未缺席,他们扛起法律大旗与国王斗争的事迹影响深远。所以,法律职业精神的形成是一个由个别法律人的引领到法律公共精神产生再到法律职业共同体形成的过程。

从法律职业的发展历程来看,法律职业的公共精神也是在法律人与国权的对抗中发展起来的。张老师总结认为,公共精神贯穿了普通法发展的最重要的三个时期,即罗马时期、英格兰时期和罗马共和国时期。这三个时期法律职业的精神,无一不是在和国王特权的对抗中展示出来的。当然,斗争的代价就是"法官丢了职务,国王丢了脑袋"④,但是这种代价换取的是法律公共精神的建立。

---

①[美]罗伯特·N. 威尔金:《法律职业的精神》,王俊峰译,北京大学出版社 2013 年版,第 46 页。
②[美]罗伯特·N. 威尔金:《法律职业的精神》,王俊峰译,北京大学出版社 2013 年版,第 60、70 页。
③原文论述可参见罗伯特·N. 威尔金:《法律职业的精神》,王俊峰译,北京大学出版社 2013 年版,第 5 页。
④[美]罗伯特·N. 威尔金:《法律职业的精神》,王俊峰译,北京大学出版社 2013 年版,第 61 页。

张老师文章论述的转折点在美国法时期部分。他认为美国法时期的法律职业开始从行政权力对立面的位置上走了下来,法律开始成为规范国家权力行使的落实者和监督者。美国联邦宪法成了防止政府权力滥用和维持州与联邦权力平衡的平衡器。由此发端于罗马与英格兰时期的法律职业的公共精神最终被制度性地转化为国家结构中的一个部分。加之近代化进程中的"法律商业主义"的兴起,则进一步加剧了法律职业精神的失落。在个人的职业追求与物质财富的碰撞过程中,个人往往无法抵御财富的诱惑,甚至有时会牺牲职业道德操守。[①] 而目前实践中所采取的方法是制定法律职业行为守则和法律职业道德准则,将法律职业的精神规则化。张老师选取《法官行为规范》和《中华人民共和国法官职业道德基本准则》两个样板进行对比,其结论是"行为"与"道德"的界定不清,两者在某些条款上出现重复;最突出的问题是两个规则缺乏"实效性"。对于法律从业者的失范行为,仅以"批评教育""诫勉谈话""行政机关内部处罚"来处理远低于普通人众的心理预期,弱制裁性也不能有效地约束法官的行为。

关于如何重拾法律职业的精神,张老师在文章中也大胆地提出了设计构想。他主张设立职务法庭;增强法律职业行为守则的司法实效性;在法学院的教学中应重视法律伦理课程。笔者认为,法律职业精神是一种内在于心的精神寄托,它依靠的是自觉、自省和自警。法律职业精神缺乏了王权斗争的时代背景,自然会以规则取代伦理,加之商业化的客观因素、"榜样力量"的有限数量,张老师所做的种种设想能否有助于我们重返"桃花源",仍可继续思考和深思。

崔丽老师和张猛老师的两篇文章均强调了法律职业的专业化特征,并且都能够将《法律职业的精神》一书作者所提炼的观点与中国司法实际相结合,试图寻找中国法律职业化的道路,以重塑法律职业精神。

笔者阅读《法律职业的精神》一书后,欲从传统中国社会对法律职业的态度与英美法社会之间的分歧入手,寻找分歧产生的时间点和产生之原因,并进一步比较中西在对"法律精神"的理解上是否趋于一致。

---

①具体论述可参读张猛的《重返"桃花源":法律职业精神的失落与寻回》一文的"法律商业主义的冲击与法律职业的危机"部分(《法律文化论丛》第9辑,知识产权出版社2018年版,第108~127页)。

一、《法律职业的精神》一书作者、译者简介

精神的东西,会按精神的方式进行,而获得这一精神最好的方式就是崇尚它,只有崇尚才能根植于心,为灵魂所拥有。

这句话是《法律职业的精神》一书的结束语,也是对法律职业精神的最好诠释。该书作者罗伯特·N. 威尔金(1886—1973),毕业于美国弗吉尼亚大学法学院,1908 年创建了 Wilkin & Wilkin(后改名为 Wilkin & Fernsell)律师事务所。1932—1933 年,威尔金成为俄亥俄州司法委员会成员并于 1934 年被推选为俄亥俄州最高法院法官。1939 年经罗斯福总统提名,担任俄亥俄州北部地区联邦法院法官一职,直至 1973 年逝世。在此期间,威尔金除任法官一职外,还担任过俄亥俄州律师协会司法行政和法律改革委员会、美国律师协会司法遴选委员会成员。在其长达 65 年的法律职业生涯中,从律师到法官,再到遴选委员会成员的丰富法律职业经历,使得威尔金在美国法律界享有很高的声望。

这本富有启发和思考价值的《法律职业的精神》,出版于 20 世纪 30 年代,后由中国旅美学者王俊峰于 2010 年完成中文翻译,并于 2013 年元月出版。[①] 正如译者王俊峰在这本书的后记中所言:"虽然本书出版于七十多年前,且深具西方法律职业思想的印痕和局限,但对于我们了解、认识法律职业的产生及其定位,探索和坚持中国特色社会主义法律职业的本质、精神与核心价值观,建设和发扬法律职业精神,推动我国法律的发展进步,有着一定的借鉴和学术意义。"[②]

①译者王俊峰,毕业于吉林大学法律系,美国加利福尼亚大学伯克利分校法学院法学博士,并在英国剑桥大学、美国哈佛大学访学;曾任职于中国国际贸易促进委员会法律部;于 1993 年创立金杜律师事务所。现任中华全国律师协会会长、中国国际经济贸易仲裁委员会仲裁员。2017 年王俊峰发文,再论法律职业的精神。他认为:"法律职业精神具有精神引领功能,法律职业精神作为一种理性和自觉的文化,蕴含着法律职业普遍认同的价值观念,使法律职业具有认同感、归属感、使命感,能够增强法律职业的凝聚力、向心力和感召力。法律职业精神具有理念导向功能,引导法律职业群体行为举止,让专业服务更具高尚目的,使法律职业向外释放出文化张力。法律职业精神具有行为约束功能,引导法律职业行为在法治的轨道内进行。法律职业精神具有行为评价功能,法律职业精神作为关于法律职业信念、倾向、主张和态度的价值取向,起着评价标准、评价原则和尺度的作用。法律职业精神还具有形象塑造功能,先进的法律职业精神可以培养起法律职业群体崇高的职业道德,展现出法律职业良好的精神面貌,有效提升公信力,扩大影响力。"参见王俊峰:"坚守律师职业道德　培养法律职业精神",载《中国律师》2017 年第 2 期,第 63 页。

②[美]罗伯特·N. 威尔金:《法律职业的精神》,王俊峰译,北京大学出版社 2013 年版,第 158 页。

二、一组需要区分的概念

（一）法律职业群体、法律职业共同体

法律职业群体不等于法律职业共同体。法律职业群体是一个由法官、检察官、律师及法学学者等所组成的法律职业聚合体，这种专业性使其与其他职业群体相区别。但“法律职业往往会因为害群之马的出现而遭到整体上的谴责”[①]，正如张文显教授所言：“法律职业群体并非等同于法律职业共同体或会自然过渡到法律职业共同体，尽管法律职业者有着因职业而生的共同性，但也只是在这一群体能够折射出一种无形的、支撑着这一群体所从事的法律事业的法治精神时，它才能够被称之为法律共同体。”[②]从目前学术界对二者的认识来看，法律职业群体与法律职业共同体有着严格的区分标准，包括：法律职业或法律家的技能以系统的法律学问和专门的思维方式为基础，并不间断地培训、学习和进取；法律共同体内部传承着法律职业伦理，从而维系着这个共同体的成员以及共同体的社会地位和声誉；法律职业或法律家专职从事法律活动，具有相当大的自主性或自治性；加入这个共同体必将受到认真考察，获得许可证，得到头衔，如律师资格的取得。[③] 可见，法律职业共同体不是法律职业群体的聚合。

（二）法律职业精神、法律精神与“权力共同体”

法律职业共同体当然地具有法律职业的精神。法律职业共同体之所以被称为“共同体”，是因为尽管他们身份各有不同，但却具有一致的法律知识背景、专业的训练方法、思维习惯及职业利益，形成了特有的职业思维模式、推理方式以及辨析技术。[④] “因而，是否具有法律精神内涵是判断社会中是否出现了法律职业共同体的关键标准，也是这一群体能否担当得起推进法治之责的关键因素。”[⑤]此外，法律职业共同体是一个实体共同体还是一个想象的共同体，也存在讨论的空间。在理想主义状态下，法律职业共同体基本上只是“一个意义共同体，即它不是一个实体，它是一个想象的共同体，被想象为一个没有边界、没有机构组织、只有对法律信仰的意念上的法律帝国。……他们对

---

①［美］罗伯特·N. 威尔金：《法律职业的精神》，王俊峰译，北京大学出版社2013年版，第6页。

②张文显、卢学英：“法律职业共同体引论”，载《法制与社会发展》2002年第6期。

③孙笑侠：“法律家的技能与伦理”，载《法学研究》2001年第4期。

④任喜荣：“中国古代刑官的权力分析——法律人职业化的历史透视（三）”，载《法制与社会发展》2005年第4期。

⑤张文显、卢学英：“法律职业共同体引论”，载《法制与社会发展》2002年第6期。

法律价值、法律概念、法律规则和法律制度有一种自觉的倾向和能力,因此也形成了他们特有的价值姿态、思维方式和精神气质。”①

法律职业精神具有独立性。“法律职业的精神,是指曾激励众多伟大人物去热爱、研究、教授、实践和建立法律的意图、神圣感和灵感。”②与罗马不是一天建成的一样,法律职业精神从产生到明确也不是一蹴而就的。这座精神的大厦是一代代杰出的法官、检察官、律师、法学家用他们言行的砖瓦筑建起来的,在与王权的斗争中、在与个人专制的抗争中、在与工业主义的较量下,法律职业精神的这座大厦经历了暴风骤雨的洗礼。但不可忽视的是,这座大厦一经建成,它就具有了独立性,正如本文前面所言,“精神的东西,会按精神的方式进行”,法律职业精神成为后世法律职业共同体的精神引领和理念向导。更深层次讲,法律职业精神是对法律职业共同体所具备的人文素养和专业水平的集中反映,其内核是法律人对法律精神的一种再确认。

中西方(尤以普通法系为代表)对法律精神的理解和确认具有共识性,只不过在实践中选择了不同的两条道路。如果说普通法系选择以法律职业共同体间接实现了法律的精神,那么传统中国所选择的是“权力共同体”。中国古代,从未脱离具体的人、具体的机构、具体的关系、具体事件来抽象性地研究权力。中国古代有严密的国家机构体系设立和细致的职能分配,但对国家权力做立法、行政、司法这样的结构性划分,并未出现过(见图1)。“究其原因,在面对国家的绝对权力时,中西方表现出了不同的权力意识,欧洲中世纪面对政教两方对世俗统治权的争夺,人们关注的是最高权力的归属问题,中国的封建皇权从未受到过挑战,人们关注的是如何使权力更好地行使,即权力的行使问题。”③传统中国权力的行使是以人际关系达到一种平衡。“传统中国的学术就是紧紧围绕人的关系展开的。中国人的理论思维没有离开人际关系。关于权力问题的思考,也是从支配与服从关系或统治(制)与服从关系着眼的。这种看待问题的角度,首先使它成为实用的理论和实际的思考。其次,从人与人关系对待权力行使,在很大程度上遏止了单方面不顾一切地行使权力的危险倾向。……最后,权力行使必须顾及人

①张文显、卢学英:“法律职业共同体引论”,载《法制与社会发展》2002年第6期。

②[美]罗伯特·N. 威尔金:《法律职业的精神》,王俊峰译,北京大学出版社2013年版,第5页。该书作者并不是在谈法律职业,而是有意排除那些将职业变成交易的“二流人物”,即以法律为业者应该具有法律职业精神,这是一种品格,职业并非用于交易。

③任喜荣:“中国古代刑官的权力分析——法律人职业化的历史透视(三)”,载《法制与社会发展》2005年第4期。

与人的关系,也培养人们的责任观念。领导者或掌权者在推行自己意志时,必须顾及权力对象的反应和心理。一切不负责任的一意孤行的举动,都是与这个要求背道而驰的。”①

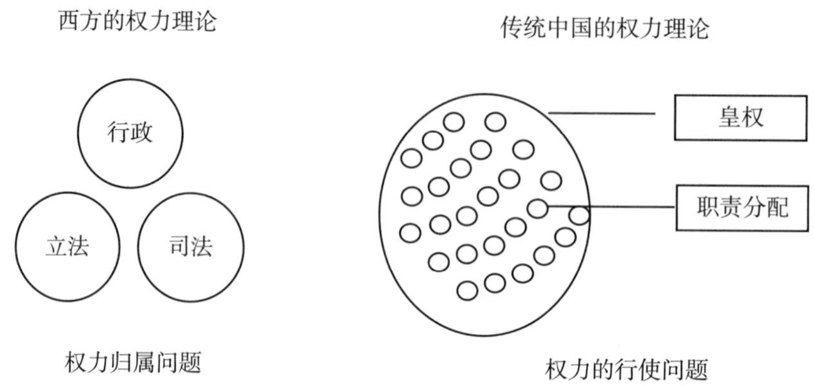

图1　中西方权力理论划分图

三、《法律职业的精神》一书中所回顾的“为法律而斗争”的历史进程

在“法治化”的进程中,欧洲的历史就是一个法律的历史,欧洲法律的历史就是一个法治的变迁史,欧洲法治的变迁史就是一个法治化不断变迁和细化的历史(见图2)②。为了保证整体的安全、有序、不被征服,欧洲各民族国家形成了“欧罗巴命运共同体”。欧洲人意识到能够保证这个命运共同体存续下去,必须要有法治的保驾护航,因此他们开创性地提出,必须要将法治作为整个命运共同体的主流理念。他们还进一步认识到,要想发挥法治这一主流理念的作用,就必须将法治置于命运共同体的至高无上的地位,这种地位一定是要超越于那些个体理念的地位。③

①霍存福:《权力场:中国政治的智慧》,沈阳出版社2003年版,第7页。

②到了19世纪,欧洲的六大私法区域产生的习惯法呈多元化分布。第一个区域是欧罗巴中西部,有贵族领地法,西班牙、葡萄牙、法国、比荷卢经济联盟、德国、奥地利、意大利吸收了相关的农业经济法及贵族领地法。第二个区域是英国和爱尔兰,没有继受罗马法、不成文法、领地法。第三个区域是斯堪的纳维亚,主要包括丹麦、挪威、瑞典、芬兰,没有继受罗马法,没有领地法。第四个区域是欧罗巴中东部,有波兰、匈牙利、波西米亚、罗马天主教,没有封建制度,但是存在贵族特权,受罗马法影响较小,主要是受天主教教会法影响。第五个区域是欧罗巴东南部,有塞尔维亚、黑山、希腊、罗马尼亚、保加利亚,属于中世纪拜占庭区,受拜占庭法律的影响,属于奥斯曼土耳其控制区域。第六个区域是俄罗斯,属于拜占庭区域,接受正教信仰,一直保持独立,就司法方面而言较少受到拜占庭的影响,而受东正教教会法的影响。具体论述及图2均来自[德]乌维·维瑟尔:《欧洲法律史——从古希腊到〈里斯本条约〉》,刘国良译,中央编译出版社2016年版,第13~15页。

③对于欧洲法律史学派的欧洲法治观可详见[德]乌维·维瑟尔:《欧洲法律史——从古希腊到〈里斯本条约〉》,刘国良译,中央编译出版社2016年版,译者序第5页。

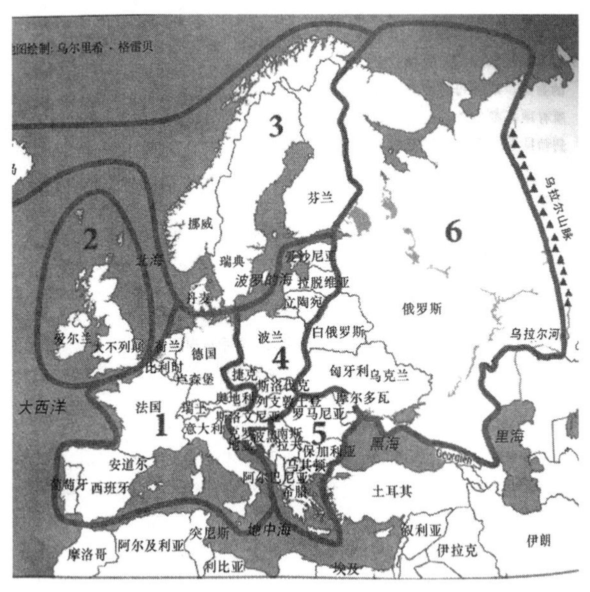

图2　欧罗巴六大法律区域图

欧洲各时期各不同国家对"法治理念"的形成做出了应有贡献。例如,为了平息发生在公元前620年的货币战争,古希腊民众推荐德拉古作为独立裁判官,主要负责调停贵族与民众之间的敌对关系,在这期间,德拉古以立法的形式提出了著名的"德拉古政治规则",即争议双方不得采取偏激敌对行为,如果出现一方以偏激敌对行为对待另一方的情况,应处以酷刑。其后,梭伦在德拉古政治规则的基础上进一步明确:政治生活的任何一方在从事政治活动过程中是平等的,贵族也不享有区别于平民的特权。由此演进的古希腊雅典城邦社会,每个人都能平等地参与城邦管理,共同维护城邦安全和法律秩序。古希腊城邦社会共同参与、共同管理、共同担责使得贵族和平民成为政治性公共生活的参与主体,以民主法治理念为核心内涵的法治精神由此聚合。

《法律职业的精神》一书作者罗伯特·N. 威尔金起笔于罗马时期(见图3),并侧重于论述"英美法系"的法律职业发展历程。该书将"为法律而斗争"的历史进程划分为罗马时期、英格兰时期和美国时期三个阶段,并通过20世纪30年代美国"工业主义"对"法律职业精神"破坏的事实,重申和确认法律职业精神的重要性,旨在唤醒法律职业者的职业道德和对公益事业的态度。

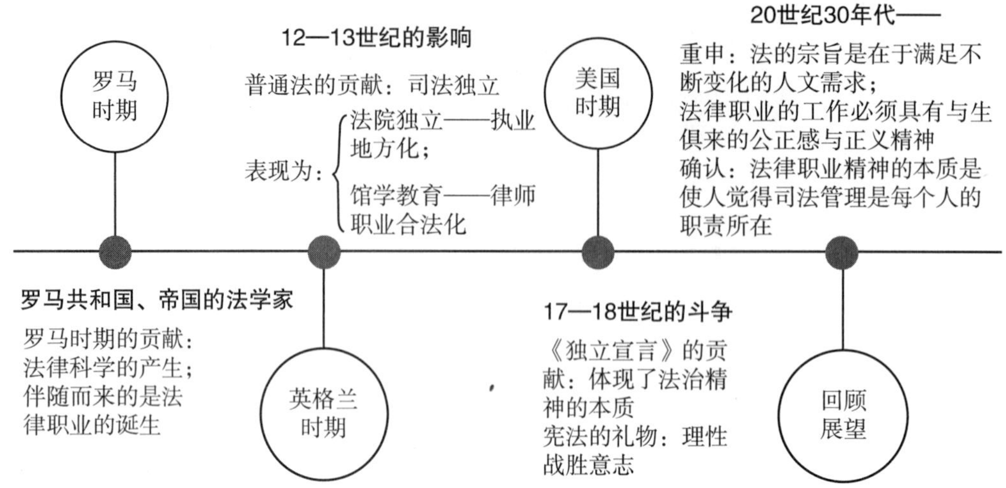

图3 “为法律而斗争”的重要节点

（一）罗马时期的贡献——法律科学的产生

古罗马城邦的政治体制在创制之初，有别于古希腊城邦的贵族阶层的民主。从政体的构成而言，古罗马城邦是一种融合性政体，既融合了雅典城邦的民主，也有斯巴达贵族的势力，还有君主执政。代表贵族阶层的元老院、代表民众意愿的罗马公民大会与君主共同组成了罗马共和政体。元老院主持法庭，执政官负责执行法律，公民大会负责立法。这种精细化的社会分工必然要求在法律上得到进一步的确认，一个以法律为使命的群体顺势而起。在共和国早期，无论是古老的习惯法，还是已经公布的《十二铜表法》，法律的解释权都掌握在僧侣和祭司手中，他们通过解释法律来影响和干预司法诉讼。随着罗马人更多地参与进政府工作，期望法律更加公开的呼声越来越高，直到公元前304年，由格涅乌斯·弗拉乌斯所著的《弗拉乌斯市民法》的出现开始，罗马市民已经可以知晓自己的案件将会以何种方式提起诉讼，将在何时审判。[①] 罗马法律法规成文性的制定、法律的权威主义这两个要素构成了罗马法治化的精神。

一批法学家由此成长起来，并推动了罗马的法典化进程（见表1）。他们有的成为法律执业者，有的成为官员的法律顾问。起初，他们的法律服务都是自愿的，但在奥古斯都时期，一些知名法学家被授予了提供法律意见的权利。正是这些伟大的法学专家的意见，

①详细内容可参见［美］罗伯特·N. 威尔金：《法律职业的精神》，王俊峰译，北京大学出版社2013年版，第8页。

悄然影响着法律的进程,并最终构成了罗马法的大部分内容。[①] 罗马人在适用不同法律时,开始研究所有法律的共同原理。法律科学由此诞生。[②] 法律因罗马而来到这个世界,法律职业的精神却是人类智慧的集体贡献。"法律因法律职业精神而诞生于世。许多重要的法学家都是外省人……奎恩提连来自西班牙,帕比尼安和乌尔比安来自叙利亚,萨尔维·尤里安来自非洲。……法律职业的精神从未完全民族化或停滞不前。"[③]

表1 罗马的法典化进程[④]

时 间	事 件
公元前753年	罗马建城
公元前510年	塔克文王权的倒塌,进入罗马贵族共和制统治
公元前451年	《十二铜表法》的制定
公元前286年	阿奎利亚法诞生
公元前264—前146年	布匿战争,迦太基的灭亡
公元前133—前123年	提比略·格拉古和盖约·格拉古兄弟
公元前89年	古罗马的公民法适用于整个意大利人
公元前48—前44年	恺撒独裁
公元前27—公元14年	奥古斯都帝国,罗马帝国的开始
10年	马库斯·安蒂斯迪斯·拉别奥之死
130年	哈德良大帝的尤里安告示(通过编撰帝王谕令)
178年	屋大维之死
193—235年	泽韦林
212年	帕比尼安遇害
212年	安东尼安宪令,又称安东尼努斯敕令
223年	乌尔比安遇害
235—284年	罗马帝国三世纪危机
284—305年	戴克里先执政
438年	狄奥多西法典
528—534年	查士丁尼法典

①参见[美]罗伯特·N. 威尔金:《法律职业的精神》,王俊峰译,北京大学出版社2013年版,第9页。

②法律科学即法学(法律学),是研究法、法现象以及相关法律问题的专门学科,是关于法律问题的知识和理论体系。

③[美]罗伯特·N. 威尔金:《法律职业的精神》,王俊峰译,北京大学出版社2013年版,第5页。

④该数据来源于[德]乌维、维瑟尔:《欧洲法律史——从古希腊到〈里斯本条约〉》,刘国良译,中央编译出版社2016年版,第99页。

相对罗马而言,希腊没有统一的法律,而是由众多城邦法组成。[①]"'法律面前人人平等',在希腊曾是一种哲学观念,在罗马则是一条法律规定。"[②]希腊人将美与善相结合,向往的是理想主义的精神生活,而罗马人则追求实用主义的现实生活。罗马人更加注重法律的权威性,而这种对法律权威性的崇拜源于罗马人对其祖先的忠诚。如罗慕洛对其弟弟说的那句话:"任何亲情莫大于王法,尽管我很爱你,弟弟!但是我们是在王法之下生活,我们不得不低下我们高贵的头颅,你的价值就体现在为了王法的权威而贡献出你高贵的生命。"[③]所以,罗马法的精神从源头上注定是一种法治精神。

(二)英格兰时期的贡献——普通法上的司法独立

如果说罗马法的贡献是法治精神,那么普通法的贡献则在于完成了司法职能与行政职能的分离,并最终诞生了法律职业群体。在司法独立之前,司法职能并没有从政府的其他职能中明确分离出来,罗马法也并未打算作此区分,烦琐的法律事务几乎占据了裁判官的全部时间。[④] 能够将司法职能从其他行政职能中分离出来,其背后是"法律至上"学说的支持和推动。"法律至上"学说认为政府所有部门在履行职能时应当遵循原则和理性,不能任意专断和反复无常。这一学说还成为陪审团制度、遵循先例原则、程序正当性原则的理论基础。

1. 法院独立——职业地方化

在12世纪前半叶,英国产生了三个最高审判机关。第一个是英国的"国库",这是最高财政机关,主要掌管国王的财政,同时也有权对与税务相关的法律问题进行裁决;第二个是国王办公室,它主要的职权是审判特别严重的刑事犯罪,如威胁国王统治或分裂国家的犯罪行为;第三个是共同上诉法院,它的管辖权主要是关于土地所有权的纠纷案件。与最高法院同时存在的还有地方法院,但它们需要在国王任命的治安法官和

---

①对于这一结论,目前可从一些文献和墓碑上获得信息。如在南克里特岛发现的墓碑上载有关于戈提娜城邦法的部分条文。证据来源于[德]乌维·维瑟尔:《欧洲法律史——从古希腊到〈里斯本条约〉》,刘国良译,中央编译出版社2016年版,第29页。

②[美]罗伯特·N. 威尔金:《法律职业的精神》,王俊峰译,北京大学出版社2013年版,第19页。

③[德]乌维·维瑟尔:《欧洲法律史——从古希腊到〈里斯本条约〉》,刘国良译,中央编译出版社2016年版,第95页。

④罗马官员主要职能包括立法、行政和司法。执政官是主要的行政长官,领导元老院,也主持平民集会和某些审判;执政官之下是裁判官,主要职责是负责指导诉讼,但也会参与立法,偶尔还会指挥军队完成协助执政官的其他行政职能;在裁判官之下还有市政官,主管公共工程、建筑和娱乐,同时也有警察监督权。参见[美]罗伯特·N. 威尔金:《法律职业的精神》,王俊峰译,北京大学出版社2013年版,第32页。

主教领导下形式管辖权。但在实际生活中,英国人更愿意遵守古老的习惯法——将争议交由邻里挑选出的陪审团审理,英国人更加相信同一阶级内的理性和公平。诺曼征服后,在王室法庭进行审理的案件越来越少,英国人更加依赖于所属领地或郡的地方法院。这一习惯最终在《大宪章》中明示:“非经其同胞之合法判决,或根据当地之法律,任何自由人皆不得被逮捕、监禁、流放、杀戮、驱逐,其土地和财产亦不得被剥夺。”①约翰王还被迫承诺“处理一般性诉讼的法院不跟随王室,而应当在某个地方建立”②。

2. 馆学教育——律师职业合法化

12—13世纪,英国首相和政府工作人员都是由高级神职人员和教士来担任的,他们有的接受教会法的法学教育,有的接受罗马法的法学教育,能同时接受这两种教育的人能成为坎特伯雷大主教。牛津大学和剑桥大学相继在这一时期成立。但亨利三世在位时(1216—1272)通过法令禁止在城市中举办此类法学学校,教皇也禁止神职人员教授普通法。法官和其他法律职业者开始在伦敦郊外寻找新的落脚点。没有神职人员做老师,法律职业者就推举出自己的老师。最终,律师开始组成了行会性质的团体,“林肯会馆”“格雷会馆”“中殿会馆”和“内殿会馆”四个律师会馆组成了法律协会,布莱克斯通将它们称为“我们的司法大学”。英格兰几乎所有的伟大律师和法官都接受过律师会馆的教育,他们反过来又对后来学生的教育产生影响。经典的教学内容和丰富的教学形式使得越来越多的本土学生参与其中,同时英国律师会馆教学也影响海外。③在律师会馆的发展过程中,法律职业获得了一些主教和贵族的包容,这对法律职业的合法存续和发展极具影响。

诚然,普通法的司法独立也是普通法的自身特点所需要的。一个法律问题的解决,大陆法系往往是源自法律条文或法律原则,再经过逻辑推演得出结论。在判例法中则强调遵循先例原则,从案例到案例,必然会导致普通法是一个法律从业者的法律,法律的发展会依赖于一小部分法律杰出人才的推动。就像英格兰出现了律师协会组织,以行会的形式完成了法律知识、法律理念、职业精神的传承。

---

①英国1215年《大宪章》第39条。

②英国1215年《大宪章》第17条。

③1874年,33岁的伍廷芳倾尽十年积蓄,远赴英伦,进入全英四大律师会馆之一的林肯律师会馆学习法律,经过三年的刻苦学习,伍廷芳通过考核,成为首个拥有英国大律师资格的中国人。参见程骞:《历史的潜流——律师风骨与民国春秋》,法律出版社2015年版,第16页。

当律师取代神职人员成为老师后,法官也在律师中遴选,这个职业完成了自然转换。正如该书作者威尔金的中肯总结:"与罗马相比,英格兰拥有一个更加明确的职业。个中的原因有很多,最主要的是上述已提及的将法院分离出来。执业的地方化所起的作用是使该职业成为一个整体。对法律的普遍兴趣自然引导着对法律的研究。"① 经过几个世纪与王权的博弈,最终司法独立在英格兰得以完成。

(三)美国时期的贡献——理性战胜意志

1.《独立宣言》——体现法治精神的本质

美国的独立,与其说是通过革命的方式完成了主权上的独立,倒不如说是对宗主国宣扬了几个世纪的"对抗权威、权利意识、尊重法律"的一种追随。这种追随注定是要人来完成的。在这群人中,美国律师功不可没:英王欲加强北美殖民地权威的实际较量实则是大西洋两岸两个律师团队的较量;美国独立战争的第一次行动是从皇家马萨诸塞州法律顾问詹姆斯·奥蒂斯反对权力滥用开始的,他认为稽查扣押仅有走私嫌疑物品的法令属于非法收缴令,他在法庭上的讲话在民众心中掀起的巨浪影响了当时还是法学院学生的约翰·亚当斯;弗吉尼亚州的年轻律师帕特里克·亨利在一起反对王权的案件中成为家喻户晓的明星,并在成为州议员后,提出了反对《印花税法》的提案。② 在第一次大陆会议上,更是云集了北美各殖民地的优秀律师:来自马萨诸塞州的约翰·亚当斯、来自罗德岛的斯蒂芬·霍普金斯法官、来自纽约州的约翰·杰伊、来自弗吉尼亚州的帕特里克·亨利、理查德·亨利·李……许多大陆会议的代表都是在英格兰接受的教育,其中一些代表在英国的律师会馆接受了系统的法律教育。56 位签署《独立宣言》的人中超过一半是律师。由托马斯·杰斐逊带头起草美国"《独立宣言》体现了法治精神的本质,是职业精神优良品质的典范"③。所以从更深层次讲,美国独立是对几个世纪以来在欧陆已经确立的法治精神的再确认。

2. 宪法的礼物——理性战胜意志

18 世纪末 19 世纪初的美国,其本身就充斥着法律的精神。人民通过接受教育不断地明确自身的意识需求,并且在合众国的建立基础的问题上逐渐形成统一认识,即联

---

①[美]罗伯特·N. 威尔金:《法律职业的精神》,王俊峰译,北京大学出版社 2013 年版,第 38 页。

②西方近代权利意识的形成、限制权力观念的确立是一个从具体到抽象的过程。其中最核心、最敏感的问题就是税收问题。英国、美国乃至欧洲大陆的许多国家,革命战争的导火索多为税收问题。

③[美]罗伯特·N. 威尔金:《法律职业的精神》,王俊峰译,北京大学出版社 2013 年版,第 81 页。

合必须建立在法律的基础之上。有阅读能力的人也开始阅读法律经典,如布莱克斯通的《英国法释义》、孟德斯鸠的《论法的精神》,都是广为传阅的对象。如果说法律与国王(个人意志)在欧陆斗争了几个世纪,那么在美国则是以最高法的形式将这一斗争的结果成文化。美国《宪法》制定这一过程本身就充满着法律职业的精神。正如华盛顿为制定宪法向民众发出的呼吁所言:“建立一个用以调节和管理共和国共同关注问题的最高权力机构,对各州的福祉都是必不可少的,否则联合就不会长久,所有的一切就将很快趋于无政府状态和混乱……我们将停留在一个接近原始的状态;或者,我们就会从自身痛苦的经历中发现在极端无政府主义与极端专制统治之间存在着自然和必然的联系,专制的强权最易建立在滥用自由的废墟之上。”①为了在华盛顿所担心的两个极端之间找到平衡点,美国召开了制宪会议。在制宪会议上,观点、分歧、利益得以充分的讨论,而在美国《宪法》第三条“美国的司法权”这一问题上,利益各方一致通过。约翰·费斯克注意到了这一点,并认为“联邦司法体系是制宪会议最出色最原创的创举。它被赋予根据普通法的一般原则解释联邦宪法本身的责任。这是美国政府最鲜明的特点,也是最崇高的”②。

法律科学来自于拉丁人,独立的司法机构来自于盎格鲁—撒克逊民族,定义和描述国家权力的宪法来自于独立的美国。在不同的历史时期,杰出的头脑和意志为法律职业精神的发展做出了巨大的贡献。

四、法律职业精神的具体表征

所谓法律职业的精神,是指曾激励众多伟大人物去热爱、研究、教授、实践和建立法律的意图、神圣感和灵感。③ 作者威尔金不谈法律职业而是强调法律职业的精神,是在有意排斥那些将法律职业用作交易,作为谋生手段的人。世界上法律制度的建立和推动都是在负有法律精神的这些伟大人物直接或间接的影响下完成的。从本文上一节论述可以看出,在英美法系,法律职业共同体的核心成员、主要的推动者是律师,从英格兰时期到美国时期,律师在法律职业共同体中的核心地位越加突出。笔者认为,法律职业的精神应内化于心,源于对法律的崇拜和崇尚。但作为具有法律职业精神的个体,他也

①转引自[美]罗伯特·N. 威尔金:《法律职业的精神》,王俊峰译,北京大学出版社2013年版,第101页。
②[美]罗伯特·N. 威尔金:《法律职业的精神》,王俊峰译,北京大学出版社2013年版,第103页。
③[美]罗伯特·N. 威尔金:《法律职业的精神》,王俊峰译,北京大学出版社2013年版,第5页。

一定会将法律职业的精神外化于行。法律职业精神的本质恰恰是要越来越多的人觉得司法管理是每个人的职责所在。透过《法律职业的精神》这本书,笔者认为作者威尔金为我们传递的法律职业精神有如下几点表征。

(一)抛开地域性和民族性

这里主要强调的是法律的产生和修正过程。法律是人类智慧的结晶,它体现着人类进化的程度,它也是一个国家文明程度的一个标志。如前文所述,罗马时期的主要贡献是法律科学的诞生。而为之做出贡献的众多法律学家都是外省人或外国人。之后的罗马法被不同的国家吸收和借鉴,并不断地被其他民族、时代、组织机构修正和完善。如欧洲中世纪教会势力和教会法对法律的影响、商人的交易习惯对商事法律内容的扩充、英国的陪审团制度和司法独立对法律运作的贡献,在法律发展的道路上,面对如何使人类社会更加有序、更为公平,法律职业精神始终没有因为地域性或民族化而停滞。

我们国家的清末变法,无论是在法律的内容上还是在变法的外在需求上,其实也是一次法律职业精神的彰显。就法律内容而言,无论是刑事法律还是民商事法律都参见了多国法典。沈家本从光绪三十一年(1905 年)到光绪三十三年(1907 年)间,陆续主持翻译了《德意志刑法》《德意志裁判法》《俄罗斯刑法》《日本刑法》《日本刑事诉讼法》《法兰西刑法》《荷兰刑法》《意大利刑法》《德国民事诉讼法》《德意志民法总则》《奥国亲属法》《法兰西民法总则》等重要法律 23 部,外国译注十余部。① 为修律,清政府广招人才,如在光绪三十年(1904 年)四月正式成立的“修订法律馆”,其组成人员是来自于东西各国的法律名家及顾问(见表 2)。在光绪三十一年,皇帝诏令废除了千年科举制度,建立新式学堂。法科学堂正是在此时建立的。与沈家本一同主持变法的伍廷芳时为出使美国的四品大臣,他同时拥有英美法学博士学位和英国律师资格,娴熟于外国法律制度。

表 2 修订法律馆光绪三十三年(1907 年)奏调法学精英一览表②

姓名	学历
严锦镕	美国哥伦比亚大学政法科
王宠惠	天津北洋大学堂法科、美国耶鲁大学法学院博士、获英国大律师资格

①法典及法学著作翻译汇总统计资料来源于黄源盛:《中国法史导论》,广西师范大学出版社 2014 年版,第 348 页。

②表格信息来源于黄源盛:《中国法史导论》,广西师范大学出版社 2014 年版,第 344 ~ 345 页。

续表

姓名	学历
陈　箓	法国巴黎法律大学、法政科进士
章宗元	美国加利福尼亚大学理财科、法政科进士
李　方	英国康柏立舒大学法律科、法政科进士
章宗祥	廪贡生、日本东京帝国大学法科
曹汝霖	日本东京大学法学院、法政科进士
陆宗舆	日本法政速成科
吴振麟	日本东京帝国大学法科
范熙壬	日本东京帝国大学法科
江　庸	日本早稻田大学高等师范部法制经济科、法政科举人、法政科进士
许同莘	日本法政大学
汪有龄	附生、日本法政大学法政科
张孝栘	日本法政大学法科
高　种	日本中央大学法律科、法政科举人
熊　垓	日本东京法学院
程明超	日本京都大学法政科、法政科进士
朱献文	日本东京帝国大学法科、法政科进士
汪荣宝	南洋公学堂,日本早稻田大学法政科

(二)社会责任意识

法律诞生的同时产生了法律职业,法律人自然具有一种精神特质,这是一种有别于其他职业的品格。如在罗马共和国时期,通过每年的选举,杰出的人物在政府职位或法律事务上得到历练,他们利用自己的职位优势和善于言谈的特长为那些羞于表达的民众发声,于是专门从事为人辩护工作的律师和法律顾问大批涌现。这些法律人在所从事的职业中逐渐形成了一种为正当性而斗争的自豪感,被他人所求助、被请求去捍卫他人的利益、被置于公众的信任之下,这些社会公众的需求使得法律人增强了自我的忠诚感和服务欲,也使得法律人有了一种职业归属感。他们出于对法律信念的忠诚,开始拓展对法律的理解,增加对各种法律相互关系的理解,最终这种职业归属感建立在了法律人共同的话语体系、知识体系、逻辑体系基础之上。这种职业归属感来自于法律人共同的理想、目标和实践,使得法律职业成为一种彰显团体精神的职业。

社会责任意识是法律职业精神的表征之一毋庸置疑。时至今日已经在世界各国得到践行的“回避制度”就是对这一表征最好的确认和肯定。正如《学说汇纂》开篇所言“法律是研究善和正义的学问”,法律人自然是践行善和正义的使者。不能否认的是,大多数人在被指控犯罪时,自己都无法为自己辩护,甚至在法官和法律的威严面前不能言语。“软弱,是人性最大的弱点。幸亏有法律职业,这一弱点才不会变得毫无抗辩之力。”①作者威尔金为我们列举了许多“一人被指控时并不是孤立无援”的例子,其中的一个例子最为生动,也最具说服力。马勒塞布是昔日君主路易十六的辩护人,当路易十六出现在法庭上时,他不再是高高在上的君主,而是一个普通的人。马勒塞布为其站在辩护席上,公然对抗当时已经进入白色恐怖的革命者,马勒塞布陪伴路易十六走完所有的程序,直到他走向断头台。马勒塞布深知法律应该是宽容大度的,即便是对违法之人也应该给他辩护的权利和机会。正如《法律职业的精神》一书中那句精辟的总结:“人,可以被控告但不能被抛弃,可以被背弃但不能被遗弃。”②整个人类社会恰恰是通过法律人不抛弃、不遗弃的社会责任意识来维持稳定和和平的。

(三)将思想转化成檄文

基于职业的需求,法律人最擅长的是写作和演说。法律文书的写作应该是基本功的训练,我们今天读到的汗牛充栋的法学著作多是法律学家思想的沉淀。法律职业的先贤们不仅仅是思想家,而且还是语言大师,他们擅长将思想转化成文字或是语言。

法律职业所关注的不仅仅是个案的判决是否公正,更高层次的是全体民众的真实需求。他们将民众的呼声抽象成某种思想,并将其成文化,并且敢于公示之。从法学著作到法典到宣言再到宪法,法律职业中会有一部分人敢于将自己或者代表民众的思想公之于世,并以此作为对抗强权的武器,正如布莱克斯通所比喻的“活的宣示者”。有些人会为此失去了一切甚至生命,但也恰恰是这些成文化的思想成为后代人创设制度的指引,如西塞罗的《论共和国》和《论义务》就成为共和制度的灵感源泉,在西塞罗的著作中,强调要保持政府各部分的权力的制衡,最终在美国《宪法》中得以落实。

五、12—13世纪中国讼师与英国律师的不同命运③

《法律职业的精神》一书带给我们的引申思考在于:就普通法系而言,法律职业的

①[美]罗伯特·N. 威尔金:《法律职业的精神》,王俊峰译,北京大学出版社2013年版,第26页。

②[美]罗伯特·N. 威尔金:《法律职业的精神》,王俊峰译,北京大学出版社2013年版,第27页。

③“12—13世纪”并非严格意义上的界定,主要指1100—1279年的中国宋代,英国主要是处于英王亨利二世至爱德华一世(1154—1307)的统治时期。

主要组成者和推动者是律师,律师成为一个明确的职业组织是在英格兰时期,更准确地说是在12—13世纪,尤以亨利三世在位时(1216—1272)通过法律禁令禁止在伦敦市内举办神职人员控制的法律学校为转折点。而此时世界另一端的中国,巧合性地出现了讼师群体[①],他们的性质与英格兰的律师群体有些相似,但其后的发展却走出了与律师群体截然不同的道路。

(一)南宋一则判决暴露出国家对讼师的态度

此案发生在13世纪中叶,地点在两浙东路衢县。案件当事人陈元亨与缪元七因财产发生了争执,当官府传唤缪元七到案对证时,一个自称是"朝奉"的讼师郑应龙,却把缪元七藏于家中,致使缪元七不能到官。此后,郑应龙又放走证人,殴伤捕快家人。从知县翁浩堂的判词中可知,郑应龙有把持公事之嫌。郑应龙及其孙子(自称宗女婿)熟谙县衙关系,经常刺探案情,贿赂承办人,并收藏文引(即官府的通行文书),每遇官府抓捕涉案人员即通风报信。针对本案,郑应龙不仅收买了陈、缪两当事人,还为其提供食宿,而捕人吴元、马曾在本案中行动迟缓,态度暧昧,知县同时怀疑二人与郑应龙有勾结。此案的处理结果是:"缪元七、陈元亨事,本县已与决断,吴元、马曾之违慢,郑应龙之把持三名,且与勘杖一百。引监郑应龙唤出缪元七来,申州及请监司照会。"[②]翁浩堂眼中的郑应龙是一个以获取金钱为目的,手段卑劣,唆使吏人,探听公事,把持诉讼的"讼师官鬼"。

在《名公书判清明集》一书中约有20篇判词涉及讼师挑唆词讼的活动,这些讼师的活动手段大体相似,主要有:以钱借公吏,垄断诉讼;为当事人提供食宿,贿赂官吏,操持讼柄;聚徒兴讼,赶打吏人;接揽诉讼,把持县道;资助钱财,教唆诉讼;以曲为直,以是为非;资人诬告,挑拨诉讼;教令越诉。[③] 此外,从《名公书判清明集》中可见,宋人对讼师这一群体的称谓虽不一致,但都有贬损的味道,如"讼师官鬼""把持之人""茶食人""珥笔之人""哗魁讼师"等。尽管对这一群体的称呼不同,其出身也不一致,但讼师群体都有一个共同特点,即以诉讼为业。他们有一定的文化、通晓法律、熟悉官府事,且资助当事人兴讼,从中收取一定的费用。因为讼师非官非吏,而是民,所以他们的地位并

①中国古代也有"律师"的指称,但意义与西方的律师不尽相同。笔者通过检索发现,中国古代对宫中的乐师会称为律师,抑或是道士修行的三号"法师、仪师、律师",再或是多见于人名,如元律师、裴律师、卢律师等。

②参见《名公书判清明集》卷十二"事事把持欺公冒法"。

③陈景良:"讼学与讼师:宋代司法传统的诠释",载《中西法律传统》(第1卷),中国政法大学出版社2001年版,第217~219页。

没有得到官府的认可，并且从史料记载可以看出，这一群体均以负面形象出现，都会受到官府较为严厉的惩罚。讼师群体的出现，对宋代及中国封建社会后半期司法传统的转变，起到了至关重要的作用。

（二）宋代已经具备了“法律职业化”的条件

中西方在12—13世纪均已有了产生律师（讼师）群体的契机，中国尤到南宋已经具备了“法律职业化”的条件。

首先，经济、科技、思想达到了空前的高度。农业、手工业、城市商品经济空前繁荣。行会及其商业组织达到鼎盛阶段，这也是宋朝政府在经济管理上的独特之处。① 印刷术、指南针、火药的发明，使宋朝在整个中国古代乃至世界科技史上均占有举足轻重的地位。经济、科技上的进步也推进了人们的思想观念，宋初的儒学复兴运动、理学体系的建立、南宋时期对理学的进一步阐发，这些为“法律职业化”的出现创造了主客观条件。

其次，统治者对法律的作用认识更加清晰。宋代的统治者在总结前代统治经验教训的基础之上，对法制的作用认识得更加透彻，更加懂法。有学者认为两宋以一个积贫积弱的王朝，能够维持320年的国祚，是与它的法制有关的。② 马小红教授也赞成这样一种观点：“宋代与其说是以行政官兼理司法，毋宁说是以司法官兼理行政。”③宋初有主持编纂法典的活动，而且在民事立法上有很大的创新。正如郭尚武先生谈宋代对民事立法贡献时所说：“宋代商品经济的高度发展，导致统治阶级的传统观念发生了转变。民事立法新增了对个体权利保护的内容，引起了阶级结构的重新组合，成为唐宋变革最后完成的标志之一。宋代民事立法赋予商人、佃客、奴婢权利，是中国封建社会的一座高峰。”④此外，在北宋中央政府还设置“律博士”掌授法律，到了熙宁六年（1073年），在国子监开办律学，监生开始系统学习“律令”和“断案”两科。为强化司法官吏特

---

①宋代（尤以南宋）商业组织得到了空前的发展，行会达到空前鼎盛的阶段。据学者统计，隋唐有120行，宋已达到440行。并且从宋代开始，讼师有了自己的行会组织雏形，活动范围多分布在江、浙、皖、湘、粤、闽、川等地。可详见党江舟：《中国讼师文化——古代律师现象解读》，北京大学出版社2005年版。马克斯·韦伯考察宋代的司法传统及其转变时，除了应注意分析社会结构变化所带来的影响外，决不应忽视对影响此一传统的某一类具有同一职业且以诉讼为生的特殊群体，即讼师的研究。陈景良：“讼学与讼师：宋代司法传统的诠释”，载《中西法律传统》（第1卷），中国政法大学出版社2001年版，第221页。

②黄源盛：《中国法史导论》，广西大学出版社2014年版，第257页。

③曾宪义、马小红主编：《礼与法：中国传统法律文化总论》，中国人民大学出版社2012年版，第157页。

④郭尚武：“论宋代民事立法的划时代贡献”，载《山西大学学报（哲学社会科学版）》2005年第3期。

别是中央司法官吏的法律素养,北宋时开始采取"试刑法"的"司法考试","司法考试"的内容也分"律文"和"断案"两类,断案具有一定的难度和深度,用以考查应考官吏运用法律的能力。因为统治者重视法律的态度,所以凡是朝官、京官、幕职、州县官都要学习法律,各知州、通判、幕职、州县官吏,秩满到京,也要经过一番"司法考试"。可见,宋朝利用各种考试方式昌明法律,是史上空前的。

最后,私有权关系的复杂化使得当事人对"法律专业人士"的依赖增强。综上所述,两宋社会并不缺乏"法律职业"群体的外部环境,尤其在法制方面,除了官府的大力推动外,民间也随着私有权关系的复杂化开始在法律文化上有所创新,如周密教授曾指出:"在大地主阶级和大商人阶层这'两大'的压迫下,宋时许多失去土地的农民背井离乡,被迫到官、私作坊做雇佣工人。地主和佃客(佃户)之间的封建依附关系也进一步发生了明显的变化,后者的户籍已经独立,不再依附在地主的名下,其地位也比汉唐以来提高了许多。"①随着佃户地位的提高,要求运用法律手段维护自身利益的愿望和呼声越来越高,这使得当事人更加依赖于"法律专业人士"的助讼。一时间,民间讼学兴起,助讼活动活跃。

伴随着民间兴讼、助讼活动的盛行,讼师在客观上已经开始了积极的活动即提供法律方面的服务,这与英格兰时期律师提供的法律服务并无实质性差别。上述种种条件表明,宋代似乎可以给讼师提供一个受官府和民间认可的"身份转型"即由讼师变为具有合法性、正当性的律师的机会,但很显然,12—13 世纪是中西方"法律职业化"的分水岭,中国的讼师始终都没能成为"法律职业"的核心组成,其原因是多方面的。

(三)讼师始终没有取得合法地位的原因分析

1. 中西方对待法律的不同态度

欧陆从古希腊古罗马时期,就已经埋下了"法治"的种子,到了盎格鲁-撒克逊统治的英格兰,传统习惯中早已形成了"法律至上"的理念,并且由于宗教对世俗社会的实际控制,国王本身的权力进一步受到了限制。如英王加冕誓词本身就是对英王权力的一种限制:"保证教会、国家和人民的安全;保证维护法律,在司法审判中要惩恶扬善,伸张正义。"从英国约翰王签署《大宪章》开始,经过法律与王权的不断博弈,最终进一步强化了"法律至上"的原则。而中国从夏商周时期开始,法制建设及其实际操作都

①周密:《宋代刑法史》,法律出版社 2002 年版,第 2 页。

是围绕着最高统治者进行的,这使得法律工具主义的观念早已固化。"法律君属,权力支配法律,法律维护君权,君权凌驾于法律之上,是中国古代法律的传统。"①

2. 对"无讼"理想的追求与强调

"无讼"是以孔子为代表的儒家的理想境界,"听讼,吾犹人也,必也使无讼乎"可谓是孔子对无讼理想的经典表述,这句话对中国的后世社会影响深远。由于崇尚"无讼",随之而来的必然是厌讼和贱讼,以至于在中国古代,讼师这类职业从产生那一天起非但没有得到应有的尊重,还成了被人鄙视的群体。邓析被认为是中国律师的鼻祖,他以教人诉讼为业,但却被评说为"以非为是,以是为非"②,最终难逃被杀的命运。西方因为没有"无讼是求"的传统,所以当律师行会出现的时候,英国政府不是一味地打压,而是将其纳入法制的轨道,通过规范的治理,使律师成为法律职业共同体的核心成员,中英两国法律的发展由此走上了不同的道路。

3. 法律的"职业"属性被"权力"属性吸收

如前文所述,西方更加重视的是权力的归属问题,而中国权力的归属本身并不被视为一个问题,我们更加关注的是权力的行使问题。就法律的"职业"属性而言,在中国古代是由官吏来实现的,法律的"职业"属性被"权力"属性吸收。正如张晋藩教授所言:"我国古代固然不具有专门的职业法学家阶层及西方意义上的'法律名流',但与此相映成趣的是,宋代的统治者及士大夫恰恰有着类似的功能。"③讼师的身份是民而非官,所以被自然而然地排斥在"法律权力共同体"之外,而西方的法官是在律师中遴选而得来的,其走向正好相反。④

4. 缺乏职业规范和行业自律

兴讼、健讼依赖于宋代特殊的社会关系,有时代赋予的偶然性,然而中国古代长期存在的无讼思想,并没有给予突然产生的新兴法律行业以足够的职业规范和道德自律。从《名公书判清明集》中有关讼师的案件可以看出,这些讼师大多以谋取利益为目的,

---

①张晋藩:《中国法律的传统与近代转型》,法律出版社1997年版,第91页。

②语出《吕氏春秋·离谓》。

③张晋藩:《中国法制史》,高等教育出版社2007年版,第254页。

④值得注意的是,英美法系与大陆法系法官的职责不同。英美法系律师和法官走向了一元化的道路,律师是诉讼中不可或缺的一环,而法官可以创制或者说"发现"法律。法官作为法律的发现者是超越社会与国家的,在民众心中也有着崇高的地位。所以,英美法系的法官更加注重培养法律职业所需要的独特技艺。在大陆法系传统的国家,法律是由国家创立的,后由法官执行,法律是否是国家的独占资源决定了法官的本质属性。

缺乏法律职业应有的精神。而英国在产生律师职业的同时,就有了法律职业的规范,如要忠于当事人、不得欺骗法庭、不得包揽诉讼、讲究正义等。并且在伦敦郊区开始出现了律师会馆这样的专业化培训机构,而宋代除国子监设立专门的法律习得科目外,讼师的法律知识大多是自发习的或是家传的。①

当然,百姓对“父母官型”诉讼传统的过分依赖和信任也是导致中国直至清末也没能产生律师的一个重要原因。传统中国的民众当遇到冤屈或司法审判出现腐败时,“小民百姓就会期盼清官来为他们伸张正义;当官方的公力救济缺席时,小民百姓就会寻求私力救济的途径,希望侠客通过行侠仗义来为自己主持公道。基于‘报’的伦理原则与秩序原理,一旦人们蒙受冤抑,那么复仇便符合道义的行为,也是私力救济的方式;如若人间救济途径不能实现正义,那么冥界报应(冥判)就是一种正义的诉求”②。可见,传统中国百姓在寻求正义时,以人为主线的逻辑顺序是清官—侠客—阎王,如若公力救济途径不能实现,则愿意选择私人的复仇或等待冥判,但这其中都没有律师的身影。笔者认为,讼师始终没能取得合法地位的诸多原因之中,最为重要的原因在于统治者对讼师群体的排斥和打压态度。不同于英国国王通过中间道路来规范法律职业,中国封建社会的皇帝是“权力共同体”的主宰,中国的专制是不允许有第二个声音存在的,被排除在官吏之外的讼师的地位自然很难扶正。

余论:不同的个人命运与中西方相同的法律精神

如学者们的设想那样:“宋代的讼学与讼师初兴之时,当时中国古代司法既领先于西欧诸国,也在历史的转型中获得了与英国起点大致相同的机遇,若宋代以后的元、明、清诸朝抓住此机遇,沿着宋代开拓的方向前进,中国的古典司法传统应该早已完成了向近代的转换。”③然而历史不容假设,宋以后的中国封建社会随着专制主义的强化,理学

①这种情况到了清末民初开始出现转机,许多留洋律师、法律学者从国外带回的不仅仅是法律知识,也为整个法律职业带来了新的转机。尤其在民国时期像伍廷芳、曹汝霖、施洋、罗文干、江庸、郑毓秀、吴经熊、章士钊、史良、沈钧儒等一大批耳熟能详的历史名人都在革命历史事件中被后人所熟知,可事实上,这些人都是响当当的大律师,都参与过许多经典案件的审判。案件这里不做介绍,详细内容可阅读程骞所著《历史的潜流:律师风骨与民国春秋》一书,法律出版社2015年版。

②徐忠明:“传统中国民众的申冤意识:人物与途径”,载《学术研究》2004年第12期。

③陈景良:“讼学与讼师:宋代司法传统的诠释”,《中西法律传统》(第1卷),中国政法大学出版社2001年版,第231页。

地位的确立，明清以来的讼师始终生活在社会的阴暗角落，加之讼师的收费标准并没有明确的法律限制，嗜利成为人们谴责讼师的最大口实。

中国古代的讼师群体没能像英美法系那样，成为古典司法向近代司法转型的推动者，讼师（律师）个体的命运实则反映了不同法律传统的国家的法制走向。法律职业虽然没有机会在中国封建社会形成，但正如张晋藩教授所言，西方法学家阶层或“法律名流”所担负的职责和使命在中国主要是由士大夫来完成的。士大夫是对中国官吏的另一种称谓。法学家阶层或“法律名流”的使命是要彰显法律的精神，代表公平正义的法律是在与王权、专制的斗争中得以生动地体现的，即“在与权威对抗的日子里，法学家从未缺席”[①]。事实上，在中国古代官吏群体中，敢于对抗王权的人和事并不鲜见，在这一问题上，中西方达成了一致。就英国而言，王权在被限制之后也曾出现过复辟，整个都铎王朝和斯图亚特王朝，政治都非常腐败，但是法学家所面对的最大障碍源自于法律职业的内在特征。“因为以法律为业，他们不得不承认他们所反对的国王，就是他们以之为业的法律制度的领袖。因为国王为法律的最高执行者，他们反对当权者的同时，又不得不听从当权者的权威。”[②]法官似乎是一个矛盾体，在反对权威的同时又要服从于权威，如何做到？这需要智慧和说话的艺术。中国古代许多法官有过类似的感受，也出现过类似的话语表达，如张释之在处理犯跸案时说：“法者天子所与天下公共也。今法如是，更重之，是法不信于民也。且方其时，上使使诛之则已。今已下廷尉，廷尉，天下之平也，一倾，而天下用法皆为之轻重，民安所措其手足？唯陛下察之。”[③]又如戴胄在处理太宗时的一件选举诈伪案时说：“陛下当即杀之，非臣所及。既付所司，臣不敢亏法。”[④]甚至还有人愿用生命维护法律的权威。被亨利八世任命为大法官的托马斯·摩尔爵士，因他不愿意根据国王的命令曲解法律，助纣为虐，最终他的正义感不但超越了他对职位的热情，也超过了他对生命的热爱。[⑤] 同样在中国古代，作为晋文公司法官的李离，因过听杀人，伏剑而死。[⑥] 还有作为楚昭王相的石奢、南梁时期的吉翂都是不愿

①［美］罗伯特·N. 威尔金：《法律职业的精神》，王俊峰译，北京大学出版社2013年版，第45页。

②［美］罗伯特·N. 威尔金：《法律职业的精神》，王俊峰译，北京大学出版社2013年版，第46页。

③参见《汉书》卷五十《张释之传》。

④参见《旧唐书》卷七十《戴胄传》。

⑤［美］罗伯特·N. 威尔金：《法律职业的精神》，王俊峰译，北京大学出版社2013年版，第47页。

⑥具体案情可详见《史记·循吏列传》。

污法而牺牲了自己的生命。当然,以生命换取法律权威的做法过于极端,但上述这些例证足以证明中西方具有相同的法律精神。

正是实现了诸多进步的法律精神,才教会了我们如何理解法律的力量和价值。今天,律师早已在我国取得了合法地位,我国的法律职业群体也已经形成,但还需加强对法律职业精神的呼吁和推广,是否具有法律职业精神是区分法律职业群体与法律职业共同体的关键所在。毫无疑问,在法律运行过程中,一国的法律职业共同体的作用不容忽视。

[责任编辑:张田田]

·译林·

唐《军防令》与烽燧制度

——答复泷川博士的批评*

[日]仁井田陞著,郑奉日**译

目　　次

一、序言——烽燧制度的沿革

1930—1931年,以斯文·赫定(Sven Hedin)为团长的西北科学考察团,在汉武帝时期(公元前二世纪末),从防御北方民族匈奴的前哨据点宁夏西北部的居延地方,发现了大量的汉代木简。其中包含汉律的遗文①和买卖证书②,与斯坦因探险队在敦煌发现的汉代木简一同,成为法制史研究上的贵重资料。此处不愧是防御第一线,有丰富的与

---

*译者注:该文原题为"唐軍防令と烽燧制度——瀧川博士の批評に答えて",译自1997年3月由东京大学出版会出版发行的池田温等编《唐令拾遗补》(初版)第169~191页。原发表于《法制史研究》四号,1954年7月。

**沈阳师范大学法学院讲师,法学博士。

①仁井田(陞)《中国法制史》[《岩波全书》,昭和27年(1952年)6月,第70页],另外,有关斯坦因探险队发现的汉简汉律的问题参考仁井田(陞)《唐令拾遗》[昭和8年(1933年)3月,第2页]。

②仁井田(陞)《中国买卖法的沿革》[《法制史研究》一卷,昭和27年(1952年)7月,第47页]。

军队有关的资料，有关烽燧（用于通知敌军袭击的烽火制度）的资料也不在少数。对这些资料进行解读、整理、分类的基础上加以考证的中国学者劳榦的力作《居延汉简考释》，其中一部分于1943年（新版于1949年），另一部分于1944年分别出版。[①] 到了近两三年它才好不容易传到我国学术界，随之我国的学者们也开始了对《居延汉简》的研究。[②] 劳榦的研究不限于汉代烽燧制度，还涉及了唐兵部的烽燧制度——他指出宋代曾公亮等的《武经总要》援引的所谓的唐兵部的烽式[③]，并将《白氏六帖》、唐代李荃的《烽法》、明代茅元仪的《武备志》和《古今图书集成》作为了唐烽燧制度的研究资料。在汉、唐的烽燧制度的研究上，同罗振玉的《屯戍业残考释》（《流沙坠简》二）和贺昌羣的《烽燧考》等一样，劳榦也是功不可没的。另外，在日本的研究中类似的有藤田（丰八）的《剑峰遗草》。[④]

从墨子的记述[⑤]和周幽王为获褒姒的欢心点燃烽火召集军队（烽火戏诸侯）的传说（《史记·周本纪》），或《信陵君无忌传》（《史记》卷七十七）等看，中国很久以前就应该有了烽燧制度，但随着汉代木简的发现，公元前2世纪以来的汉代的烽燧制度的实质逐渐变得清晰。该汉代的烽火制度有一部分散见于两汉书中，因此再综合汉简的记述来看，汉代制度中每隔十里设置一个烽燧，与唐代制度（后出的《唐六典》和《烽式》等）相比，烽燧的间隔不同。都尉是与烽燧有关的官职，接受太守的指挥，都尉下设候官、候长、燧长，其他如鄣尉，戍卒少的时候有三人，多的时候有三十人。烽火的种类有积薪、

①劳榦先生的《居延汉简考释》的释文部分于1943年（新版于1949年）出版，考证部分1944年出版，但因在战争中以及战后诸情况，日本学者最近才拿到这本书。

②《居延汉简的研究》［《东洋史研究》12卷3号，昭和28年（1953年）3月］。这里收录了森鹿三教授的《居延汉简研究序说》、伊藤道治的《汉代居延战线的展开》、米田贤次郎的《汉代的边境组织——隧的配置》等篇。仁井田（陞）《中国买卖法的沿革》［《法制史研究》一卷，昭和27年（1958年）7月，第47页］。

③《武经总要》前集卷五制度五烽火。此处看到“唐兵部有《烽式》，尤为详具”。所谓兵部《烽式》，与《唐律疏议》中的所谓《职方式》的关系留到本文第三节讨论。

④关于烽燧制度，除了罗振玉以及王国维的研究以外，还有贺昌群的《烽燧考》［《国立北京大学四十周年纪念论文集》乙编上，中华民国二十七年（1938年）编印，二十九年（1940年）出版］，劳榦先生的《释汉代之亭障与烽燧》［《中央研究院历史语言研究所集刊》第十九，中华民国三十七年（1948年）］。藤田（丰八）博士《剑峰遗草》［昭和5年（1930年）9月，第13页］中，作为大正十四年度（1925年）讲义案收录了《关于烽燧》。该文参考罗振玉前揭的地方较多。

⑤《墨子》卷十五《号令第七十》“出候，无过十里，居高便所树表，表三人守之，比至城者五表，与城上烽燧相望，昼则举烽，夜则举火，闻寇所从来”，同卷十五《杂守第七十一》“亭一鼓，寇烽，警烽，乱烽，传火，以次应之，至主国止，其事急者，引而上下之。烽火已举，辄五鼓传，又以火属之，言寇所从来者少多，无厌怠，去来属次烽勿罢，望见寇举一烽一鼓，入境举二烽二鼓，射要举三烽三鼓，郭会举四烽四鼓，城会举五烽五鼓，夜以火如此数”，这些资料与后出的庾阐《扬都赋》注和《晋令》（《太平御览》卷三百三十五所引）等一起记载于罗振玉《屯戍丛残考释》（《流沙坠简》二）中。

炬火、烽烟等,比唐的制度复杂。汉代和唐代一样都是白天放烟,夜间举火,根据敌人来袭的情况变换放烟、举火的次数,虽规定在唐的《烽式》等制度中,但这些早已在汉的制度中出现。① 在这汉唐的制度中间,可看到从魏晋到隋朝的制度变化,例如庾阐《扬都赋》注中的"烽火以置于孤山头②,缘江相望,或百里,或五十里,或三十里,寇至则举以相告,一夕行万里,孙权时,合暮举火于西陵,鼓三竟达吴郡"(《太平御览》卷三百三十五兵部),距汉的制度远而近于唐的制度。《晋令》中的"误举烽燧罚金一斤八两,故不举者弃市"(《太平御览》前揭)是相对应于唐《卫禁律》烽候不警条的规定。另外《隋书·长孙晟传》中的"我国家法,若贼少举二烽,本多举三烽,大逼举四烽"(与《北史·长孙晟传》相同),如若参照《墨子》记事和汉简,便可知那是承袭古来的制度。③

唐代的烽燧从边境连接到京城(《唐律疏议》卷八),开元二十五年时关内京畿河东河北皆设置了烽燧,后来据说认为"边隅无事,寰宇乂安",而废弃了内地的烽燧(《唐六典》卷五),《史传》也记载元和中也曾废弃过畿内的烽燧,不过问题是天下是否真的那么太平?元和年间也经常发生负责烽燧的烽子和戍卒被杀的案件。然而唐代的烽燧制度本身在兵部的《烽式》(参照《武经总要》的援引、劳榦的前揭)、《职方式》④中记载得非常详细。另外,《唐六典》卷五职方郎中员外郎执掌条中的"掌天下之地图及城隍镇戍烽候之数",毋庸置疑也是唐《职员令》的缩写。有关烽燧的基本制度,与作为唐律规定在《卫禁律》相对比,作为唐令应该规定在了《军防令》中。可是现如今,唐《军防令》几乎都散失掉了。因此在唐《军防令》的复原中,如同唐令的一般复原,以唐令为资料编纂的《唐六典》就成了有力的线索。

---

①《居延汉简考释》(《"国立中央研究院"历史语言研究所专刊》之二十一劳榦先生著释文之部一卷二烽燧类)"午日下晡时使居延蓬一通夜食时堠上苣火一通居延苣火","虜守亭鄣不得燔积薪昼举亭上蓬一烟夜举离合苣火次亭燔积薪如品约""匈奴人入塞及金关以北塞外亭　见匈奴人举蓬□□□五百人以上能举二蓬"。《汉书》卷四十八《贾谊传》的"斥候望烽燧不得卧"注中"文颖曰:边方备胡寇,作高土橹,橹上作桔皋,桔皋头兜零,以薪草置其中,常低之,有寇即火然举之以相告,曰烽,又多积薪,寇至即燃之,以望其烟,曰燧。张晏曰:昼举烽,夜燔燧也。师古曰:张说误也,昼则燔燧,夜则举烽"。《后汉书·马成传》(又,《东观汉记》):"马成……缮治障塞自西河至渭桥河上至安邑太原至井经中山至邺皆筑保壁起烽燧十里一候。"

②译者注:《太平御览》作"烽火以炬,置孤山头"。

③参照前注"《墨子》卷十五《号令第七十》……《杂守第七十一》……这些资料与后出的庾阐《扬都赋》注和《晋令》(《太平御览》卷三百三十五所引)等一起记载于罗振玉《屯戍业残考释》(《流沙坠简》二)中。"

④关于《职方式》,参照前注"《武经总要》前集卷五制度五烽火。此处看到'唐兵部有《烽式》,尤为详具'。所谓兵部《烽式》,与《唐律疏议》中的所谓《职方式》的关系留到本文第三节讨论"。

因此在编写《唐令拾遗》时,在与日本《军防令》进行对比的基础上,用《唐六典》所收的规定中被认为是以唐《军防令》作为资料的部分(下揭),拟制了唐令。

《唐六典》凡烽候所置,大率相去三十里,若有山岗隔绝,须逐便安置,得相望见,不必要限三十里

日本《军防令》凡置烽皆相去卅里,若有山岗隔绝,须逐便安置者,但使得相照见,不必要限卅里

《唐六典》其放烽,有一炬二炬三炬四炬者,随贼多少而为差焉

日本《军防令》凡有贼入境,应须放烽者,其贼众多少,烽数节级,并依别式

不过《唐六典》将唐令作为资料时,也不一定原封不动地完全照搬唐令原文。《唐六典》中经常会出现未完全照搬令的原文而取令之意并包含令之意的文,所以有必要通过与日本令进行比较及其他方法来判断是不是原文。以此对前两条烽燧制度进行考察,可认为前条大体上原封不动地照搬了唐《军防令》,而相比之下后条虽然含有《军防令》之意,但却是对条文修改而成。另外,前记《唐六典》与日本令中标注圆点的部分,是唐的《烽式》中没有,却与《唐六典》和日本令相一致的字句(一句"若有山岗隔绝"三者都一致),从此点上看《唐六典》和日本令依据的并非唐的《烽式》一类,而是其他共同的——或许是早已散失的唐《军防令》。这些留到第三节再讨论。当然唐烽燧制度的研究应以唐的《烽式》及其他作为资料,但《唐令拾遗》中却没有论及,那是因为该书未将对烽燧制度的详细研究作为当前目标。

然而最近泷川政次郎在《唐兵部式与日本军防令》(《法制史研究》第二卷)中列举了《武经总要》等所引的唐的烽式、唐代李筌的法制及明的《武备志》等和劳榦也提到过的诸资料,所论如下。(1)唐的烽燧制度规定在唐兵部《烽式》中,该制度在唐《军防令》中没有规定,(2)日本军防令的依据是唐兵部《烽式》,(3)《唐六典》依据的也是唐兵部《烽式》,两者都不是以唐《军防令》为依据。因此《唐令拾遗》将唐《军防令》看作《唐六典》和日本《军防令》的依据,而由此复原唐《军防令》是一个错误。"将原本不是唐令的,当作唐令提出来,对于本人而言不仅缺乏见识,而且还有误导别人的危险性。"援引唐兵部《烽式》的"《武经总要》主张,因除《四书全书珍本》外没有其他刊本",所以完成《唐令拾遗》"当时还年轻的仁井田(陞)没有看到这些也很合理等等"。一般而言日本令有时依据的是唐的格或式,而不是唐令,以及《唐六典》不仅仅限于唐令,有时也会依

据唐律格式等①,这些现在无须再提,但将《唐令拾遗》作为参考范围的日本令和《唐六典》的烽燧制度,说成是只依据唐式而不是唐令,且否定唐《军防令》中有烽燧制度,两者都是问题,很难赞同。唐令是基本原则、唐式是补充性的细节,同种规定同时出现在令或式,也不足为奇。我认为不应该仅凭唐兵部的《烽式》里有烽燧制度就否定唐令中就没有,或者只承认《唐六典》和日本《军防令》的依据是唐兵部的《烽式》,而否定唐《军防令》。更何况规定有烽燧制度的唐《军防令》的遗文多少有留传,其与日本《军防令》相呼应而不与唐兵部的《烽式》呼应呢?《唐令拾遗》作为《军防令》列举的烽燧制度,包括以《唐六典》作为资料的2条,其他应该是唐令遗文的1条(《令集解》所引),因此我想在本文中仅就这三条的范围内,思考泷川(政次郎)的新说恰当与否,答复泷川氏先生对《唐令拾遗》的批评。(因此对于泷川氏将不应该为唐的《烽式》的,作为《烽式》与日本《军防令》进行比较讨论的问题等,如题为"行烽"的一条,在此就不再言及。)但问题是必须立足于理解唐律令和式及《唐六典》之间关系的基础上,因此我想从以下的问题开始加以说明。关于《武经总要》的刊本最后附加说明。

二、唐律令与式的一般关系

日本及唐的"式"②,原来就是施行、补充律令根本法的细则,即现在的运营细则。因此常常以存在律令方面应当补充的相关规定作为前提。其在《唐六典》中称作"式,以轨物程事",《弘仁格式》序中称作"式则补阙拾遗"(《类聚三代格》卷一),在《旧唐书·刑法志》中则称作"设于此而使彼效之,谓式,诸司常守之法也"。日本的话,应当同时熟读天平宝字三年六月,石川朝臣年足奏中所称"臣闻治官之本,要据律令,为政之宗,则须格式,方今科条之禁,虽著篇简,别式之文,未有制作,伏乞作别式与律令并行"(《续日本纪》卷二十二淳仁天皇,还有《类聚国史》卷百四十七文部下)以及天长七年十月藤原朝臣三守等的奏中所称"但律令之典,止举本纲,至于体履相须,式条犹缺,论之政术,固有未周"(《日本逸史》卷三十八淳和天皇,还有《类聚国史》前揭)。

两者的关系既然如此,式的细则中就算使用了与有关律令正条相同,或者同义,或

①《唐六典》和式的关系,如同《六典》卷三户部郎中员外郎条的关于全国贡物一样,有依据《户部式》之处,如同在卷七水部郎中员外郎条所见,有依据《水部式》的地方,据其他诸点得以明确。

②宋代的式,与唐代相比发生了变化。附带说一下,牧野巽博士对此有研究。

者类似的文字,应该并不足为奇。目前,日本《宫卫令》开闭门条“即诸卫按检所部及诸门”(《大宝令》的遗文也是如此)集解的释及《古记》所引的此条文附属的式中有“所部,谓依别式,左右卫士府中门,并御垣之绕,及大藏民部袁仪马寮等,以卫士分配防守,以时检行”,对令条的“诸卫”“按检”“所部”等用同义语更具体地作了详细规定。① 另外,虽《神祇令》中有“前件诸祭供神调度,及礼仪,斋日,皆依别式”,但《神祇式》中的“祈年、贺茂、月次、神尝、新尝等祭,前后散斋之日,僧尼及重服夺情从公之辈,不得参入内里……自余诸祭斋日,皆同此例”(《延喜式》卷三临时祭)是其别式之一,原封不动地列举了《令》记载的诸祭名。另外,同条式的“吊丧问病及到山作所,遭三七法事者,虽身不秽,而当日不可参入内里”,是《神祇令》“凡散斋之内,诸司理事如旧,不得吊丧问疾、食肉,亦不判刑杀,不决罚罪人,不作音乐,不预秽恶之事”的别式,反复使用了同一语句。且再列举律的例子,则“名例律”五刑条中有“流罪三(近流赎铜一百斤,中流赎铜一百二十斤,远流赎铜一百三十斤),死罪二(绞斩二死,赎铜各二百斤)”,表示流的远近里数。《刑部式》中的“凡流移入者……其路程者,从京为计,伊豆(去京七百七十里)、安房(一千一百九十里)、常陆(一千五百七十五里)、佐渡(一千三百二十五里)、隐岐(九百一十里)、土佐等国(一千二百二十五里)为远流,信浓(五百六十里)、伊豫等国(五百六十里)为中流,越前(三百一十五里)、安艺等国(四百九十里)为近流”(《延喜式》卷二十九刑部省),是补充关于流罪的律的规定的别式。

接下来举唐的事例来看的话,《白氏六帖事类集》(卷二十二征役)所引的以下《户部式》的一条对应唐《赋役令》,其令式都同样规定了丁与课役免除的关系。继此《户部式》记载的另一条与唐《户令》一样,是有关人的年龄的规定,这种情况下令式两者的语句基本相同。

《户部式》:诸正丁从夫四十日免,七十日并免租,百日已上课役俱免。

《户部式》:诸(诸原作谓)当男女三岁已下为黄,十五已下为小,二十已下为中男,二(二原作一)十一成丁也。

《赋役令》:诸丁岁役二十日……须留役者,满十五日免调,三十日租调俱免……通正役并不得过五十日。

《户令》:诸男女三岁以下为黄,十五以下为小,二十以下为中,其男年二十一为丁。

①参照《延喜式》卷四十六左右卫门府的诸条。

另外,《倭名类聚抄》中引用了关于贡赋的唐式(下揭)。狩谷棭斋说,白丝布以下所引的四条(笺注本卷三布帛类引),大概是《户部式》的一文。有关台州金漆的《开元式》(笺注本卷五调度部引)也同样是开元度的《户部式》吧。那样的话这些皆为规定了唐《赋役令》"诸州贡献,皆尽当土所出,云云"的细目的《户部式》的判决文。

《开元式》:台州有金漆树(狩谷棭斋称"树"字不是衍字)

《唐式》:白丝布

《唐式》:扬州庸调布

《唐式》:赀布

此《户令》与《户部式》的关系如同下面的关系,即规定河川堤防管理的基本原则的《杂律》及《营缮令》,与规定蓝田新开渠、河西诸州的河川、龙首泾堰、扬州扬子津等各个细目的《水部式》的关系,或者是规定水利的基本原则的《杂令》,与考虑各河渠的具体情况而制定其细目的《水部式》的关系。①《宋刑统》(卷二十七)所引的《户部式》,也是与《唐律疏议》中所能看到的律及令文的烧田野之规定相呼应的补充性细目规定,那便是《宋刑统》在《唐律》前揭条下收入那个《户部式》的理由。

《户部式》:诸荒田有桑枣之处,皆不得放火。

《唐律疏议》:诸失火及非时烧田野者笞五十(非时,谓二月一日以后十月三十日以前,若乡土异宜者依乡法)……

议曰,失火谓失火有所烧,及不依令文节制,而非时烧田野者笞五十,……放火时节,不可一准令文,故云各依乡法。

另外,《宋刑统》(卷十八)所引的《主客式》,是规定对《贼盗律》的蕃客等焚葬的例外的式文[中田(薰)博士论集第三卷1289页]

《主客式》:诸蕃客及使蕃人宿卫子弟,欲依乡法烧葬者听,缘葬所须亦官给。

《贼盗律》:诸残害死尸(谓焚烧肢解之类)及弃尸水中者,各减斗杀罪一等。

《宋刑统》(卷二十七)所引《库部式》(法制局本、嘉业堂本都作为《军部式》)也是将有关阑遗物的《杂律》《捕亡令》《军防令》等的存在作为前提的细目规定,同样都有"阑遗"字样。

《库部式》:诸收获破贼及阑遗器仗等,并申省随状处分,纳近便库……

①仁井田(陞)《敦煌发现唐水部式的研究》[《服部(宇之吉)先生古稀祝贺纪念论文集》,昭和11年(1936年)4月,第761页]。

《杂律》：诸得阑遗物，满五日不送官者，各以亡失罪论……

《捕亡令》：诸得阑遗物，皆送随近县，在市得者送市司……

《军防令》：诸阑遗得甲仗，皆即输官。

《宋刑统》把这些诸条囊括在一起列举的理由，也是因为它们之间有关联性。《宋刑统》更是在卷三十中同《断狱律》《狱官令》一起，列举了《刑部式》刑部格：

《刑部式》：用准式者，格敕律令皆是。

《刑部格》：敕如闻诸司用例破敕及令式，深乖道理，自今以后不得更然。

《断狱律》：诸断罪皆须具引律令格式正文，违者笞三十……

《断狱律》：诸制敕断罪临时处分，不为永格者，不得引为后比，若辄引致罪有出入者，以故失论。

《狱官令》：诸犯罪未发，及已发未断决，逢格改者，若格重听依犯时，格轻听从轻法。

这些很好地揭示了律令格式的相互关系。在此法律的适用上，《断狱律》明示了法定主义原则，《狱官令》明示了刑法的效力不遡及原则——但作为例外适用于轻者（罪），《刑部式》和《刑部格》也将与法律的适用相关规定的存在作为前提。像这种情形还有很多其他类似的例子，我曾经也阐述过《光禄式》与《祠令》及《学令》，《太仆式》与《厩库律》的关系。①

式中，甚至有明示为令后原封不动地记载原文的情况。《赋役令》春季条集解的《古记》引用了《开元式》，其中正如：

古记云，《开元式》云，一依《令》，孝义得表其门闾，同籍并免课役，即孝义人身死，子孙不住，与得孝义人同籍，及义门分异者，并不在免限。一依《令》，授官应免课役，皆得蠲符至，然后注免。杂任解下应附者，皆依解时月日据征，即杂补任人，合依补时月日蠲免。一依《令》，春季附者，课役并征，夏季附者，免课从役，秋季附者，课役俱免，即春季破除者全免，夏季破除者征课，秋季破除者全征，一防阁、疾

①“《祠令》中有祭祀天地、日月、岳镇、海渎、先农、先蚕、宗庙、风师及雨师的规定，《祠令》或《学令》中有释奠的规定。然而，这些只规定了祭祀的对象、时间、场所等，并没有规定祭祀用的笾豆的数量。《光禄式》中详细记载了其数量。这种关系从后述的《水部式》与令之间也应该能找到。”“唐《厩库律》中有损耗官方畜产时的规定。一般，官吏可免官赎罪，但《太仆式》对这种损耗，适用相关规定时设置了例外”（仁井田陞，前揭第767页）。仁井田（陞）的前揭中也记载了格与律令的关系，因此希望合在一起参照。另外，格与式的关系上，《宋刑统》卷四《刑部式》“诸准格敕，应决杖人，若年七十以上十五以下，及废疾，并斟量决罚，如不堪者覆奏，不堪流徒者亦准此，八十以上十岁以下笃疾并放，不须覆奏”成为参考。

仆、邑士、白直等，诸色杂任等，合免课役，其中有解替，即合计日二人，共免一年，一诸色选人中间有替解，或有转选得官，征免依破除法，各与本司计会。

将唐《赋役令》的三条原封不动地记载，在其各条的后面揭示了各补充性细目规定（“即”以下的部分）。如上所述令与式具有相互关联性，所以因立法上的原因，令与式的规定之间出现矛盾时，这个矛盾就成了问题。比如根据《通典》等，唐高宗时期（永徽中、显庆中，又云，龙朔中）的《祠令》与礼中，与按郑玄的学说规定圆丘和南郊两祭相比，《吏部式》（又云，《礼部式》）中虽按王肃的学说同令一样规定了南郊，但没有规定圆丘，因此当时两者之间的矛盾被指了出来。①

仅依据以上事例，我想当然就能够知道，式是补充律令大纲的细目，因此式文中散见相关律令正条的文字也不足为奇。泷川（政次郎）先生围绕唐《军防令》与唐的《烽式》的观点中，将这种律令格式各自的——特别是令与式——性质及相互关系置之度外的观点，有些遗憾。

三、日唐《军防令》与兵部的《烽式》和《唐六典》的关系

根据以上说明，明确了这两种可能性，即关于烽燧的规定与兵部的《烽式》有可能并存于《军防令》，以及式文中有可能包含令文，那么泷川（政次郎）先生的论文中成为问题的《唐六典》所记载的有关烽燧的规定中的内容，不能仅仅以它和来自《武经总要》的唐兵部的《烽式》是同类这一事实，就作出它依据的不是《军防令》，而是兵部的《烽式》的结论。我认为此结论为时尚早。

因此与泷川（政次郎）先生的观点正相反，假设前述《唐六典》的文参考了《军防令》的规定，《武经总要》所引的兵部的《烽式》是《军防令》的细则的话，我想不仅与史料没有矛盾，而且结论也很合理。即正如《唐六典》中的“凡烽候所置，大率相去三十里，若有山岗隔绝，须逐便安置，得相望见，不必要限三十里”，还有“其放烽，有一炬二炬三炬四炬者，随贼多少而为差”，参考了规定烽燧制大纲的唐《军防令》（尽管这样一般而言《唐六典》有与唐令同文的时候，也有取唐令之意而包含唐令之意的时候），类似的《武经总要》所引的《烽式》，全都看作是规定施行、运营令的细则的别式，应该没有什么问题。不，这样的想法反而更符合令式规定的本质性差异（本支）以及两者的法令条文的

①在《通典》卷四十三《礼三》等中为《吏部式》，在《册府元龟》卷五百八十五《掌礼部》中为《礼部式》。仁井田（陞）《唐令拾遗》[昭和8年(1933年)3月，第163页]。

特征（简繁），并且据此可如实地看透两者的相互关系，即以《弘仁格式》序而言，被称为“四物相须足垂范”的律令格式四者间的相互作用。

同上所述，认为日本《军防令》置烽条、有贼入境条及烽各配烽子条（即烽条）的规定，正如一直以来所相信的那样，是以唐《军防令》为范本，模仿而得，应该也不会有问题。特别是日本《军防令》置烽条的“凡置烽，皆相去四十里，若有山岗隔绝，须逐便安置者，但使得相照见，不必要限四十里”，比唐的烽式“凡边城候望，每三十里置一烽，须在山岭高峻处，若有山岗隔绝，地形不便，则不限里数，要在烽燧相望，若临边界，则烽火外周，筑城障”，更明显地类似于《唐六典》，“若有山岗隔绝”在《唐六典》和烽式都能找到，但圈点的部分不同于烽式，而与《唐六典》同文（参照第一节中《唐六典》的圈点部分）。如此酷似也许是因为双方都将唐《军防令》作为典据的缘故吧。不过两者间也多少有些差异，那是因为《唐六典》是令的取意文，或者是两者间有时代的偏差（如旧唐令中的“照见”，日本令直接照搬，《唐六典》则依据避讳则天武后名字时代的唐令而使用了“望见”，诸如此类）的缘故吧。另外，如日本《军防令》有贼入境条的“凡有贼入境，应须放烽者，其贼众多少，烽数节级，并依别式”①，原来也是模仿唐《军防令》规定的基本法，唐《军防令》中也将其施行细目让给了“别式”，而且出自《武经总要》的兵部的《烽式》“凡有贼入境，马步兵五十人以上不满五百人，放烽一炬，得蕃界事宜又有烟尘知欲南人放烽两炬”，即解释为相当于《军防令》的“别式”不会有问题。《六典》记载的“其放烽有一炬二炬三炬四炬者随贼多少而为差”也不能断定没有参考唐《军防令》，而只将唐兵部的《烽式》作为了依据。当然它并没有完全照搬唐《军防令》原文，而是取《军防令》之意含在其中了。因此，与同是依据唐《军防令》的日本令在文意上相同而文章上出现隔阂也是理所当然。然而这样的《六典》中，有一些与日本《军防令》相一致，而唐兵部的《烽式》中却没有的文（如圈点部分），对于此点，仍以唐《军防令》存在作为前提加以考虑，则应该会容易解释。而且既然存在此烽式，那么该唐《军防令》的原文中与日本令一样包含“依别式”这一句的可能性反而增强了。另外，传本《唐六典》卷五的关于烽燧的文，应该有遗漏。即宋绍兴本《唐六典》中欠缺卷五，并下落不明，而明正德本以下诸本不论哪个好像都没有关于“平安火”的文。然而《渊鉴类函》（卷三百五十九火部）中所引《唐六典》中有“凡烽候所致，大率相去二三里，其放烽有一炬二炬三炬四

①此别式参照了《兵部式》“凡太宰所部国放烽者……若知贼放两炬，二百艘已上放三炬”（《讲令备考》卷五）。

炬者,随贼多少为差,开元二十五年《敕》,以边隅无事,内地置烽,量停近畿烽二百六十所,又镇戍每日初夜放烟一炬,谓之平安火”,另外在明高青邱《送王丞巡寨诗》“前夜三烽照远山”的清金檀星轺辑注(雍正六年序刊)所引的《唐六典》中能看到“凡烽候大率相去三十里,其放烽有一炬二炬三炬四炬者,每日初夜放烟,谓之平安火,余则随寇多少为差”。据此烽炬一至四有四个,又按规定镇戍中每天的初夜时分放烟。根据《通鉴》卷二百十八唐肃宗纪“及幕平安火不至”的胡三省注中所引的“《六典》,唐镇戍烽候所至(至,当作置)大率相去三十里,每日初夜放烟一炬,谓之平安火”,此《唐六典》的遗文的存在至少可追溯到宋末、元初(十三世纪后半)。① 对于《通鉴》注引《六典》的发现,参考了佐伯富先生等制作的《通鉴索引》稿本。然而《武经总要》所引兵部的《烽式》的寇贼入境条中只有“若依式放烽至京讫,贼回者,放烽一炬报平安,……报平安者,两应两灭”,而没有“镇戍每日初夜放平安火”的规定。但是,记录安史之乱的《通鉴》本文(前揭)中的“及暮平安火不至,上始惧”,以及杜甫的五言律诗《夕烽》“夕烽来不近(一作止),每日报平安,塞上传光小,云边落(一作数)点残”等毋庸置疑地证明了唐朝法律中存在这个制度。② 虽然如此,不容置疑的是,上述《唐六典》中的文,是由与式不同的法令条文记载的。因此,断定《唐六典》的文仅依据的是唐的《烽式》的做法,单从这一点上就是不稳妥的。

泷川(政次郎)先生认为,唐的烽燧制度不是规定在令中,而是在式中。但是没有律令的规定哪来的式,认为那种内容的《烽式》,就算没有令的规定也会有的观点,我想从根本上就有问题。如前所述令条决定大纲而不涉及细目。因此从唐令遗文中,也可发现我国令条中的特别是将细目委托给别式的情形,例如《宫卫令》开闭门条集解的释说援引唐令称“唐令云,镒匙皆连铁鱼,刻其门名,藏之于柜,其出纳时节开门之法,从别式”。与此相同的条款在我国令中也有不少。比如前述过的《神祇令》的“前件诸祭供神调度及礼仪斋日,皆依别式”,《仪制令》太阳亏条的“谓先皇崩日,依别式令废务

①近卫本《唐六典》收集了《唐六典》的逸文,修补了原来的欠缺,卷五中收入《通鉴》注引《唐六典》,卷九中收入了《渊鉴类函》引《唐六典》。但未收在此提到的《唐六典》。

②除杜甫的诗(《分门集注杜工部诗》卷十五时事下“军旅”)之外,还有咏“平安火”的唐诗。比如元稹的《元氏长庆集》卷十五律诗遣行“见说巴风俗,都无汉性情,猿声芦管调,羌笛竹鸡声,迎候人应少,平安火莫惊,每逢危栈处,须作贯鱼行”。另外李筌的《太白阴经》(《守山阁丛书本》)卷五烽燧台“每夜平安举一火,闻声举二火,见烟尘举三火,见贼烧柴笼,如早夜平安火不举,即烽子为贼提,一烽六人,五人烽子,递知更刻,观望动静,一人烽卒,知文书符牒传递”,这些与《武经总要》所引唐的李筌的法有文字上的差别。《通典》卷百五十二兵五守拒法中也有与此相类似的文。贺昌群也提到了杜甫的诗。

者”,《丧葬令》亲王一品条的“以外葬具及游部,并从别式”,《杂令》的“凡大射者,正月中旬……其仪式及禄,从别式”等等。① 前述的日本《军防令》有贼入境条也是同一类型的规定,就算看作模仿原唐《军防令》而来,也没有任何形式上让人觉得不同寻常的理由。

据说原来唐朝非常重视烽燧制度,认为制定周密的相关法规是很必要的。但是,并没有将其全部都放到《军防令》中,因为从令典的形式,以及与其他令的平衡上,再加上事情的隐秘性上考虑都无法做到,所以细目将它放在了别式中。对此唐《卫禁律》烽候不警条疏议的“烽候,谓从缘边置烽,连于京邑,烽燧相应,以备非常,放烽多少具在别式”“依职方式,放烽讫,而前烽不举者,即差脚力往告之”“依式,望见烟尘,即举烽燧……放烽多少具在式文,其事隐秘不可具引,如有犯者,临时据式科断”等作为旁证。像《武经总要》所引的兵部的《烽式》乃至《职方式》②皆为上述的“别式”。前述《唐律疏议》所引的后式文中的一句“其事隐秘不可具引”,与出自《武经总要》的兵部的《烽式》“凡烽号隐秘,不令人解者,惟烽师烽副自执,烽子亦不得知悉”相呼应,特别值得注意,由此应该想象到为什么唐的烽制在《军防令》中粗略而在兵部的《烽式》(又,《职方式》)中精细的理由。另外,唐式的篇目是以尚书省列曹(就兵部而言的话,兵部、职方、驾部、库部)以及秘书、太常、司农、其他,监门、计账等命名,职掌烽侯的是兵部的职方郎中员外郎,正如《唐律疏议》所见,烽燧制度被收入到了《职方式》中。那又是《武经总要》中称“唐兵部有《烽式》”的原因。

为便于参考在此说一下,如果按日本令的规定,仅因其文字与唐式相似而断定依据的是式文的话,唐《卫禁律》越州镇戍城垣条疏义所引的《监门式》的文,与我国的《宫卫令》“分街”条③,还有,唐《卫禁律》奉敕夜开宫殿门条所引的《监门式》的文,与我国《宫卫令》奉敕夜开门条的文几乎相一致,因此按理不得不断定后者也和前者一样没有依据唐令而是依据唐《监门式》制作。然而我国的解释奉敕夜开门条末句“即执奏闻”的《集解释说》中有“唐令(作成一本唐答的确是错误)云,即执奏闻,谓非执缚之执也”,所

①另外,参照了《仪制令》皇后条义解“其太皇太后、皇太后,于天皇、太上天皇,太皇太后、皇太后、皇后、皇太子,相称之辞,不见令条,待式处分也”之类。

②《唐律疏议》所引“依《职方式》,放讫而……”,在日本《卫禁律》中是“依《令》,放讫而……”。从这里可以看出,日本《军防令》中有参考唐《职方式》的部分,但它在本文直接当作问题的《唐令拾遗》所揭的《军防令》问题的范围之外。

③唐《卫禁》律疏中的此《监门式》的部分,在日本律疏虽为“依《宫卫令》,京路分街立铺,夜鼓声绝即禁行人”,但其他条就不一定与此相同了。

以不能说本条的依据只有唐式而没有唐令。据此考虑也应该知道,不能仅凭日本令文与唐式相似,就轻率地断定日本令文即唐式文。

同前相同的是,我想在泷川(政次郎)先生以前的研究《支那法制史研究》中也会成为问题。他自己也在本次论文的开头提到了此点。日本律令的解释上产生疑问时,援引唐的律令格式作为参考,这在《令集解》中很常见。然而,泷川(政次郎)先生认为,这种情形下令本条也是依据其引用的资料而制定的。即我国的《仪制令》内外官人条依据的是同条集解所照[这一点,中田(薰)博士的《法制史研究》第三卷可参考],应该不会得出那样的结论。《仪制令》前揭条中只有长官"宜听量情决笞",而没有规定杖笞的数量。唐令中也应该是一样的。于是《垂拱格》为补充此规定而规定比例"不得过六十"来进行限制(这就是科格的作用)。因此集解或说援引唐的比例,特别用于我国令的解释上。《垂拱格》的援引只是为了这些而已。其次泷川(政次郎)先生还认为我国《公式令便奏式》的依据也是永徽《监门式》。那是因为同条"右请进铃印"下的集解私解中有"门钥请进少纳言不合知,律云,不覆奏开注云,本司谓卫府闱司者,又案本律监门式知耳"。可是私解的意思除"请进铃印"外,少纳言并不干预"门钥请进"。那是因为按律条的话,门钥的出入,仅限于本司"卫府闱司",而少纳言并不含在其中。(参照了《职员令》中务省大监物条集解"穴云,问,律云,奉敕开诸门,本司不覆奏,注云,本司谓卫府闱司,案之,少纳言无合预也"。)那个门钥出入本司的范围看一下唐《监门式》也能知道,从这个意思上(前揭书唐《卫禁律》奏敕夜开宫殿门条下所引《监门式》"见直诸卫云云"),唐的律式的提出也只是为了弄清一个疑问,即少纳言是否门钥出入的本司而已。这些《集解》的诸家的学说之间会潜藏着证明我国的令是依据前记所引唐式而制定的证据吗?

四、日唐《军防令》的烽条

我认为上述内容已经捋清了唐《军防令》、唐兵部的《烽式》(又,《职方式》)、《唐六典》与日本《军防令》之间的关系。即唐《军防令》规定了烽燧制度的基本法,而以此为前提的细则规定在了《军防令》之外的兵部的《烽式》中,而且也不能说《军防令》完全排除在《唐六典》的编纂资料之外。日本《军防令》的编纂也是一样。然而直接规定烽燧制度的《唐令》遗文目前也不是没有。《唐令拾遗》中援引《赋役令》杂徭条集解的"《唐令》烽条云,取中男配烽子"作为了唐《军防令》烽条的资料,它与日本《军防令》烽条

(后出)相对应。唐《军防令》的烽条与唐令一样冠有“诸”字,又同日本《军防令》烽条一样,条文的开头带有“烽”字,正如“诸烽……取中男配烽子”。《唐令拾遗》的唐《军防令》烽条中漏掉了“诸烽”二字,现在就补上。如此看来,唐《军防令》中哪里是没有唐兵部的《烽式》和烽燧制度,其存在更加明确。而且兵部的《烽式》的烽子制度(后出现)中,同《军防令》一样,并没有规定派谁当烽子以及其年龄要求(比如中男),尽管是同样的烽燧制度,在此点上,并非与《军防令》同文。

唐《军防令》烽条:诸烽……取中男配烽子……(因为是逸文其他部分不详)

唐兵部的《烽式》:凡掌烽火……每烽置烽子六人……(没有丁、中、老等不同年龄阶段的规定)

日本《军防令》烽条:凡烽,各配烽子四人,若无丁处,通取次丁,以近及远,军分配番,以次上下。

所以正如烽子采用丁或次丁①,规定年龄段的日本《军防令》的规定(前揭)尽管对应于唐《军防令》,但与唐兵部的《烽式》的内容不同,显然不与这个对应。因而唐的《烽式》中有烽子的规定,就认为日本《军防令》依据的只是唐的《烽式》而非唐《军防令》,泷川(政次郎)先生的这个观点,我无法遵从。还有,如日本《军防令》(前揭)的那一句“各配烽子四人”,乍一看好像模仿的是唐的《烽式》,而没有依据唐《军防令》,唐《军防令》的原文仍不详的当下,那样片面性的结论能否成立不得不产生疑问。应该谁都无法保证唐《军防令》中也绝没有此日本《令》中的那一句吧。

五、附记——特别关于《武经总要》的刊本

泷川(政次郎)先生的关于《唐令拾遗》的批评中,其他我不能理解的记述有不少。作为一个例子,列举与《武经总要》的刊本等有关的如下一节看看。

由于《武经总要》除了《四库全书珍本》外没有其他刊本,所以当时还年轻的仁

①按中田(薰)博士的《关于养老令的施行期》(《法制史论集》第一卷,第639页),《养老令》的中男相当于《大宝令》的少丁。此外,参照《赋役令》岁役条集解,《赋役令》杂徭条集解,以及《厩牧令》马户分番条集解等。关于大宝二年户籍的次丁,六十一以上六十五以下,即老丁,参见三浦(周行)博士的《法制史研究》,第295页。另外,晋代法(参照《晋书·食货志》)的次丁是六十一岁以上,六十五岁以下,其与日本的令制相符,见于曾我部(静雄)教授的《仕丁与采女和女丁的源流》[《法制史研究》第一卷,昭和27年(1952年)7月,第105~107页]。不过我想在中国施行次丁制的不仅仅是晋代。斯坦因探险队敦煌发现的西凉户籍中有丁男次男小男制,六十五六的好像成了次男[仁井田(陞)《唐宋法律文书的研究》,昭和12年(1937年)3月,第673页]。如果六朝期的研究有进展的话,也许还会发现其他同种资料。

井田(陞)没有看到这些也可以理解。不过仁井田(陞)在写《唐令拾遗》时,既然参考了《白孔六帖》,那么再稍微认真地阅读的话,因前揭的后面的式文的前半部在《白孔六帖》中作为唐兵部《烽式》被援引,所以应该可以发现这些。连具有日本覆刻本的明的茅元仪的《武备志》中虽然没有《唐兵部式》,但作为"唐的制度"记载了与前面的《武经总要》中所收相同的烽式。《古今图书集成》中看不到这个唐的《烽式》,恐怕是因为《武备志》是清代的禁书的缘故吧。在《唐令拾遗》的选定史料中的《太平御览》卷三百三十五中引用了前揭两条的取意文。仁井田(陞)在复原上述两条时,错过了《太平御览》的文,不得不说是一个大的疏漏。

但是:(1)《唐令拾遗》的出版时间是昭和八年(1933年)三月三十日,当时《四库全书珍本》的《武经总要》还没有出版。不管我年轻与否,看不到也是理所当然。《武经总要》作为《四库全书珍本(初集)》出版是在《唐令拾遗》公开出版之后,其作为《四库全书珍本》在日本能够广泛看到的时间大概是昭和十年以后。[①] 如果有人在昭和八年三月前的当时看到过,那可就奇怪了。(2)而且,《武经总要》的刊本即使不是《四库全书珍本》,但有明刊,在东京内阁文库、静嘉堂文库、尊经阁文库及其他文库都可以看得到。《静嘉堂秘籍志》[大正六年(1917年)七月刊]中将其称为明正统刊本,在尊经阁文库汉籍分类目录中称之为明万历版。[②] 该书在属于子部兵家的文献中,内容上,具有特色,如中国人的四大发明之一的火药制作方法的记录等[③],很著名,所以从事研究的人应当都知道该刊本的存在。[④] 因此,对泷川(政次郎)先生指出的"《武经总要》除《四库全书珍本》外没有其他刊本"或者"当时还年轻的仁井田(陞)很难看到这些"等,甚感意外。另外,《唐

①《影印四库全书珍本初集缘起》所说"是书影音,经始于去年一月,迄今告成,全书经史子集四部,凡二百三十种,共一千九百六十册,久藏中秘之书籍,得广其流传,当为学者所共欣幸焉,中华民国二十四年(1935年)七月,商务印书馆再志"。《四库全书珍本初集》永年的计划之后,到了民国二十三年(1934年),渐渐开始影印。

②不仅是《静嘉堂秘籍志》卷二十三子部兵家类,《静嘉堂文库》汉籍目录子部兵家类也成了明正统刊本。那个《武经总要》原是陆心源十万卷楼本,明治年间来到了东京。内阁文库和尊经阁文库本中的传入更早。该书在《内阁文库》图书第二部汉籍目录的兵家中被著成明版,在《尊经阁文库》汉籍分类目录子部中为明万历版。另外,北京人文科学研究所藏书目录子部兵家类中,《武经总要》是明李鼎订,为明万历间刊本,在《北平图书馆善本书目》卷三子部兵家中被著为明刻本。

③参照矢野(仁一)博士《支那近世火器的传来》[《史林》二卷三号,大正6年(1917年)七月,第1页],石田(乾之助)教授《对文永之役中蒙古军使用的枪的补遗》[《东洋学报》八卷一号,大正7年(1918年)二月,第143页]。

④驹井(和爱)博士《关于唐代胡禄》[《史苑》七卷四号,昭和7年(1932年),第389页]中也根据本书的明正统刊本显示了胡禄。

令拾遗》中并没有刊登我所阅览过的每篇文献。在《唐令拾遗》中用于复原唐令的文献达百种（加上唐前唐后的令的资料的话更多），但如果是为写作《唐令拾遗》而阅览的文献的话，多达其几倍。我一开始就注意到了《武经总要》的唐兵部的《烽式》一类，只是《唐令拾遗》中没有将其一一作为问题。其与唐《杂令》“以水溉田，皆从下始”（参照《唐六典》及宋庆元《河渠令》等①）的补充性细目规定，即唐《水式部》（敦煌发现）中虽有

凡浇田，皆仰预知顷亩，依次取用，水遍即令闭塞，务使均普，不得偏并。

诸渠长及斗门长，至浇田之时，专知节水多少，其州县，每年各差一官检校……

合壁宫旧渠深处，量置斗门节水，使得平满，听百姓以次取用，仍量置渠长斗门长检校，若溉灌周遍令依旧流，不得因兹弃水。

河西诸州，用水溉田，其州县府镇官人公廨及职田，计营顷亩，共百姓均出人功，同修渠堰，若田多水少，亦准百姓量减少营。

等诸条②，但却没有论及是一样的。（3）即使在“《白孔六帖》中作为唐兵部《烽式》引用”的式文——这些罗（振玉）写在了《流沙坠简》（屯戍丛残考释）中，而且如同泷川（政次郎）先生的情形一样没有标明卷数——也不能证明《唐六典》和日本《军防令》，丝毫没有依据唐《军防令》。（4）按泷川（政次郎）先生的观点，《古今图书集成》中看不到唐的《烽式》是因为《武备志》是清代的禁书，但编纂《古今图书集成》的时间是雍正初年，18 世纪的初期，而《武备志》成为禁书则是在这之后，过了大半个世纪的乾隆末期，18 世纪末。而且，正如劳榦所说《古今图书集成》对《烽式》以外的部分，常常引用《武备志》，载有《烽式》的《武经总要》收入于《四库全书》，所以把《古今图书集成》中没有收入《烽式》的理由，用禁书来解释，有点困难吧。劳榦先生也谈到《武备志》是禁书。然而他对于《武备志》（的烽制）如是说，图书集成中没有收入《烽式》，而收入它的《武备志》变成禁书，《武经总要》也未广泛传播，于是唐的《烽式》被置于存与亡之间，如按

①《唐六典》卷七水部郎中员外郎条的文为“凡水有溉灌者，碾碨不得与争其利……凡用水自下始”，但其在日本《养老杂令》中是“凡取水溉田，皆从下始，依此而用，其欲缘渠造碾碨，经国郡司，公私无妨者听之”，《庆元条法事类》卷四十九农桑门中收入的宋庆元《河渠令》中是“诸以水溉田，皆从下始，仍先稻后陆，若渠堰应修者，先役用水之家，其碾碨之类壅水，于公私有害者除之”。《唐令拾遗》的《杂令》也参考了此庆元令。从庆元令等看，唐令中也应该有碾碨的规定吧。另外，日本令中有“依次而用”，唐《水部式》也有“依次取用”“以次取用”，但在唐令原文遗失的当下，这些也不能断言日本令依据的是唐式而不是唐令。

②参照仁井田（陞）《敦煌发现的唐水部式研究》［《服部（宇之吉）先生古稀祝贺纪念论文集》，昭和11年（1936年）四月，第780页］。

劳先生所说问题则自当别论。① 还有,(5)据泷川(政次郎)先生说,《太平御览》卷三百三十五中有唐兵部《烽式》两条的取意文,《唐令拾遗》称"错过了它也可以说是一个大的疏漏"。不过《太平御览》前揭中根本找不到如他指出的资料。若说与其类似的资料,有《卫公兵法》,但《卫公兵法》就是《卫公兵法》,不能视同唐的《烽式》。在罗(振玉)的《流沙坠简》中也被此《太平御览》所引用,但罗(振玉)并不认为这是《烽式》的取意文。

总之泷川(政次郎)先生的观点(本节前述)在文献的时间的处理上、对中国的版本的理解上、对法律资料的质和性质内容的斟酌上,与我的观点不同,他对《唐令拾遗》的批评,从这些点我无法遵从。

另外,出版《唐令拾遗》以来的二十年间,自己发现的遗漏以及受到指教的部分大致做了记录(例如《太平御览》引《职员令》《祠令》《仪制令》《卤簿令》《仓库令》《营缮令》《杂令》之类,还有《事林广记》中所见的金《泰和令》等),其中一部分以论文的形式发表过。其资料包含《唐令拾遗》中连书名也没有提到过的《营造方式》《金石萃编》《天地瑞祥志》《鸡肋编》《高丽史》之类。其综合部分我想留到以后的机会。

【昭和二八(1953 年)·九·三〇稿】

【追记】据佐藤进一说,近期太田晶二郎会发表关于《天地瑞祥志》的研究。深切地期待太田先生发表研究成果。

【《法制史研究》四号,1954 年 7 月】

编者附记

【追记】中所述的太田晶二郎的研究发表于"《天地瑞祥志》略说附带,所引的唐令佚文"(《东京大学史料编纂所报》七,1973,收入《太田晶二郎著作集》第一册,吉川弘文馆,1991)。还有关于烽燧制度,近年来的专著有程喜霖的《汉唐烽堠制度研究》(三秦出版社 1990 年版,联经出版社 1991 年版。后者使用繁体字,附录被增补),但没有介入《军防令》和《烽式》的关系。

[责任编辑:张田田]

①劳榦"《居延汉简考释》(释文之部)"对《武备志》的烽制的说法如下:"但《武备志》称为唐的制度,而未明著出处,清人官修《图书集成》,采取《武备志》中无违碍的部分不少,但此段未被采取,甚至'烽燧'一门,在《图书集成》中也漏去,《武备志》曾为禁书,《武经总要》虽列入四库书中,但流传未广,所以唐代《烽式》几在若存若亡之间。"劳榦称"《武备志》曾为禁书",说的就是使唐代的《烽式》被置于存与亡之间的原因,而不是说因《武备志》是禁书,《图书集成》中没有收入《武备志》的烽制。因此我对劳榦先生的观点没有异议。

·书契积腋·

福建省泉州市永春县郑氏文书*

冯学伟　徐智佳**收集、整理

郑氏契约文书共计78件，系福建省东南部泉州市永春县郑氏家族从康熙十年(1671年)至中华民国二十七年(1938年)之间形成的家族文书，时间跨度267年。文书类别为租田契、贴佃字、洗绝推关文书、凭据花号、断买山契、断卖佃田契、贴断契、典民田租佃契、分家契约、合约字、断卖且租田契、典山底及卖柏木载契、禁令、出钱单、催费文书、收条、下忙执照等(见文后附图)。①

1. 康熙十年(1671年)九月郑四叔租田契

有屯田壹叚坐落在廿五都土名石盘兆□，分载租玖石壹栳大，今给付郑四叔前去耕种，即收过田根银伍钱，永其租，递年送纳张宅不失，立字付照。其田□佃永为耕种，并无生端异言再照。

大熟

康熙拾年九月　日立给批陈仕韩(押)

按：此契无印章为白契，展现出田皮与田骨相分离的状况，永佃人可以将田皮出卖，但是田皮拥有者每年都向田骨人交租并且田皮的交易不用取得田骨人的同意。"大熟"是典型的契约吉祥语。"立给批陈仕韩"是将此契给田骨拥有人以此证明田皮转让，并且田骨拥有人可以以此契找新的田皮者收租。"栳"是一种生长在长江以南的植物，此亦可证该契为南方契约。

*本文是国家社会科学基金青年项目"山西家族契约文书中的法律与秩序研究"(16CFX009)的阶段性成果。

**冯学伟，南开大学法学院副教授，法学博士；徐智佳，沈阳师范大学法学院法律史专业硕士研究生。

①本文所录契约格式、异体字均按照契约原件格式书写。

2. 乾隆元年(1736年)振壁贴佃字

立贴佃字侄振壁、振吕，有阄分佃田壹段，土名尖山前，去年典在

添叔上，银载原字。今因价值未敷，贴出钱壹千文，钱即收讫。其田听叔前去耕种纳租，其田约肆年备原银及钱一齐取赎，不得刁难。今欲有憑立贴字为照。另前

雍正拾年柒月借出干早谷壹百拾柒斤。又拾贰年捌月初借出钱[柒]百文。要赎尖山前佃田之时，备原谷原钱一齐取赎，不得刁难。今欲有凭，立字再照。[①]

乾隆元年十壹月　日仝立贴字　侄　振壁(押)
振吕(押)

知见　兄鸿建(押)

大熟

3. 乾隆七年(1742年)二月元德洗绝推关文书

立洗绝推关弟元德，先年租有后井洋田一段，受种叁斗，载租叁石，公卖与

兄上，银声登载原契贴契，父得叁分文一。今思价值已敷，贴纳不便，就与兄上洗绝出花礼银叁两伍钱。愿将本户郭南名下其米式升五合推出，付郭大有户内收入自征，永远为业。此系甘愿，日后不敢言及贴赎。今欲有凭，立洗绝推关为照。

代书中　苏朝有(押)

乾隆柒年式月　日立洗绝推关　弟元德(押)

4. 乾隆八年(1743年)五月元助洗断推关契

立洗断推关契兄元助，有田一段，坐贯后井洋受子叁斗，载己租叁石，助得六分之一。先年租卖与洪宅，洪宅转卖与弟上，银声登载原契及对贴契。今思价值已足，托中就与弟边洗断推关出银共式两陆钱正，银即收讫。其田听弟管掌，永远为业，日后不敢言赎。其米一升二合伍勺，就和柱郭珍名下推出，付郭大有名下收入自征。此系己愿，不得有推无收。今欲有凭，立洗断推关为照。

内改注四字再照。

---

①此处有挽结符号，类似“7”。

知见　男　其琬(押)
其璐(押)

承命男代书　其琼(押)

捌月收过花仪艮伍钱再照

乾隆捌年五月　日立洗断推关　兄元助(押)

中见　弟元孝(押)
侄世现(押)

5. 乾隆十二年(1747年)二月世佩凭据花号

立凭据花号侄世佩,因前年后井洋公田六分之一,兄弟三人仝议,甘愿贴契推关贰纸明白。佩未经花号,胞兄琬奇代为花号。今愿书凭据花号壹纸付叔
玑叔执照,日后不敢异言,字照。①

知见　兄世现(押)

乾隆拾贰年肆月　日立凭据花号　侄世佩(押)

代书　胞侄遇文(押)

6. 乾隆十三年(1748年)二月林茂文断买山契

立契人林茂文,有产山举林壹所,坐贯四五都湖上乡土名新庵奇头粪橺内,上至徐霸官田,下至徐玉官田,内至坑,外至徐霸官田,四至明白。今因欠银费用,将产林茶林及荒田坪托中送就与徐玉官上卖出价银伍两,永银即日收讫,山付徐前去起耕采茶首顾。其山并无不明等情,亦无叔兄弟侄争执为碍,如有文自抵当,不干银主之事。山内或开坟或盖屋,听从其便,不敢生端异言。此系二比甘愿,今欲有凭,立契为照。②

中见人　柯进述(押)

乾隆拾叁年贰月　日立契人　林茂文(押)

7. 乾隆十六年(1751年)二月苏廷智断卖佃田契

立断卖佃契人苏廷智,有承得佃田壹段,坐贯十一都土名鸟圳涵林大坋,年载郭宅

①此处有挽结符号,类似“7”。

②此处有挽节符号,类似“9”。

大租伍石壹栳大，今因欠银费用，拖中送就与
业主归一，即日收过粪水银壹拾贰两完足。佃田听宅前奏起耕召佃收租，管掌为业。日后永无贴赎，如有不明等情，智自抵当，不干宅事。今欲有凭，立断卖田契为照。

代书　郑华悌（押）

郑流观（押）

中见　陈法老（押）

乾隆拾陆年六月　日立断卖佃契人　苏廷智（押）

8. 乾隆二十五年（1760年）元簪卖断山契

立卖断山契人弟元簪等，父阄分产山一所，坐在本乡土名中坋后头，上至横路，下至甘兄山，东至路，西至崇兄山，四至明白，今因欠银费用，托中将山送就与兄元崇边，价银伍两贰钱伍分，永银即收讫，山付兄前去起耕，载插存留杉松楂竹杂木，永为己业。山并无不明等情，如有簪自抵当，不干兄事。念至亲，不用三契。其山日后不敢言添，亦不敢言赎。此係断卖，其产米付兄收入名下征纳。今欲有凭，立卖断契乙纸存照。①

知见　亲林銋使（押）

中见人　吴仲来（押）

乾隆廿五年十二月　日立卖断契　弟元簪（押）

元芹（押）

知见人　兄元规（押）

9. 乾隆三十三年（1768年）十二月振财典佃字

立典佃字人弟振财，有承父佃田乙段，坐在廿五都土名买头后脚仔，年载家宅正租弍石大。今因欠钱费用，将此佃送典与兄振仲边典出钱壹仟弍百文，錢即日收讫，其田听兄前去耕种纳租。保此田并无不明等情，如有财自抵当，不干兄之事。其田约至陸年，备钱取赎，不得刁难。恐口无凭，立典字为照。

代书　弟维愿（押）

乾隆叁拾叁年拾弍月　日立典佃字人　弟振财（押）

①此处有挽节符号，类似“9”。

10. 乾隆三十六年(1771年)十二月振财立贴断字

立贴断字人弟振财,有承夫阄分佃田一段,坐在本都土名曲具头后脚仔,前年先典与兄边,租声价银登载原契。今价值未足,载就与兄边贴断出钱[①]伍百文,钱即日收讫。其其[②]佃田听兄前去永远耕种,管掌为业,日后不敢言贴赎。保此田并无不明等情为碍,如有财自抵当,不干兄之事。恐口无凭,立贴断字为照。[③]

代书中　弟维愿(押)

乾隆叁拾陸年拾弍月　日立贴断契人　弟振财(押)

11. 乾隆四十年(1776年)五月刘廷求、伯承、乃起、论广贴断契[④]

仝立贴断契人刘廷求、伯承、乃起、论广,有民田弍段,年载正租柒拾斤,前年先典郑宅,典契及贴契其产米登再原契。其田上至孙家田为界,下至路,今因欠银别置,托中就与

郑宅贴出断银肆大员,银即日收讫。其田依旧听银主前去收租,永远为业。日后不敢言贴,亦不敢言赎。并无不明等情,如有求抵当,不干银主之事。其产米伍分伍厘玖毛,七甲名下推出,付十甲廿五都郑阳户内丁荣照名下收入征粮。今欲有凭,立贴断契为照。

中见人　杜江使

乃起(押)

乾隆肆拾年五月　日立贴断契人　刘廷求(押)

伯承(押)

论广(押)

代书人　刘伯炙(押)

12. 乾隆四十二年(1777年)五月维盐找贴契

立贴佃田字人叔维盐,有仝管佃田壹段,坐在廿伍都土名龠淡垄,父在日前年先典与

①此"钱"字写作"亻戋",是"钱"字的异体字,这批契约中钱字很多都是这种写法。

②此"其"字当为衍字。

③此处有挽节符号,类似"亅"。

④此契为红契,盖有红色正方形官印,印文不辨。

侄边，租声价登载原契。今因欠银费用，托中就与侄上贴出银弍大员，银即日收讫。其佃田衣旧听侄前去耕种管掌为业，不敢异言。其田再约伍年，听备契面银一齐取赎，不得刁难。今欲有凭，立贴字为照。①

代书人　兄维霸(押)

乾隆四十二年伍月　日立贴字人叔维盐(押)

按：此契为白契，乾隆四十二年(1777年)五月。此契在原契上的土名的土字右上方有一个点，笔者猜测是个人的写法。在典与也就是黑体字部分是个抬头，在最后有挽节，此契中没有中见人和知见人。此契的大致意思是，叔维临将典与侄的佃田找贴，也就是又向典主找贴价钱，并且约定之后会将前后两次的典银总价一并取赎。

13. 乾隆四十七年(1782年)十月日峦、日穀、日绎、日缵等断卖佃田契

仝立卖断佃田契人伯日峦、日穀、日绎、日缵等，有承父置断得佃田壹段，坐在廿五都大羽乡土名畲狗硿石盘兆佃田壹段，坵数不等，年载王宅正租玖硕壹栳大，每硕伍拾柒觔，今因欠银费用，托中送就与

侄宣会边卖断出价银陸拾贰两，公较银即收讫。其佃田听侄前去耕种纳租，永远管掌为业。日后不敢言贴，亦不敢言赎。保此佃田的系承父物业，并无不明及叔兄弟侄争执为碍。如有伯等自抵当，不敢干及侄之事。此系甘愿，各无反悔生端异言。恐口无凭，仝立卖断佃田契为照。②

中见弟　日宜(押)
日城(押)

书　日绎(押)

日穀(押)

乾隆肆拾柒年拾月　日仝立卖断佃契人　伯　日峦(押)

日缵(押)

14. 乾隆四十八年(1783年)三月日峦、日绎、日缵等典民田租佃契

仝立典民田租佃契人伯日峦、日绎、日缵等有承祖管得民田正租及佃田壹段，坐在

①此处有挽节符号，类似“亅”。
②此处有挽节符号，类似“亅”。

本都土名畲徇硿山湖坑，坵数不等，年载启伍公正租贰硕大，又载典得王宅正租伍硕大，另载典听年公佃租谷玖拾觔，并佃根在内，其产米登载郑信户内征粮，今因欠钱费用，托中送就与

侄宣会上典出康钱叁千柒佰贰拾文，钱即收讫。约至本年拾壹月终，备钱送还，一齐取赎明白。如至期无钱，将田租佃，听侄管掌为业。备价对王及听年取赎，归壹明白。其佃田听侄起召耕种，不敢生端异言。保此田并无不明等情为碍，如有伯等自抵当，不干侄之事。今欲有凭，仝立典民田租佃契为照。①

中见　伯日咸

书　日绎（押）

乾隆肆拾捌年叁月　日仝立典民田租佃契人　伯　日峦（押）

日缵（押）

15. 乾隆五十七年（1792年）十一月日构、日栾、日易、日锁、断卖佃田契

立卖断佃田字伯日栾、日鎖
日构、日易，有承管得佃田二段，坐在廿五都土名八尺俗呼番狗硿中坋填一个，年载五启公正租式硕，又载王宅正租伍硕，每硕陸拾斤。又底坋填壹个，年载王衙正租拾硕，每硕伍拾斤。今因欠银费用，掩中送就与

侄宣会边，卖出番银陸拾捌两公较，银即收讫。其佃田听侄前去永远耕种管掌，纳租为业。日后不敢言及贴赎，保此佃田并无不明等情，如有伯自抵当，不干侄事。今欲有凭，立卖断字为照。

知见人　侄宣流（押）

中见人　林志正（押）

日构（押）

乾隆伍拾柒年十一月　日仝立卖断佃田字伯　日栾（押）

日锁（押）

日易（押）

①此处有挽节符号，类似“亅”。

16. 乾隆五十八年(1793年)二月雪仲五子分家契

立字人父雪仲,今因五子欲分人居各食,因分数未得明白,尚□钱四千六百弍十五文。分外有余山竹林乙所,贯四五都土名荇面坑竹载大坪,係是父抽走实业,将此山付相儿请还明白,其□□□儿前去管掌,永为己业,与兄弟无干。此系五人甘愿,日后不敢异言生端。恐口无凭,立字为照。①

兄　乐仲(押)

中见人　母旧　吴礼盛(押)

侄　淑明(押)

乾隆伍十八年二月　日立字人父　雪仲(押)

男　世平(押)

观(押)

吉(押)

实(押)

17. 乾隆五十八年(1793年)十一月玉人、宜人典田契

仝立卖契人弟玉人
宜人,有承祖公田壹段,坐贯本乡土名后垅头,受种贰斗,配米五升。今因欠银公用,托中送就与

兄上卖出佛头银陆拾伍大员,银即收讫,其田顺兄前去管掌收租为业。约至三年终,听弟取赎。保此田并无不明等情为碍,如有弟自抵当,不干兄事。其米银依例贴纳。恐口无凭,立卖契为照。②

嘉庆拾伍年十壹月係玉人、星人、屿人、冈人、璋人向扯奇处五人仝赎,今玉星璋分前出典与岛弟边,并照。③

中见　弟　光□(押)

乾隆伍拾捌年拾壹月　日仝立卖契　弟　玉人(押)
宜人(押)

①此处有挽节符号,类似"9"。
②此处有挽节符号,类似"亅"。
③此处有挽节符号,类似"亅"。

18. 嘉庆九年(1804年)二月世相典田及山契

立典契人兄世相,有民田乙段,坐贯本乡土名干垵边及山一所土名竹载仔,今因欠银完亲托中就在弟世实边典出银拾大员,银即收讫。至冬成之日约纳租谷壹佰斤入明,不敢短少。约三年外备契银赎回。如无租无银可入,原将田山付弟耕种管掌为业,不敢阻当。年约贴粮钱十六文。今欲有凭,立典契为照。①

内住世实二字又住收乙字再照。②

代书　父雪仲(押)

中见人　侄世让(押)

嘉庆九年二月　日立典契人　兄世相(押)

19. 嘉庆十一年(1806年)二月宣会、宣书分家契约

仝立合约字兄宣会、弟宣书,因兄弟分居,载立阄书厝宅田业登立明白。兹缘　祖盛山公积贮租业与　叔立约分管,宣会等兄弟将与叔所分管田段祖业抽出,本乡土名墩仔山厝塘及田仔肆坵,租佃乙段,坪尾屯租叁硕半,曹头后脚仔租佃一段八尺,佃田乙段及田仔虎山后佃田半段以为父　逸秀公妣施孺人输流永远祭祀之费。又抽出土名狗脚添屯租田陸硕,以为子孙读书能文能武考试之资,后为生员业时子孙幼少,未能暂拨入仝所分管租佃田业,兄弟依序输流耕管。或有未断之业,原主贴赎,兄弟妥议,贮积增置,随时办理,永无异言。今欲有凭,仝立合约式纸为照。内注后为生员业五字再照。

计开

一周宾官佃租粟壹百叁拾觔　一八尺大租柒硕

一狗咬垵园乙坵,租粟肆拾斤

一八尺头大租弍硕半

一入路大租叁拾斤

一粪箕垵大租肆硕

一振新租仔粟肆拾觔

一盛山公起盖中埧垂世堂厝乙屋,其地系兄自己田段。兄分得陸榻壹间、书院壹间、下

---

①此处有挽节符号,类似“9”。

②此处有挽节符号,类似“9”。

进房壹间,此系　盛山公起盖。其外护厝及田地俱系兄自己田业,与弟无干。

一弟分得垂世堂大房壹间,下进角间壹间。

一羊椆尾书房大房壹间,掩仔后圹地壹所,下路碓边厝乙间及厕地　分在兄会边

一羊椆尾书房后掩行弍间　分在书边

一下楼厝地右畔　分在兄宣会邉

一下楼厝地左畔　分在弟宣书边　下随旧厝一直下兄自置,与弟无涉

合同约①

代书　伯　日绎(押)

公见　堂兄宣富(押)

嘉庆拾壹年弍月　日仝立合约字　兄宣会(押)　弟宣书(押)

按:此契为白契,时间为嘉庆十一年(1806年)二月。笔者将此契约的特点分为两部分。第一个部分是叙述说明立契的理由,这部分的特点是,第一,有抬头,在"逸秀公"处;第二,"后为生员业"五字为后来所加,契中已用小注说明;第三,此契有挽节;第四,在此文中还有三处的黑字体是在原契的另一个字的基础上覆盖写上的;第五,在原契中,"能文能武"的第二个"能"字的左半边儿加了一个"去"字,当为"能"的异体字。第二部分主要是表明分家的对象。在第六行的"拾"字是在(释)的基础上描上去的字。"一"符号在原契中类似"一"的写法,起到分隔的作用。同时此契在最后有一个合约字,笔者识读两字应为"合同约",在此原契中是字的右半部分。此契是宣会与宣书兄弟俩的分家文书。

20. 嘉庆十一年(1806年)二月侄宣会、叔日盈合约字

仝立合约字人长房侄宣会、二房叔日盈等,缘　盛山公于乾隆叁拾肆年分爨,與父逸秀公、叔日盈载立阄书抽存养赡祀业后,加生长积贮、建置产业。兹叔侄相议抽出　盛山公暨妣祀业,在廿五都土名曹头稳田大坑边,内外租佃粟拾柒硕,又上坋稳田正租叁硕,又外中坋早田租佃租粟拾弍硕,又土名粪箕垵陈墓前民田正租伍硕,已上共叁拾柒硕,以为永远历来祭祀之资,依长次输流收管纳粮祭祀之费。其余积贮生长田坋,叔侄截长补短,抽阄为定,依阄永远各管为业。此系妥议,各无异言,仝立合约字弍纸为照。

①此三字为骑缝字,存右半部分。

计开

长房宣会等

拈得一土名八尺佃田及田仔壹段　一土名墩仔尾厝□租并田壹段

一土名曹头后脚仔及田仔租并佃田壹段　一土名虎山后佃田壹段与叔仝管输耕

一土名坪尾大租柒硕与叔仝管　一土名狗脚添屯田租佃拾弍硕与叔仝管

一土名曹内头周宾官佃租壹百叁拾斤　一土名本乡狗咬垵园壹坵契公存

一土名墩仔尾田仔肆坵　一土名八尺承典林朴官大租拾肆硕与叔仝管

一冷水硿林朴官大租伍硕与叔仝管　一土名入路承典林朴官大租壹硕与叔仝管

一土名粪箕垵口承典龙山大租捌硕与叔仝管　一承典振新佃租肆拾陆斤

一承典振赠垵内佃租壹百叁拾觔与叔仝管

一厝羊椆尾书房右畔大房壹间及后掩仔弍间后至山

一下路碓边厝壹间及厕池仔一口

二房日盈等

拈得一土名虎山后虎硿正租并佃壹段　一土名虎山后顶坋佃田壹段与侄仝管输耕

一土名宫后头佃田壹段　一坪尾屯租柒头与侄仝管

一土名狗脚添屯田租并佃壹段租拾弍硕与侄仝管　一典命孙宫边乙段

一典日简冷水硿山租粟壹佰斤　一承买宗彝畲狗硿山园壹段契公存

一土名新田岭园壹段　一典显孙租粟壹硕

一典林朴使八尺正租拾肆硕与侄仝管　一典林朴使冷水硿正租伍硕与侄仝管

一典林朴使入路正租壹硕与侄仝管　一土名粪箕垵口龙山正租捌硕与侄仝管

一典振赠垵内佃田租乙百叁拾斤侄仝管

一一厝羊椆尾左畔书房叁间透后厕池一口　一坪尾厕池壹一口

公抽马石皮山壹所　一承宗彝畲狗硿山壹所　一承典日峦[马]甘树山一所　已上

叔侄仝管

合同约①

代书见　日释(押)

嘉庆拾壹年弍月　日仝立合约字长房宣会(押)

二房日盈(押)

①此三字为骑缝字，存右半部分。

21. 嘉庆十七年(1812年)二月张顺专贴民田字

立贴民田字人张顺专,有承祖管民田一段,坐在廿五都土名会头后□仔,年载大租壹石五斗,每石六十斤。父叔在日为□前年先典与昆官,价钱登载原契,今因欠钱费用,托中再就与

逸秀公贴出钱四百文,钱即收讫。其租依旧听其收租管掌为业,其租收租之后,听备原贴取赎,不得刁难。今欲有凭,立贴字为照。

前年作坑岸钱弍百文,后日若要取赎,备作坑岸钱并典贴一齐取赎,再照。

代书中叔　侯昆(押)

嘉庆十七年弍月　日立贴民田字　张顺専(押)

22. 嘉庆十九年(1814年)十月张为昊收批①

记收

郑宅上贴廿五都土名曹头自前,至今本年六次共粮钱壹百四十文,前去代纳完官不失,字照。

嘉庆十九年十月　日立收批人　张为昊(押)

23. 嘉庆二十三年(1818年)十一月志贡卖断粪屋测池字

立卖断粪屋字人志贡,有承管得粪屋一间、测池一间,坐在本都土名狗脚添,承祖管掌,年载本□地基钱四分。时今因欠钱费用,托中送就与

侄宜深边卖断出錢壹仟伍百文,钱即日收讫。其粪屋及测池前去听侄起盖收理,永远管掌为业。此系甘愿,日后不敢言贴赎。保此并无不明为碍,如有叔自抵当,不干侄事。今欲有凭,立卖断字为照。

代书人　元轩(押)

中见人　志椿(押)

嘉庆弍拾叁年拾壹月立卖断粪屋测池字人志贡

①该家族文书中另有多件这样的收条,从嘉庆十九年至光绪年间,但虫蛀严重,识读不易,兹择文字清晰者录入。

24. 道光元年(1821年)七月志湛典田契

立典佃田字人弟子志湛，有承父阄分佃田一段，坐在本都土名遂谈垄垵，年载大宗公大租叁佰卅捌斤，四阄输耕，湛应的壹阄，年载大租捌拾四斤半。今因欠钱费用，托中将自己阄分佃田送孰与

上帝公炉前香资边典出康钱捌仟弍文，钱即日收讫。其田听公前去耕种管掌，纳租为业。其田约不拘远近，对月听备原契面钱一齐取赎，不得刁难。保此田并无不明等情，如有湛自抵当，不干公事。今欲有凭，立典字为照。

如要取赎，其租钱交明，听其取赎，再照。

代书中人　宣京(押)

道光元年柒月　日立典佃田契字人　弟子　志湛(押)

在见　男元琼(押)

25. 道光五年(1825年)九月文锡典契

立典契人侄文锡，有承祖得阄分租佃田一段，坵数不等，坐在十一都土名仓厝林，俗呼深坑深田，年载租佃谷四石大，每石重六十斤，受产在册。前年母亲傅氏抽出二石，先典与夫弟边，钱声等载原典契。今因欠钱费用，又将此租弍石叁分得壹，侄分前租谷四十斤托亲送就与

叔上典出钱陆仟伍佰文，钱即收讫。其田听叔前去起耕召佃，管掌为业。有力之日，备原典契面钱一齐取赎，不得刁难。其米银每年拾文，付侄收纳。今欲有凭，立典契为照。

内住改典字、谷字二字，再照。

代出中　趾卿(押)

道光伍年玖月　日立典契人侄　文锡(押)

26. 道光七年(1827年)五月淑充断卖且租田契

立典契人叔淑充有民田一段坐在本乡土名下坋仔，年载租壹百伍拾斤，今因欠银别置，托中将田送就与侄　世瑶上典出银弍拾四大员，银即日收讫。其田付侄前去起耕别佃收租，管掌为业。约四年外备契面银取赎，不得刁难。年贴纳粮钱弍拾四文。此田并无交加不明等情，如有叔自抵当，不干侄事。今欲有凭，立典契为照。①

①此处有挽节符号，类似“9”。

代书中　侄光心(押)

道光七年五月　日立典契人　叔淑充(押)

立认批字人叔淑充,今因欠田耕种,就在侄　世瑶上认出田一段,土名下坋仔,年载租壹百伍拾斤,认来耕种。冬成备租谷壹百伍拾斤,每石五四秤,送宅交纳不粒欠。如或欠租,其田付侄别安他人,不敢异言。今欲有凭,立认租字为照。①

道光七年五月　日立典契人　叔淑充(押)

代书中　侄光心(押)

按:这件文书与其他文书不同之处在于,由前后两个契约,写在同一张纸上构成。第一个契约为典契,随后第二个契约又把典过之田租回耕种。

27. 道光八年(1828年)三月鸿花断卖田契

立卖断契人侄鸿花,有承买并自己阄分民田一段,坐在本乡土名墘头俗呼香陈子塚,年载租乙百弍十斤,受产在册。今因欠银费用,托中将田送就叔世实边断卖出价银弍十六大员,银即日收讫。其田付叔前去起耕耕种,收租管掌,永为已业。日后不敢言及添赎之事。如有不明等情,侄自抵当,不干叔事。今欲有凭,立卖断契为照。②

知见人　兄光春

中见人　弟光心(押)

道光八年三月　日立卖断契人　侄鸿花(押)

代书　叔淑功(押)

按:此契为白契,挽节在原契上写的就是一个"9"字,而鸿花的画押像是一个"早"字,这是该契约最有意思的两个地方。

28. 道光八年(1828年)四月淑睦、淑功、淑充典田契

仝立典契人叔淑睦、淑功、淑充有仝管屯田一段,坐四五都陈坑乡,土名陈林坪,年载租乙百叁拾斤。今因欠银公用,托中将田送就与侄

际车兄第边,典出银弍拾陸大元,银即收讫,田认回自畊,历年约送纳租谷乙百叁拾斤,

①此处有挽节符号,类似"J"。

②此处有挽节符号,类似"9"。

每石五四秤。如无租可入,将田付侄前去起畊管掌,不敢阻当。此田并无不明等情,如有叔自抵管,不干侄事。田约四年外备契面银取赎,不得刁难。今欲有凭,立典契为照。①

中见　侄际癸(押)

淑充(押)

道光八年四月　日立典契人　叔淑睦(押)

淑功(押)

书　光心(押)

29. 道光八年(1828年)四月淑睦、光华、淑充卖地契

仝立典契人叔淑睦、光华、淑充有仝管民田一段,坐在四五都陈坑乡,土名虎屎崙,年载租乙百陆拾斤。今因欠银应用,托中将田送就与侄际车兄弟边典出银叁拾弍大员,银即收讫,田认回自耕。历年约送纳租谷乙百陆拾斤,每石五四秤。如无租可入,将田付侄前去起耕管掌,不敢阻当。此田并无不明等情,如有叔自抵当,不干侄事。田约五年外备契面银取赎。今欲有凭,立典契为照。②

中见　侄际癸

淑充(押)

道光捌年四月　日立典契人叔　淑睦(押)

光华(押)

书　光心(押)

30. 道光九年(1829年)十一月然卿典田契

立典契人侄孙然卿有与友恭房仝管芸亭公祀田壹段,坐在十一都,土名前墘头。恭房与友房弍年得壹,然又与恭房肆分得壹,轮年载租佃谷弍百斤,轮到年分与孝房合收,然分前应得谷壹百斤。今因欠钱费用,托亲送就与

友房公内典出钱弍仟文,钱即收讫。其田轮到年分,然分前应得谷壹百斤,听友房公内前去收租管掌为业,不敢异言。约至弍次外,备原典契面钱一齐对月取赎,不得刁难。

①此处有挽节符号,类似"の"。

②此处有挽节符号,类似"9"。

保此田系然应得壹半物业,并无重张典挂他人不明等情为碍,如有然自抵当,不干友房公内之事。其贴纳轮到年分应备钱廿六文付然收纳。今欲有凭,立典契为照。

内涂轮字一字,再照。

知见中　烈相(押)

知见　男達体(押)

道光玖年拾壹月　日立典契人　侄孙然卿(押)

31. 道光十年(1830年)三月林士佑收批

记收过

郭宅上贴纳在十三都土名桥垵仑墓乙首税银三分,前去完官不失,字照。

道光十年三月　日立收批人　林士佑(押)

32. 道光十年(1830年)四月林氏卖田佃契一

立卖田佃契人兄嫂林氏有夫在洪公佃田壹段,贯[在]本乡,土名后艾仔,年载大租伍拾斤。今因欠银费用,托中将佃田送就与夫弟光泗上卖断出价银壹拾弍大员,银即日收讫。历年其田内付夫弟前去起耕管掌,永远为业,不敢阻当。保此佃田并无叔兄弟侄争执为碍,如有兄嫂抵当,不干夫弟。至冬成之日,夫弟对公纳租,不干兄嫂之事。二比甘愿,各无反悔生端。兹事今欲有凭,立卖田佃契为照。①

代书中人　夫兄光田(押)

道光拾年四月　日立卖田佃契人　兄嫂林氏(手印)

男儿　文□(押)

33. 道光十年(1830年)四月林氏卖田佃契二

立卖田佃契人兄嫂林氏,有承夫在陈宅佃田一段,贯在本鄉,土名仓前墘,俗呼三坵仔,年载大租柒拾伍斤。今因欠银费用,将佃田托中送就与夫弟光泗上卖断出价银叁大员,银即日收讫。歷年其田内付夫弟前去起耕管掌,永远为已业。历年至冬成之日,对业主纳租,不干兄嫂之事。二比甘愿,各无反悔。兹事保此佃并无先挂他人为碍,如有

①此处有挽节符号,类似"9"。

兄嫂抵当，不干夫弟之事。今欲有凭，立卖田佃契为照。①

代书中　夫兄　光田(押)

道光拾年四月　日立卖田佃契人　兄嫂林氏(手印)

男儿　文□(押)

34. 道光十年(1830年)九月然卿找贴契

立贴契人侄然卿，有仝管芸亭公祀租田壹段，坐在十一都，土名前剧头，年载租佃谷弍百斤。恭房与友房弍年得壹，侄又与恭房肆年得壹，轮到年分又与侄烈相对半均分，自得租佃谷壹百斤。前年经典与友房公内，钱声登载原典契。今思价值未敷，就与友房公内贴出钱肆百文，钱即收讫。其田轮到年分侄自得租佃谷壹百斤，依旧听友房公内收租管掌为业，不敢异言。今欲有凭，立贴契为照

亲不用中

道光拾年玖月　日立贴契人　侄然卿(押)

35. 道光十一年(1831年)五月林国贤找价契

立典字人林国贤等，有产山一所，坐贯在本乡土名崎头俗呼石罗，前年此佃已先付徐淑充边，今因欠钱应用，再借出钱贰千贰百文，约每月贴利加三，行至对年外，备母利一齐入明，不敢短少。如无钱可入，将林纸利一半付徐收去。如利钱欠额，将杉松楂竹付徐砍用，永为己业，不敢阻当。今欲有凭，立典字为照。

道光拾壹年五月十八日立典字人　林国贤(押)

再注一字再照

36. 道光十一年(1831年)十一月廷兰、芽、芙、叶分家约

仝立约字廷兰芽、廷芙叶，有承父阄管得住厝坐在本都土名中埧垂世堂左畔，父在日未有分定。今兄弟相议拈阄为定，俱各永远管掌居住为业。约分在上护者在上护门路出入，分在下护者在下护门路出入。此系兄弟约护妥当，仝立合约四纸壹样，各执壹纸为照。又山番弍所，并拈阄分定，各永远管掌。

①此处有挽节符号，类似“9”。

计开

廷兰分得中埧厝左畔上六扇壹间，上护内间壹间，上护过水内半间。其六扇口听书院厝迁芽门路通行。又狗脚添隔仔头厕池地壹口，中埧厝外余地厕池地壹口。又分得大肚圳山番半阄。

廷芽分得中埧厝左畔书院壹间，上护外间壹间，上护过水外半间。又菡荚垵头下楼厝间地壹间，与承亲厝间相连。中埧厝外父在日开築旧厕池壹口，连在廷芙厝间厝后。又曹头枫脚内山番半阄。

廷芙分得中埧厝左畔下大房壹间，下护内间壹间并庭仔壹口，中埧护厝外父在日起盖为碓间，其碓约迁徙别处，听芙居住管掌。又连碓间边厕池壹口。又菡荚垵头三房碓边厝间地壹所。又大肚圳山番半阄。

廷叶分得中埧厝左畔下护中间壹间，下护尾间壹间，下护过水壹间。中埧厝外余地听择厕池地壹口。又分曹头枫脚内山番半阄。

书字人　功兄尔亲(押)

胞叔宣书(押)

公见人　堂叔宣寿(押)

功兄尔熟(押)

廷芙(押)

道光拾壹年拾壹月日仝立合约字人　廷兰(押)

廷芽(押)

廷叶(押)

37. 道光十二年(1832年)二月鸿省卖收租权

立缴契人叔鸿省，有承典章宅大租七十五斤、丙租三分的一分，应均租弍十五斤。今因欠银费用，托中将租及三人仝管原契送就与

侄际德上缴出价银叁大员，银日收讫。历年对佃收租，不敢阻当。保此租并无先典他人，如有叔自抵当，不干侄事。今欲有凭，立缴契为照。①

弟鸿沛(押)

知见　母王氏(手印)

①此处有挽节符号，类似"9"。

道光十弍年二月　日立缴契人　叔鸿省(押)

代书　兄光华(押)

中见　侄际宫(押)

38. 道光十二年(1832年)侄鳳卿、妇王氏、焕卿、云龙典祀田契

仝立典契人侄鳳卿、妇王氏、焕卿、云龙有与友房、恭房仝管芸亭公祀田一段,坐在十一都土名前墘头恭房与友房弍年得壹,节房又与恭房四坋得壹,年载租佃谷弍佰斤。输到年分与帘房合收,节房分前应得租谷壹佰斤。今因欠钱丧费,托亲送就与友房公内上典出钱弍仟肆佰文,钱即收讫。其租佃田输到年分,听友房公内前去收租管掌为业,不敢异言。约至弍次外备原典契面钱一齐对月取赎,不得刁难。其贴纳钱轮到年分应备钱弍拾陆文付节房收纳,不得异言。今欲有凭,仝立典契为照。

内注友字一字,再照。

再注难字一字,再照。

知见中　侄然卿(押)

知见　侄[芹]卿(押)

妇王氏(押)

道光拾弍年　月　日仝立典契人　侄　鳳卿(押)

焕卿(押)

云龙(押)

39. 道光十三年(1833年)二月鸿省断卖佃田契

立卖断佃契人叔鸿省,有阄分佃田一段,坐在新庵乡土名(山行)西坑,年载租五十斤。今因欠银费用,托中将佃田送就与侄际德上断卖出价钱二十大员,银即日收讫。其田付侄前去起耕管掌为业,不敢阻当。其大租历年对业主交纳,不敢异言。保此田并无不明等情,如有叔自抵当,不干侄事。今欲有凭,立卖断契为照。①

弟鸿沛(押)

知见　母王氏(手印)

①此处有挽节符号,类似"9"。

道光十三年二月　日立卖断佃契人　叔鸿省(押)

代书　兄光华(押)

中见人　侄际宫(押)

40. 道光十三年(1833年)三月文念、文亮、文化典田契

立典契人侄文念、亮、化,有已分民田一坵,贯在本乡,土名崎头墓门口,年载租叁拾斤。今因欠钱费用,托中就与叔淑充边典出价钱叁仟弍百文,钱即日收讫。其田付叔现去起耕,不敢阻当。约五年外备契面钱取赎,不得刁难。保此田并无先典他人,亦无交加不明等情,如有侄自抵当,不干叔事。今欲有凭,立典契为照。①

代书中人　叔光扶(押)

文念(押)

道光十三年三月　日典契人　侄文亮(押)

文化(押)

41. 道光十三年(1833年)十二月徐门林氏断卖契

立卖断契人徐门林氏有阄分产山乙所,坐在本都本乡土名其头内,有杉松楂竹什木,其产均配在册。今因欠银费用,托中将山送就与叔淑充边断卖出价银捌大员,银即日收明。山内有杉松楂竹什木乙尽付叔前去守顾浸纸破用管掌,永远为业。日后不敢言及添赎之事,此山并无不明等情,如有徐门林氏抵当,不干银主之事。今欲有凭,立卖断契为照。②

中见人　侄　际

道光十三年十二月　日立卖契人　徐门林氏(手印)

男文[接](押)

代书知见　夫弟光存(押)

①此处有挽节符号,类似"9"。

②此处有挽节符号,类似"9"。

42. 道光十四年(1834年)三月林国贤、林地愉断卖契

仝立添卖断并推关插花契人林国贤、地愉,有承阻管阄坊产山一所,贯在四五都土名崎头俗呼石蛛硿,前已先安典在徐充边,价银登载原契。今因欠银费用,托中将产山送就与徐淑充边断卖出并推关插花添出价银叁大员,银即日收讫。其及杉松楂竹杂木付徐管掌,永远己业。其产米乙厘,付徐收入户内珍纳。此系甘愿,日后不敢言及添赎。今欲有凭,立卖断契为照。①

中见人　徐淑功(忠)

知见人　弟林地宗(乐)

道光拾四年三月　日仝立断卖山契人　林国贤(押)、地愉(押)

43. 道光十四年(1834年)四月鸿養断卖民田契

立卖断契侄鸿养,有民田一段,坐在本鄉土名下坋仔尾俗呼干垵边,年载租乙十斤,受产在册。今因欠钱费用,托中将田送就叔淑充边断卖出价钱乙千乙百文,钱即日收讫。其田付叔前去起耕耕种收租管掌,永为己业。日后不敢言及添赎之事。如不明等情,侄自抵当,不干叔事。今欲有凭,立卖断契为照。②

中人兄　鸿杯(押)

道光十四年四月　日立卖断契人　侄鸿养(押)

代书人　光扶(押)

内冉人一字照。

44. 道光二十四年(1844年)十一月尔察典佃税田及正租契

立典租佃税田及正租契人弟尔察,有承租管得租佃税田壹段,坵数不等,坐在卄五都土名曹头上下,分作叁阄交轮,察兄弟历年应得壹间,察肆分的壹;又乌厝玲下正租察捌分的壹;又尖山前正租尚剩叁硕,察捌分的壹;又张填佃田半段,年收干四十弍斤,察

①此处有挽节符号,类似"9"。

②此处有挽节符号,类似"9"。

四分的壹;又曹内大坑边租佃田壹段,察捌分的壹;又曹头盛山公税租谷,察四分的壹,应分拾捌斤。今因欠钱费用,托中将此租佃田自己应分送就与

兄贤[岢]上典出钱伍仟伍佰文,钱即日仝中收明。其租佃田该起耕或收租,一尽听兄前去管掌为业。其钱粮祭祀,兄当顶办顶完,不干弟事。察应拜祖公忌墓,不干钱主之事。其租佃田约至叁年对月偹契面钱一齐取赎,不得刁难。今欲有凭,立典租佃税田及正租契字为照。

内张埧承典佃田,日后典主取赎,将察分前契面若干,听兄收存,日后取赎,将契面叩除。又大坑边承周宅租佃田典主或是取赎一样收存,取赎之日各叩除契面,再照。

代书知见中人　胞弟尔观(押)

道光弍拾肆年拾壹月　日　立典佃税田及正租契人　弟尔察(押)

45. 道光二十七年(1848年)五月尔镂卖柏木契

立卖柏木栽契字人兄尔镂,有承认得邱家山一所,坐在本都土名硿内,上至大仑山,下至牛洞垳,左至大路,右至邱家中仑为界,四至再明。今因欠钱费用,托中送就与

弟箤笔边卖出柏木载钱壹仟壹佰文,钱即日仝中收讫。通山叁拾分,洛兄应得三分,抽出壹分送就与弟尔箤边。其柏木未曾长大,听弟前去对有分之人守顾取支,长大[成]林,砍代发卖,不敢生端异言。保此柏木系是兄承认自己应分物业并,无来历不明,亦无重张典卦他人为碍。如有者兄自抵当,不干钱主之事。今欲有凭,立卖柏木载契字人为照。

其柏木长大砍代其柴身对邱家□□约分,再照。

知见中人　男兆日(押)
　　　　　弟廷蔼(押)

道光弍拾柒年五月　日立卖柏木契字人　兄尔镂(押)

46. 道光二十七年(1848年)七月尔梅典山底及卖柏木载契

立典山底及卖柏木载契人兄尔梅,有承祖管得产山乙所,坐在廿五都土名虎[咬]猪垳俗呼□尖角,上至山头,下至大路,左至番角,右至王文龙墓中,四至载明。通山四十分,梅应得乙分,今因欠钱费用,托中将自己分前送就与

胞弟尔翠上典出山底钱弍百文、卖柏木载钱弍百文,钱即日收明。其山及柏木□听弟前

去对有分之人管掌守顾□枝，长大成林砍伐发卖，梅不敢异言生端。保此山及木□是兄承祖管物业，并无不明等情为碍，兄□□当，不干弟事。其林木砍伐之后，备□□钱一齐取赎，不得刁难。今欲有凭，立典山抵及柏木载契为照。

知见人　胞侄兆琫（押）

中见　弟尔观（押）

道光式拾柒年七月　日立典山底及柏木载契人　兄梅

丙①改二字，再照。

丙②再添三字。

47. 道光二十八年（1848年）五月永默、永资佃田找价契

仝立贴契人木房堂弟永默永资，有承父分得阄内管得租佃田一段，叁坵，应分得中坵壹坵，坐在十一都，土名水浸上坪，年载租佃谷柒石大，每石陸拾觔。前年经典契面钱声登载原典契内，年限未满价未敷足。今因欠钱，付薛郑家买此段断契，托亲就与

堂兄土房边贴出钱式仟文，钱即日收明。其田依旧听土房耕种收租管掌为业。其田再限至肆年外，日后取赎备典贴契面钱一齐清还。取赎之日，不得刁难。保此田并无不明等情为碍，如有弟自抵当，不干钱主之事。今欲有凭，仝立贴契字为照。

亲不用中

知见　母亲王氏

永默并书（押）

道光廿八年伍月　日仝立贴契人　堂弟　永资

48. 咸丰二年（1852年）宋如栢收条

记收过

郭宅上墓式首，在本都土名董埔山，年该税银六分，收去玩纳不失，字照。

咸丰式年　月　日　立收批人宋如栢（押）

①此当为“内”字之误。

②此当为“内”字之误。

49. 咸丰七年(1857年)十一月兆樠典佃田契

立贴租佃田契人兄兆樠,有承祖仝管得租佃田壹段,四阄交轮,坐在二十五都土名狗脚添,父亲在日经先典与胞叔,其租声艮额十六分,得壹原典契载明价未敷足。今因欠钱费用,托中将此再就与

家蜡弟边贴出钱伍佰文,钱即收明。其租佃田依旧听弟前去对有分之人分耕官掌耕种。保此租佃果係是兄承租仝管十六分得壹,并无不明等情为碍,如有兄自抵当,不干弟事。其田再约五年对月备典贴契面钱一齐取赎,不得刁难。今欲有凭,立贴契为照。

内添叔字一字再照。

知见　母亲施氏(手印)

代书知见中人　叔□观(押)

咸丰柒年拾壹月　日立贴租佃田契人兄兆樠(押)

按:此契为白契,此契的特点有抬头、手印和内添字。这几个特点在原契中有明确地展示,在本文中也明确地表示出来。此契还有另外一个值得注意的地方是字迹非常工整清晰,应是由一个有良好文字修养的人书写的。

50. 咸丰七年(1857年)十二月文捌断卖山契

立卖断山契人契侄文捌,有祖管产山一所,坐在本乡土名崎枯梅垅。今因欠钱应用,托中将山送就与叔光麟上卖断山价钱叁仟弍佰文,钱即日收明。其山内杉松楂竹什木付叔管掌为业。历年贴纳粮钱二文。此山并无不明等情,如有不明,侄自抵当,不干钱主之事。今欲有凭,立卖断山契为照。

知见中人　兄文哖(忠)

咸丰柒年十二月　日立卖断山契人　侄文捌(押)

51. 咸丰八年(1858年)四月文明典佃田契

立典佃契人侄文明有佃田二段,坐在本都本乡土名启艾仔,年载洪公大租五十斤。又段佃田土名仓前墘俗呼三垃仔,年载陈家大租七十五斤。今因欠银应用,托中送就与叔光麟边典出银弍拾陆大员,银即日收讫。其佃田二段付银主前去耕种为业。约不拘

远近备契价取赎，不得刁难。今欲有凭，立典契为照。①

另存原佃契二纸，再照。②

中见　叔　光存（押）
世罴（押）

咸丰八年四月　日立典佃契人　侄文明（押）

代书　际饮（押）

52. 咸丰十年（1860年）三月际榖缴断契并典契

立缴断卖契并推阅人侄际榖，有承卖断章进準有民田一段，坐在四五都新庵乡土名崁头，年载大祖壹佰斤并佃，其产米登载原契。今因欠钱别置，托中将田送就与
叔光麟上缴断卖出，并缴原典断契，价银完足，银即日收讫。日后不敢言及生端异言。今欲有凭，立缴断契并典契为照。

内注银字壹字，再照。

中见人　叔世罴（押）

咸丰拾年三月　日立缴断卖契人　侄际榖（押）

知见　弟际饮（押）

53. 同治二年（1863年）侄毓祥向白侯添断田契

立添断田契人侄毓祥，有阄分民田乙段，坐在四五都土名湖上门口垅，年载租六佰斤，先年已断在与
白侯边，今思价值未敷足，再托中送就与　白侯边添断出价钱壹佰壹拾捌员，钱即日收明。其田租历年依旧，付银主永远管掌为业，不敢阻当。保此田并无不明等情，如有侄自抵当，不干银主之事。其产米弍亩七毛付孟美户内白侯名下收入征纳，永为已业，日后不敢言及添赎之事。此係二比甘愿，永无反悔异言。今欲有凭，立添断田契为照。③

及礼（押）

中见人　叔成显（押）

①此处有挽节符号，类似“9”。
②此处有挽节符号，类似“9”。
③此处有挽节符号，类似“亅”。

同治弍年柒月　日立添断田契人　侄毓祥(押)

知见人　伯乔荣(押)

按:此契有红色正方形印章一枚半,为红契,印文篆书,内容为"福建省政府财政厅□□验契之钤记"。纸张后部有半个官契,可能后面应接有尾契。毓祥之前已经将此地断卖给白侯,现又去找贴,此证明断卖不一定就不可以找贴。"白侯边,今思……"与"白侯边添断出价……"这两个地方都有抬头,表明对白侯的尊敬,推测白侯可能是个长辈。此契的大致意思是毓祥将典出的民田断卖给白侯之后,又向白侯找价的契约。

54. 同治九年(1870年)四月郑氏卖屋契

立典厝屋契字人堂嫂郑氏,有承祖夫管得廿三都上场堡内松仔园厝,坐西看东右畔顶过水一所。今因欠钱费用托中送就与

堂弟永尧上典出契面铜錢弍仟伍佰文,钱即日仝中收明。其过水搬空,听弟居住管掌为业。或破损收理登记在数,限至四年外取赎之日一齐清还。保此顶过水系是承祖夫物业并无不明等情为碍,氏自抵当不干弟之事。今欲有凭,立典厝契字人为照。(挽节)

知见　堂弟拱草(押)

代书中人堂弟　永资(押)

光绪弍年十月读[①]回收存

同治玖年四月　日立典厝屋契字人堂嫂郑氏(手印)

按:此契为白契,运用的书写技巧有抬头和挽节。抬头在"送就与堂弟永尧"之处。挽节在此文的最后部分。此契有一个特点就是明确标出被赎回,这个在典契中相对来说是比较少的。另一个特点就是在最后有一个手印,在这批契约中也是少见的,一般都是花押,可能和出典人是妇女有关。

55. 光绪三年(1877年)十月郑门邱氏收字

仝立收字人郑门邱氏,有承祖父自已置得租佃□田叁段,交轮应得乙段成六应得乙段,成六应得乙段,四分应乙分,廿五都土名曹头。前年先典在宅,契面钱叁仟文,此契失落。王变观炎甥托中相议赎回外祖忌银之资,就与

①应为"赎"字之误。

郑门邱氏上赎回，即日收过契面钱叁仟文，日后寻出此契无用。此係两面甘愿，不敢生端异言。恐口无凭，即立收字为照。

另□租及草田租各八坋，六应得乙坋，六收入，再照。

代书中人　美肩（押）

知见　男成蓝（押）

中见人　尔旧（押）

光绪叁年十月　日立收字人　郑门邱氏（手印）

56. 光绪十五年（1889年）十一月彩井、瑞岳、彩□、瑞凉立收字

仝立收字人弟彩井、瑞岳、彩□、瑞凉等前年租有承典的廿五都土名大湖内山园一段，契面钱四仟文，上至分水，下至合水，左右至山圆沟为界。兄兆蚋租前年出典，今典字未知关落何处，日后查出此典契无用，作为废字。彩井、瑞岳等收契面钱四仟文，此字付

兄兆蚋赎回。日后若有别支取赎，兄蚋自底当，不干典住之事，各无异言。

中见人　世文（押）

执笔知见人　瑞相（押）

瑞凉（押）

光绪拾伍年十一月廿八日立收字人　弟彩井（押）

瑞岳（押）

彩□（押）

按：本契的特点是四至清晰写出，同时本契属于类似证明性质，从契约的含义可以看出本契约为原典契丢失重新开出的契约证明。

57. 光绪二十五年（1899年）二月徐亲竹向章姓找贴契

立添田契人徐亲竹，有承祖管屯田壹段，坐在四五都土名苦垵，前年已典在章姓边，租声价钱登载原契。今思价值未敷，托中再向　章相观添出价钱弍仟肆佰文，钱即日收明。其田依借付章耕种管掌为业，不敢异言。保此田并无不明等情，如有徐自抵当，不

干章事。田再约捌年外,备原契价及添价一齐取赎,不得刁难。今欲有凭,立添田契为照。①

知见中人　徐世彩

光绪廿五年二月　日立添田契人　徐亲竹(押)

代书人　徐熙瑟(押)

按:此契无红印为白契。典当人徐亲竹之前将此田向章姓典当,以此契来向章姓找贴加钱,并且约定此田由章姓耕种掌管八年之后,将第一次典当和第二次找贴的钱一并与章姓取赎。“今思价值未敷,托中再向　章相观”中间的空格为抬头,即空抬,是一种表示尊敬的书写格式。

58. 光绪三十二年(1906年)成杰典地基厝契字

立典地基厝契字人侄成杰,有承堂兄成器管得楼仔上下厝壹座,坐在本都土名[菡]淡垄中,仰高堂祖厝右畔外护楼仔上下厝全座,计作四间,上至瓦桷,下及地基,门枋户□齐全。今因乏银粮,托中将此厝全座送就与
叔美圆上典出契面英银陆拾员正,重各柒钱叁分,银即日仝中收讫。其厝登时搬空,付银主前去管掌居住为业。保此厝系杰承管物业,并无典挂他人、叔兄弟将争执为碍。如有不明,杰自出抵当,不干银主之事。其地基产米配[公]完纳,但厝有破损,居有修整,其项登记在数。该厝面限八年,实备契面银并修理之项取赎之日壹齐清还,不得刁难。今欲有凭,立典地基厝契字为照。

中见人　□□

代书中人　□□

光绪叁拾弍年□月　日立典地基厝契字人侄□□

知见人　胞弟成看

59. 宣统元年(1909年)十一月郑成杰、郑成看典佃田契

仝立典租佃民田契字人郑杰/看有承父管得租佃田一段,坐在廿五都俗呼土名曲日头,

①此处有挽节符号,类似“亅”。

租佃田一段，受种陆觔，坵数不等，受产在册。今因欠银费用，托中将此租佃田一段送就与

家美报叔上典出□番银壹佰伍拾员，重各柒钱叁分，银即日仝中收明。其租佃田听银主前去起耕，别召翻犁耕种管掌为业。保此系杰看等承父物业，并无不明等情及无别支争执为碍，亦无重张典挂他人，如有杰看等自己抵当，不干银主之事。年约贴纳粮钱捌拾文，其田内粪(土周)坑坝破损收[理]之钱登记在数。田限五年外对月备契面银及收[理]之钱一齐取赎，不得刁难。今欲有凭，仝立租佃田契字人为照。

添立壹字再照。

知见人　亦远(押)

中见人　美蜡(押)

文炮(押)

宣统元年十一月　日仝立典租佃民田契字人郑成杰(押)、看(押)

代书人　亦奇(押)

丙辰年十一月书

60. 宣统元年(1909年)十二月成杰典田契

立典租佃田契字人弟成杰，有承祖管得租佃田壹段，坵数不等，坐在本乡土名狗脚甜俗呼下坑田，全段种弍拾捌觔，分作四段轮耕，杰历年应得受种弍觔叁。正租田壹段，坐在本乡土名乌厝俗呼岑下田一段，杰历年应得大租弍硕□□[谷]柒拾柒觔。今因欠银□置，[托][中]将此租佃田及正租[送]就与

兄奕发上典出契面清番大银伍拾伍大员，重各柒钱叁分，银[即]日仝中收讫完明。其正租及租佃田杰[托][中]认回耕种，年约纳□好干谷壹佰觔，依春冬两季送到宅上交纳，不敢小欠。年有丰险，租无增减。倘如欠租及次谷者，将田及正租听银主前去起耕别召，不敢[阻]当。保此佃果系杰承祖管物业，并无来历不明及叔兄弟侄争执为碍。如有杰自己抵当，不干银主之事。年约贴纳粮钱弍拾四文，其田限叁年实付月备契[面]银一齐取

赎,不得刁难。今欲有凭,立典正租及租佃田契字为照。

中见人 兄奕远(押)
弟奕霑(押)

代书人 弟奕奇(押)

宣统元年拾弍月 日立典租佃田及正租字人 侄成杰(押)

丙辰年八月廿五日□

61. 中华民国元年(1912年)十二月成杰典大租及厝屋字契

立典大租及厝屋字人侄成杰,有承租管得大租田壹段,坵数不等,坐在廿五都土名曹头哈呼中仑,受种拾觔,年载大租壹佰肆拾肆觔。杰应得四坋的壹坋,粮在公完纳。又瑞世堂大畔尾及间及中间厝弍间,上至砚瓦角,下至地基,门枋户扇齐全,门路通行,粮从公完纳。今因欠银别置,托中将此大租四坋得壹坋并厝屋弍间送就与

叔美立上典出契面大银肆拾大员,重各柒钱叁分,其银即日仝中收讫完明。年约[①]纳上好干谷壹佰觔,俟春冬两季送宅交纳,不敢少欠,如敢欠租,将大租对佃收领管掌为业及厝屋搬入居住。保此大租及厝屋系是杰承祖物业,并无不明等情为碍,亦无重张典挂他人,如有者杰看抵当不干银主之事。年载粮钱弍拾文,限至叁年实备契面银壹齐取赎,不得刁难。今欲有凭,立典大租及厝屋字人为照。

代书人

知见人

中见人

民国元年壬子十二月日立典大租及厝屋字人△△

按:此契是成杰典佃田和屋契,此契在原契上在"送就与……"之后又抬头,在"仝中收讫完明年……"的括号中是小体字加进去的一行,在最后的"中见人 知见人 代书人"没有写具体的人名。本契的大致意思是成杰将自己的屋子和佃田典卖给叔叔美立,并且约定三年之后取赎期限。

62. 中华民国八年(1919年)九月和霞对换田契

立对换田契人侄孙和霞,有承官民田一段,坐在本乡土名官路兆,年载租佃乂/百𝛿

①此处插入小字,为"其大租托中认回管掌,其厝尾托中认回居住"。

扑实租〤/百刂斤，受产在册。前年经断卖与　白侯公（中下），租乙佰七拾斤，尚存刂百〥斤，今因换来陈林坪新林门口租叁佰五十斤，将官路兆换与白侯公派永逺管掌为业。保此田并无不明等情。为有孙自抵当，不干（中下）事。其产米各自征纳。两造不得言及摧收。兹事恐口无凭，立对换田契人为照。

公见人熙瑟（押）

吴棉荣（押）

民国捌年九月　日立对换田契人侄孙　和霞（押）

按：本契为白契，其特点有三处：第一处是数字用的是苏州码，第二处为括号内在原契中是一个字，第三处的"自"字在原契中是"齐"字之后覆盖上去的。本契约的大致意思是和霞将一块佃田部分卖与白侯公，剩余与亦侯公换去另一块地段。

63. 中华民国十七年（1928 年）五月成看典租佃田契字

立典租佃田契字人姪成看，有承堂兄奕奇交托官掌得租佃田壹段，坵数不等，坐在廿五都土名石头公，受种式拾捌觔，内叁觔阄分输流，奇应得三年乙次，受屯产在册。今堂兄奕奇因欠经常费钱欵，特无所出，将田讬中典与

叔美立上典出契面大□式拾伍元，重各柒钱叁分，银即日仝中收明。（此）项前去还奇份下经常费之欵，惟田听银主前去起耕翻犁，别召管掌为业，不敢阻当。保此田果係承奇交托管得物业，并无不明等情及无叔兄弟姪争执为碍，如有不明，姪自抵当，不干叔事。年载粮钱肆拾文。其田限不拘远近，备契面银乙齐取赎，不得刁难。今欲有凭，立字为照。（挽节）

内添各壹字再照。

中保　姪成莄道

民国十柒年五月　日立典租佃田契字人　姪成看

代书　言城

64. 中华民国二十年（1931 年）八月鹏翔代办契款给照[①]

鹏翔代办契款给照

①此照加粗字为印刷，其余为手写。

兹收到

本族新民心仁**来契验税款大洋**○**拾**伍**元**○**角**○**占**○**文,合填给照。**

经手人 （印章[①]）

民国式拾年八**月**拾三**日第**〢〤/百亠**号鹏翔公启**[②]

65. 中华民国二十三年(1934 年)十月永春第四区锦斗乡公所禁盗泄雪山大圳禁令

为□实示禁事,照得圳水流通乃戽田之用,原不容有人占绝填塞,致涸良田。现据珍卿新庵湖上诸盟中人投称,雪山大圳水源于本月初五日被云路乡吴格掘泄他处,卒致圳水不通等情来所报告。为此除令吴格备出大洋四元奖与报水人,该圳着格永远负责保护外,合即再为出示严禁。自兹而后,无论何人,若敢盗泄雪山大圳水源,一经捉获,着即备出大洋拾元作为赏给报水人之用。另由本公所照章科罚,决不姑宽。仰附近居民人等其各凛遵,毋违特禁。

永春第四区锦斗乡公所给

中华民国二十三年十月 日给

按:此文书年月处盖有红色正方形印章,内容为"永春县锦斗乡□□□□□□图记"。文书中还有一个"中人"合体字,此处笔者没有研讨出结论。其大意是灌溉田地的水流不许堵塞绝占,如有堵塞占绝,举报者有奖。

66. 中华民国二十五年(1936 年)十月下忙执照[③]

永春县征收田赋执照

民国二十五年份下忙

串票每两用串一张,钱串自一钱至九钱用串一张,分串自一分至九分用串一张,合厘共用串一张,此照。

本县地丁正税每两收国币贰元一角贰分,另附加随粮捐四角,附加税贰角一成,征收费贰角一分二厘二成,建设费四角二分四厘二成,自治费四角二分四厘,教育费式角

①此印章为正方形红色阴文印章,刻四字,内容不辨。

②"鹏翔公启"四字为红色印章。

③此执照加粗字为印刷,其余为手写。盖有红色正方形印章两枚,红色长方形印章一枚,印文不辨。

一成，教育费二角一分二厘。保安附加捌角，壮丁附加五角。正附合共伍元四角玖分二厘。票费每张收叁分。今据二区乂𝛿都陈坑乡一〇三保十五甲粮户徐世兴完纳。中华民国廿五年分地丁玖分〇厘应完［正税］　角　分　厘。［附加各项］　角　分　厘。统共给收国币　角　分　厘。

中华民国廿五年十月廿九日给　字第2138号征收员　新[①]

任字第　弌壹叁捌[②]　号串内地丁　分　厘正

67. 中华民国二十七年(1938年)五月永春县房铺宅地税税单[③]

本季正附合计〇元伍角肆分[④]

永春县房铺宅地税单

第2区　保联41保3甲门牌　号

户　主　黄风

等　级[⑤]

夏季税额　□元叁角□分

注意　一、税额款数一律采用墨色大写戳印不准省写或涂改

二、无税单不准收款倘借口税单未到私发收据者以舞弊论罪

三、各户照税单所□报数缴纳不准浮收分文

四、每年分四季征收每季税款必须于首两个月内缴清

五、税款由户长交甲长由甲长交保由保长汇送征收机关

六、该户每月税额□元壹角□分按每季(三个月)一次征收如上数

经征处主任[⑥]　征收员　收款人保长　(签名盖章)

中华民国二十七年五月　日填发

---

①“新”字为红色印章。

②“贰壹叁捌”四字为红色印章。

③此税单加粗字体为印刷，税额数字为蓝色印章，区号、保号、甲号、户主名等为墨笔填写。

④此行加粗体为红色印章。

⑤此处盖有红色正方形阳文印章，内容为“带征常备队区警经费社训队补助费保联自筹办公费共八成”。

⑥此处盖有红色正方形阳文印章。

68. 时间不明郑兆蚋、郑成署断旧厝地契字[①]

兹由公亲驾前立卖断旧厝地契字人郑兆蚋、成署等有承租仝管得旧厝一橺，并余地一所连菜园坨一所，坐在本乡土名菡[淡]垄中，俗呼楼仔角水沟边，上至祖宇龙手尾大砱脚，下至石砱，左至江某树止，右至美璋己地相连，四至分明，产未配公完纳，今因欠银费用，托中延公即将此业送就与

家美璋上卖断出契面番银壹佰四拾叁大员正，每重七钱三分，其契面银即日仝中公收讫完明。其中抽出大银元拾元，当堂充入三房公收领，以为界内菓树之资。其厝橺议瓦桷员听成署收回，惟基址石头当归美璋管掌，划平起盖厝屋至及园地余地界内菓树石头尽听美璋永远管掌为业。保此业果系蚋等承租物业，并无不明等情，亦无重张典挂他人。倘有不明等情，蚋等自抵当，不干银主之事。二比甘愿，各无反悔。自今以后，永断葛藤。再不敢生端以藉当伤等情，倘敢越约，神人共戮。今欲有凭，特立卖断断契字为照。

并缴古契拾四纸

又缴成署上收契□纸

公亲 林金道、林玉传

中见 族叔尔魁、蕴

兄 兆甚

代书 林

69. 时间不明郭儒卿、郭然卿卖并贴推关洗尽契

仝立卖并贴推关洗尽契人郭儒卿、然卿等，有承祖承买得南安十二都半岭乡凤林仓大租冬租二十四塅及租佃旱田六塅，其大租土名坐落后头路西垵洋坝口洋磜新宫尾五垢仔及坑柄溪埔墘及凤林乡[马]石头一所，水圳尾其冬租土名坐落树梅崙及后山边磜头及[罗]埔乡鸡兆林，其租佃旱田土名坐落西垵洋路井垄坝口洪坪后土掘内及鳯林仓厝地基

---

①此文书涂改较多，且空白处有无关字"充充入"等，故可能是草稿。

一座五间，其各处田坵坵不等，共配米玖斗弍升五合。今因欠银公费，托中送就与　林宅上卖尽出银柒拾两正，银即日收明。其各处大租冬租租佃早田鳳林仓厝地基听银主收租管掌，永为己业，不敢阻当。保此大租冬租佃田凤林仓厝地基并无不明等情，如有不明，卖主抵当，不干银主之事。其米玖斗弍升伍合在十二都一图八甲郭大有户内推出，听其收入本都本图五甲林隆兴户内完纳，不得有无推收，两相致累。此系二比甘愿，永无后悔，日后不敢言及贴赎生端等情。今欲有凭，仝立卖并贴推关洗尽契为照。

计开大租条坵

一田一坵，土名后头路及厝后沟，受子弍斗六升半，载大租五石弍斗半

一田一坵，土名按坪边，受子五升，大租一石

一田一坵，土名西垵洋，受子三升，大租一石五斗

一田一坵，土名西垵洋，受子一斗，大租一石五斗

一田一坵，土名坝口，受子一斗，大租一石五斗

一田一坵，土名洋礤，受子五升，大租一石

一田一坵，土名新宫尾，受子二升半，大租五斗

一田一坵，土名洋礤墩顶，受子二升半，大租二石五斗

一田一坵，土名洋礤，受子七升半，大租一石二斗五升

一田一坵，土名五坵仔，受子五升，大租二石

一田一坵，土名坑柄下宫溪埔墘，受子五升，大租一石

一田一坵，土名洋礤墩顶，受子七升半，大租一石二斗半

一田一坵，土名凤坡鸟石头，受子五升，大租一石

一田一坵，土名凤坡水圳尾，受子五升，大租六斗

计开冬租条坵

一田一坵，土名树梅崙，受子五升，大租三斗

一田一坵，土名苦山边礤头，受子二斗，大租二石五斗

一田一坵，土名鸡兜林，受子五斗，大租一石

计开租佃田及凤林仓条坵

一田一坵，土名西垵洋，受子二斗，配米六升二合五勺

一田一坵，不等坵，土名西垵洋，受子七升半，配米三升七合半

一田一坵，土名路井垅，受子一斗，配米五升

一田二塅,土名不等坵土掘内及西垵洋,受子三斗,配米一斗五升

一凤林仓厝地基,配米一升二合

按:此契为白契。时间在本契约中没有表明,但是从契约中我们可以明显地发现此契为推关契。由郭然卿和郭儒卿为主要代表等人立此契约。根据笔者推测此契约只是一部分,另一部分会写中间人和立契约人等,并且会写明时间等事情。由于各种原因此契约中只剩下这一部分。此契明显是一个推关洗尽契,此二人将大租和冬租的条段断卖,并写明不找价不赎回。

70. 泉永财政整理处催收维持费单一[①]

径启者,此次发表维持费,权济目前需要起见。迄今限期已届,而各乡交数尚属寥寥。本处应付军食,日不暇给,殊深焦急,用特函催。务希克日鸠收,源源缴处,以资接济。毋稍延滞,致本处派队追呼,转多縻费,切切此致。

大羽四房　**乡乡长**　实欠〣十〤元,即日交清。

郑美元、美玉、亦宝、亦守、尔琬、看**先生**　旧欠未楚

泉永财政整理处[②]**启六月廿四日**　军士壹名贴工力大弍角。

71. 泉永财政整理处催收维持费单二[③]

美玉交大〢元　尔琬交大〢元　演□交大〢元又小10元　在交小110元　除交大实卜亠元　关守交10元　共大〤〇元　小〤〇元　扣工力钱〣/〇亠　又□〢/〇三

径启者,此次发表维持费,权济目前需要起见。迄今限期已届,而各乡交数尚属寥寥。本处应付军食,日不暇给,殊深焦急。用特函催,务希克日鸠收,源源缴处,以资接济。毋稍延滞,致本处派队追呼,转多縻费,切切此致。旧欠未清

大羽四房　**乡乡长**实欠攵十𝛿元

郑美元、美玉、尔琬、亦守、亦宝、看、美立**先生**

---

①此催税单中加粗字体为印刷,其余是手写。

②“泉永财政整理处”七字为红色印章。

③此催税单中加粗字体为印刷,其余是手写。

本日限交〥十元　守催工力三大叁角　**泉永财政整理处**①

启二月弍十日　**泉永财政整理处**②

72. 泉永财政整理处催收维持费单三③

〥丨〤/百　大艮〢元

径启者，此次发表维持费，权济目前要需起见。迄今逾期，而各乡交数尚属寥寥。本处应付军食，日不暇给。际此财政困难，公帑匮乏，若非严紧催收，曷资接济。用特函催，务将尚欠大洋　实交〥/十〤〦　**元克日鸠收，交付去员带处，以资应付。毋稍延滞，致干科罚，切切此致。**

东门四房、大羽**乡乡长**

郑美元、美立、亦宝、尔琬先生

守催独名每天工力大四角　**泉永财政整理处**④

处长陈鼎观　启柒月一日　**泉永财政整理处**⑤

73. 泉永财政整理处催收维持费单四⑥

径启者，此次发表维持费，权济目前要需起见。迄今逾期，而各乡交数尚属寥寥。本处应付军食，日不暇给。际此财政困难，公帑匮乏，若非严紧催收，曷资接济。用特函催，务将尚欠大洋实欠　〦十〇元〥　**元克日鸠收，交付去员带处，以资应付。毋稍延滞，致干科罚，切切此致。**

大羽四房**乡乡长**　限即日交清

郑美元、美玉、尔琬、亦看、奕宝**先生**

守催工力大四角　**泉永财政整理处**⑦

六月廿九日　**泉永财政整理处**⑧

---

①“泉永财政整理处”七字为红色印章。

②“泉永财政整理处”七字为红色印章。

③此催税单中加粗字体为印刷，其余是手写。

④“泉永财政整理处”七字为红色印章。

⑤“泉永财政整理处”七字为红色印章。

⑥此催税单中加粗字体为印刷，其余是手写。

⑦“泉永财政整理处”七字为红色印章。

⑧“泉永财政整理处”七字为红色印章。

74. 泉永财政整理处催收维持费单五①

径启者，此次发表维持费，权济目前需要起见。迄今限期已届，而各乡交数尚属寥寥。本处应付军食，日不暇给，殊深焦急。用特函催，务希

克日鸠收，源源缴处，以资接济。毋稍延滞，致本处派队追呼，转多糜费，切切此致。

大羽四房　**乡乡长**实欠丨/百一〥元　**工力免给**②

郑尔琬、美元、美玉、看、亦守、奢、美立**先生**

启六月十五日　泉永财政整理处③

美玉大伍元　美立交大壹元　大□四元

75. 泉永财政整理处催收维持费单六④

〤〢〥

迳启者，此次发表维持费，权济目前需要起见。迄今限期已届，而各乡交数尚属寥寥，本处应付军食日不暇给，殊深焦急。用特函催，务希

克日鸠收，源源缴处，以资接济。毋稍延滞，致本处派队追呼，转多糜费，切切此致。

大羽四房**乡乡长**

郑尔琬、美元、美玉、奕宝、看、奕守、美立、奢　**先生**

实大丨/百〥〥元　交丨/十〣元　欠丨/百三〨元

契税捐　元、宝〥/十〢〨元　宝交〥元〇　元交〢/十三

美玉欠〦元〡　交〢元

奕守〤丨元　补交〢元

奢欠〣元〇　交〢元

林欠

守催壹名 军士壹名 贴大 叁角 弎角　共　**启六月十弎日　泉永财政整理处**⑤

①此催税单中加粗字体为印刷，其余是手写。

②“工力免给”四字为红色印章。

③“泉永财政管理处”七字为红色印章。

④此催税单中加粗字体为印刷，其余是手写。

⑤“泉永财政管理处”七字为红色印章。

76. 收郑看接济费条

兹收到

大羽乡郑看来式次接济费大洋式元正，此据。

委除满□条　八月十二日

77. 收亦上接济费条

兹收到

大羽四房亦上交来接济费大洋每元正，此据。

经手人联代宗成四条　五月廿六日　永春县保卫团第二分局缄[①]

78. 出钱单

廿三日出银〡元　共一分半　折钱〡二/千〥

做禀单开钱　〢百

送择日传呈钱　〢/百〤

植著、宗宪二人出州仝开福食钱　〥/百〥〣

植著自用支钱　〥十

共开用钱　〡〇/千〤〣

除开用外尚存钱　〢〇/百〦

九月廿八日

上下乡中人等在中房楼议事出肉二[斤]

又出米乙斗五升

又出番匏十五斤

又出柴四十五斤

又出买豆豉钱五文

有初四日出州

出银〡元共三分　抵钱〡/千二〣

①“永春县保卫团第二分局缄”11 字为红色印章。

又出钱〢〦/百〩

共出钱〡〤/千〩〩

有初四开去原差发彩钱〦百

德备用去钱　〡百

又开去经承发彩钱　〢〤/百

德收、崇宪二人仝出州开福食钱　δ δ/日〩

共开用去钱　〡〤〩/千〩

部分原件图片展示

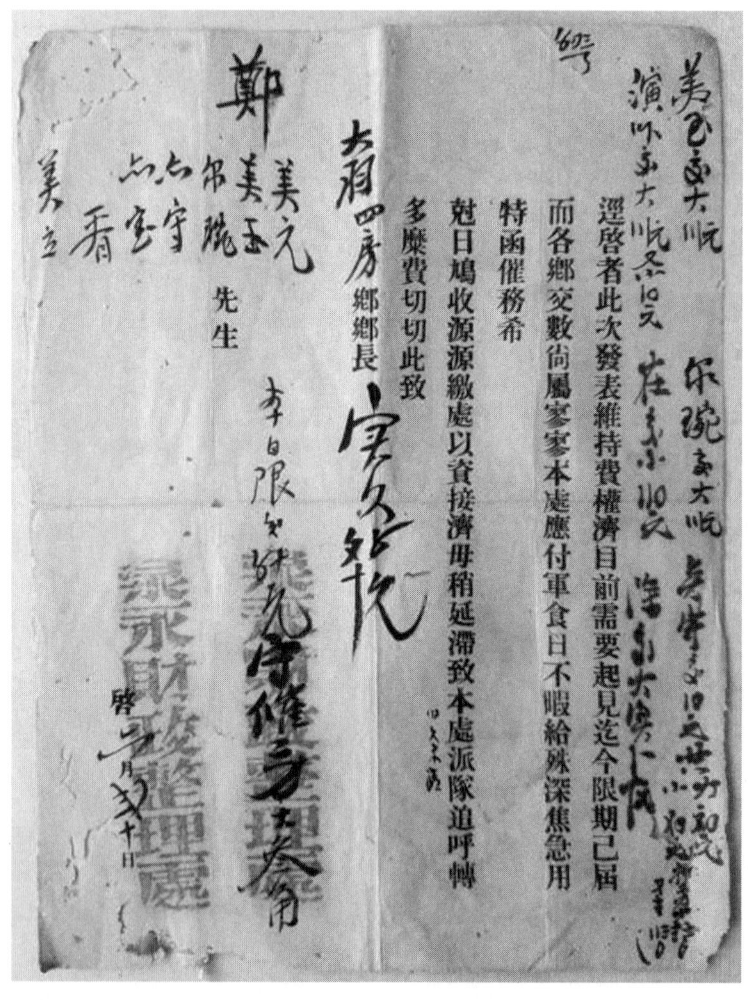

逕啓者此次發表維持費權濟目前需要起見迄今限期已屆而各鄉交數尚屬寥寥本處應付軍食日不暇給殊深焦急用特函催務希尅日鳩收源源繳處以資接濟毋稍延滯致本處派隊追呼轉多糜費切切此致

鄉鄉長

先生

泉永財政整理處　啓

月　十日

泉永财政整理处催收维持费单二

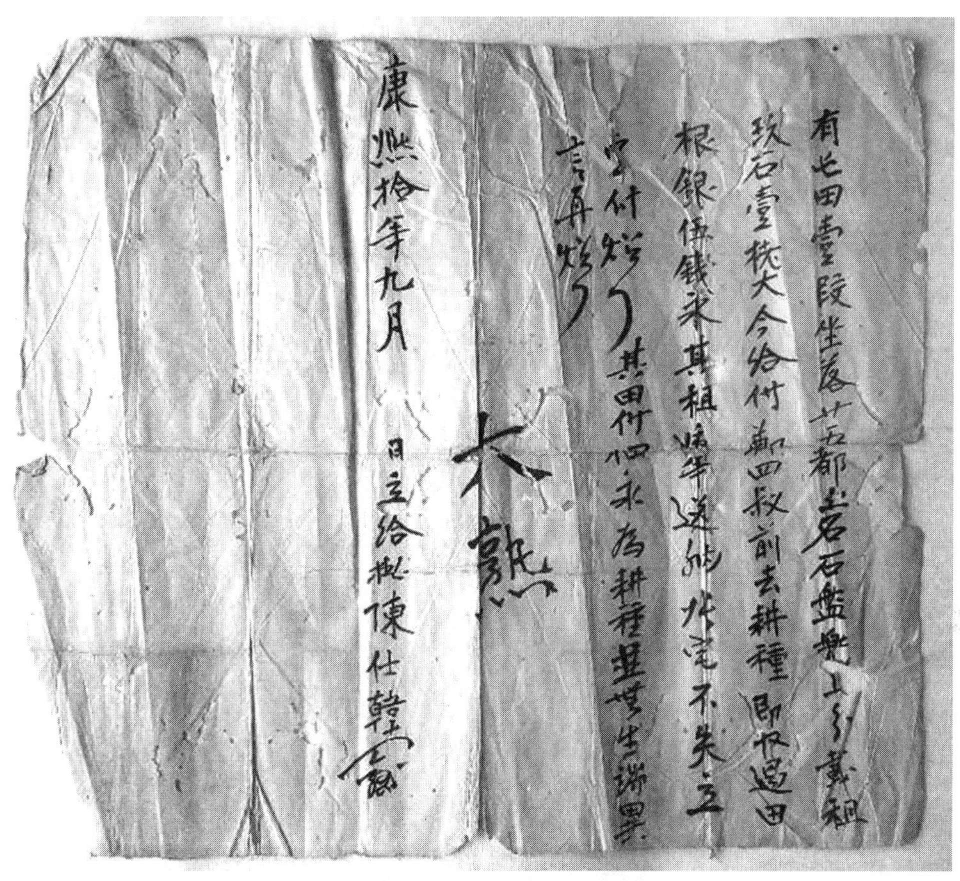

康熙十年（1671年）九月郑四叔租田契

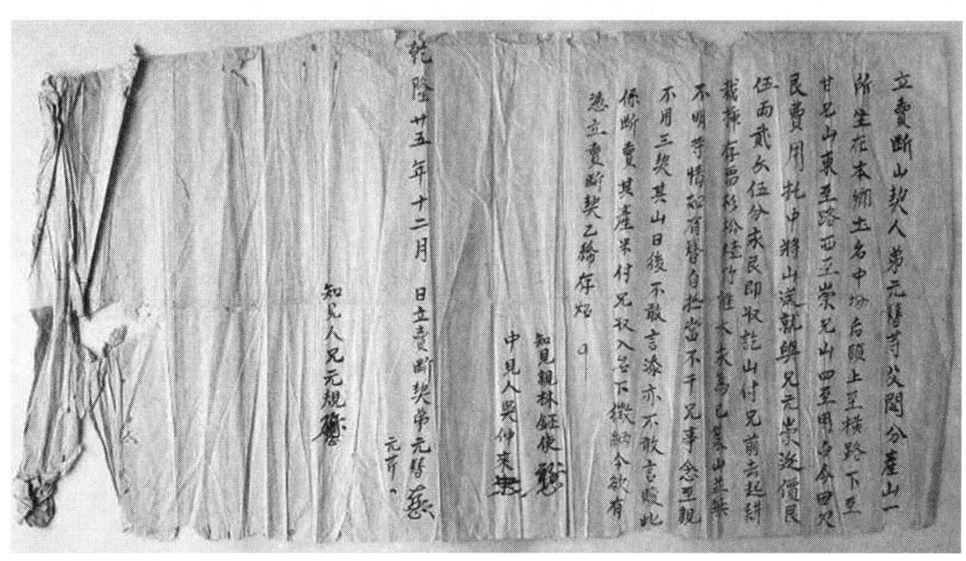

乾隆二十五年（1760年）元簪卖断山契

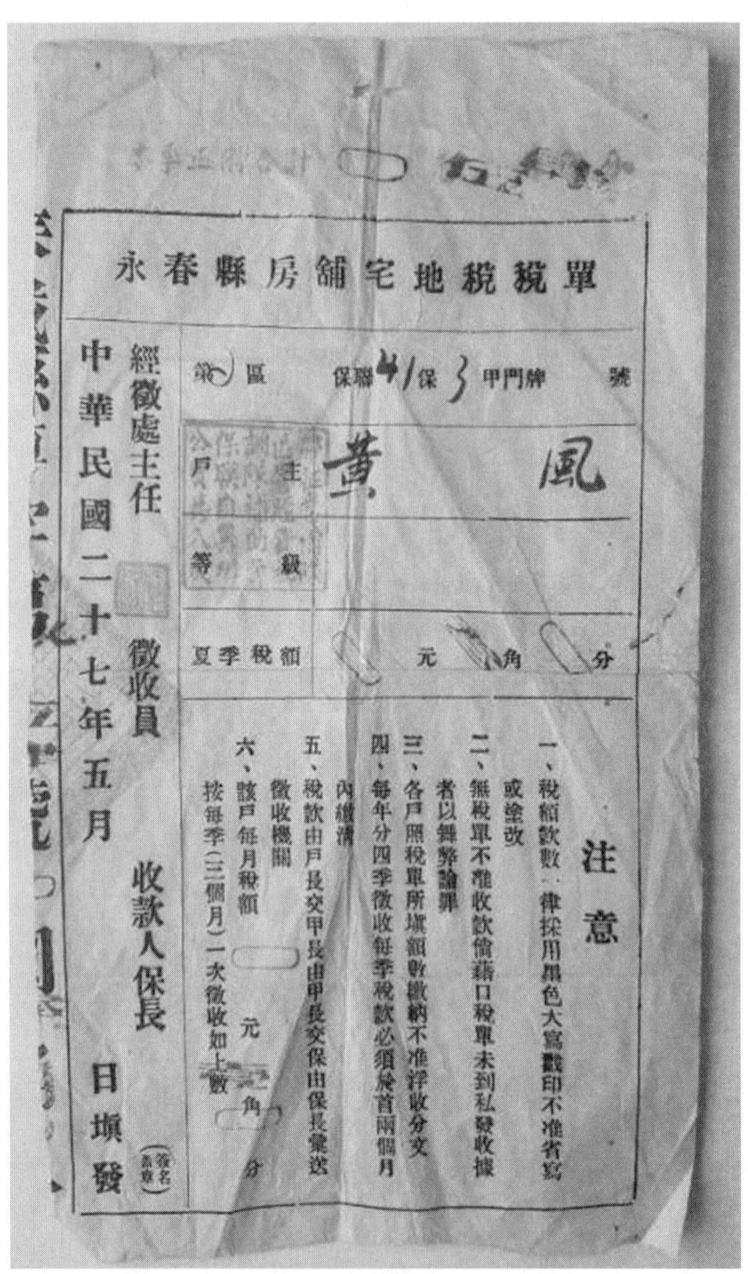

永春縣房舖宅地稅稅單

第　區　保聯　保　甲門牌　號

戶主　黄　風

等級

夏季稅額　元　角　分

注意

一、稅額款數一律採用黑色大寫戳印不准省寫或塗改

二、無稅單不准收款倘藉口稅單未到私發收據者以舞弊論罪

三、各戶照稅單所填額數繳納不准浮收分文

四、每年分四季徵收每季稅款必須於首兩個月內繳清

五、稅款由戶長交甲長由甲長交保由保長彙送徵收機關

六、該戶每月稅額　元　角　分按每季(三個月)一次徵收如上數

經徵處主任　徵收員　收款人保長　(簽名蓋章)

中華民國二十七年五月　日填發

中华民国二十七年(1938年)五月永春县房铺宅地税税单

[责任编辑:夏婷婷]

·史料集珍·

《岳麓书院藏秦简(肆)》补注七*

朱红林**

摘　要:本文补注范围,原简编号依次为简1296、1237、1224、J45、1266、1274、1252、1253、1369、1383、1376、1414-1、1298、1299、1238、1225、J46、1267、1273、1248、1249,《岳麓书院藏秦简(肆)》①中的编号为简171~191,后者以下角标的方式缀于各简简末。简171~172所载《内史杂律》,见于睡虎地秦简《内史杂》,但增加了校正度量衡的具体方法和用具。简173~174所载《田律》,内容不见于睡虎地秦简,规定了官府收租的一些措施。简175~176所载《内史杂律》,记载了官府粮仓类建筑与其他建筑相连时,粮仓建筑所要采取的防护措施,这些内容亦见于睡虎地秦简,只是岳麓简有些内容记载得更为具体。简177~181所载《奔敬(警)律》,记载了盗贼突发,官府征集兵力镇压的规定,律名、内容均不见于睡虎地秦简。简182~183《戍律》记载了服戍役者可以雇庸他人替代服役的种种规定,相关制度在肩水金关汉简的记载中可见到继承的痕迹。简184~187《戍律》记载了服役者在服役期间,家中出现丧事、病人及有诉讼时请假归家处理事务的相关规定。简188~189《戍律》记载了动用徒隶、黔首及士卒修缮城池的种种规定。简190~191也是关于征用人力修缮城塞的规定,当与前简相似,也属于《戍律》的内容。

关键词:《内史杂律》;《田律》;岳麓简;睡虎地秦简

一

简1296+1237:

内史杂律曰:诸官县料【1】各有衡石羸(累)、斗甬(桶)【2】,期足,计其官,毋叚

*国家社会科学基金规划重大项目"简帛学大辞典"(14ZDB027)的阶段性成果。

**吉林大学古籍研究所、出土文献与中国古代文明研究协同创新中心教授。

①陈松长主编:《岳麓书院藏秦简(肆)》,上海辞书出版社2015年版。

(假)黔首。不用者,平【3】之如用者。以铁午(杵)【4】171闆(扁)甬(桶)口【5】,皆壹用方槩(概)【6】,[方]槩(概)毋得,用盘及圜槩(概)172。

【1】诸官县料

【补注】

"诸官县料"至"平之如用者"这段律文亦见于睡虎地秦简《内史杂》简194:"有实官县料者,各有衡石羸(累)、斗甬(桶),期踐。计其官,毋叚(假)百姓。不用者,正之如用者。内史杂。"两者可以说基本一致,岳麓简显然抄录的内容要比睡虎地秦简多出一部分。睡虎地秦简在律文的末尾加了律名,这表明抄手是有意在此停止的。岳麓简多抄的这一部分,从文意上看,是解释说明如何校正度量衡器具的,即解释怎样"平之如用者"的。也就是说,睡虎地秦简的抄手很可能是有意省略了这一部分,因为前面的文句已经把律令的主旨说明白了,相关的解释部分他认为可有可无,因此就省略了。

这部分内容相同的律文中,文字有四处不同值得注意。第一处是律文的开头,岳麓简的文字表述以"诸"字开头,"诸官县料",概括性强,显得严谨规范,更符合法律条文的表述特点,《唐律疏议》中律文的表述皆以"诸"字开头,即是如此。睡虎地秦简的文字表述以"有"字开头,"有实官县料者",显得比较随意,似乎是抄手根据自己对律文的理解而形成的文字。第二处是强调实官机构所拥有的各种度量衡器具要足够用时,岳麓简的表述是"期足",睡虎地秦简则说的是"期踐"。睡虎地秦简中除《内史杂》之外,《司空律》亦曰:"官有金钱者自为买脂、胶,毋(无)金钱者乃月为言脂、胶,期踐。"睡虎地秦简整理小组注:"期踐,即期足。"①综合睡虎地秦简与岳麓简,"期足"见于睡虎地秦简《仓律》与岳麓简《田律》《内史杂》《奔警律》,"期踐"只见于睡虎地秦简《内史杂》,这是否抄手据文义而变化之词,值得考虑。第三处是"黔首"与"百姓"的使用区别。岳麓简使用"黔首"称呼,而睡虎地秦简使用"百姓"的称呼,秦始皇统一之后,"更民名曰黔首"。这表明岳麓简的时代在睡虎地秦简之后。第四处是"平"与"正"使用的区别。岳麓简曰"平之如用者",睡虎地秦简曰"正之如用者",岳麓简的用法显然是避秦始皇嬴政之讳,"政""正"同音,睡虎地秦简在此并没有严格遵从避讳制度。

①睡虎地秦墓竹简整理小组:《睡虎地秦墓竹简》,文物出版社1990年版,第50页。

【2】衡石赢(累)、斗甬(桶)

【补注】

睡虎地秦简《秦律十八种·工律》:"县及工室听官为正衡石赢(累)、斗用(桶)、升,毋过岁壶(壹)。有工者勿为正。叚(假)试即正。"整理小组注:"衡石,见《史记·秦始皇本纪》,指以石为单位的衡器。累,衡器的权,汉铜权铭文常自名为累。斗桶,见《吕氏春秋·仲春纪》及《史记·商君列传》,秦汉时以十斗为桶,一说六斗为桶,详见段玉裁《说文解字注》。"①

案:从出土秦陶量(见图1至图5)来看,有半斗量器,有一斗量器,还有一斛六斗的量器,均作圆桶状。睡虎地秦简《效律》中有"斗不正,半升以上,赀一甲;不盈半升到少半升,赀一盾。"(简5)"半斗不正,少半升以上"(简6),可见秦律中确有半斗量器和一斗量器,至于一斛六斗的量器,应该属于"桶"的范围了。出土东汉铜斛,其形制可作为秦桶制参考(见图6至图7)②。

图1 始皇诏陶量(秦)

高8.3厘米,口径16.8厘米,

容1000毫升(小米),

山东邹县出土,

山东博物馆藏。

外壁戳有十个方印,组成秦始皇二十六年诏书,诏文中两处"皇帝"二字均缺。

此器为半斗量,折算每升合200毫升。

图2 始皇诏陶量(秦)

高8.3厘米,口径16.4厘米,

容970毫升(小米),

1950年山东邹县出土,

中国历史博物馆藏,

口略侈。外壁印秦始皇二十六年诏书。

此器为半斗量,折算每升合194毫升。

①睡虎地秦墓竹简整理小组:《睡虎地秦墓竹简》,文物出版社1990年版,第44页。

②图1至图7均选自国家计量总局、中国历史博物馆、故宫博物院主编的《中国古代度量衡图集》(文物出版社1984年版,第68~72、96~97页)。

图3　始皇诏陶量(秦)

高7.8厘米,口径16.4厘米,

容990毫升(小米),

故宫博物院藏,

直口。

外壁印有秦始皇二十六年诏书。

诏文中“皇帝”二字缺。

口沿有“驺”字。

此器为半斗量,折算每升合198毫升。

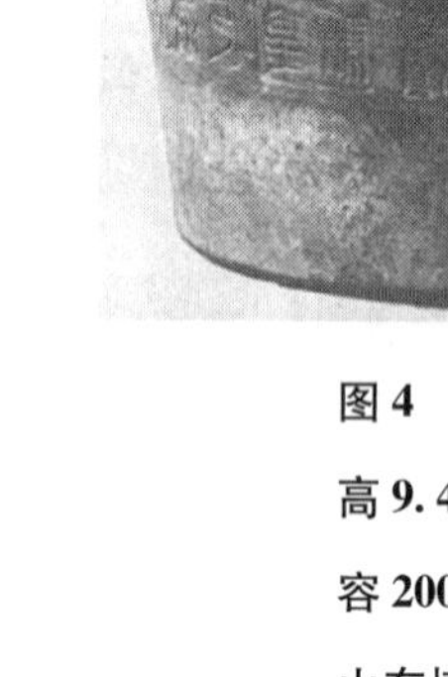

图4　始皇诏陶量(秦)

高9.4厘米,口径20.4厘米,

容2000毫升(小米),

山东博物馆藏。

外壁印有秦始皇二十六年诏书。

诏文完整。

近口沿处有一“驺”字,底部有“驺”字二。

此器为一斗量,折算每升合200毫升。

图5　始皇诏陶量(秦)

高33.5厘米,口径37.5厘米,底径24厘米,

容32000毫升(小米),

1963年内蒙古自治区昭乌达盟赤峰蜘蛛山出土,

中国社会科学院考古研究所藏。

出土时残破,后经修复。广口,壁两侧有对穿孔,为两柄残痕。

外壁刻秦始皇二十六年诏书(诏文已不全),容量约合秦一斛六斗。

图6　夷道铜官斛(东汉)

高24.5厘米,口径34厘米,容20300毫升,

辽宁省博物馆藏,

直口。腹有对称的短柄。腰中部饰三道弦纹,

正面铸阳文"夷道官"三字。

图7　光和大司农铜斛(东汉)

高22.4厘米,口径37厘米,容20400毫升,

传1815年河南睢州出土,

上海博物馆藏,

口及底部略侈。腹中部饰三道弦

纹。近柄处有检封用的凸起小方框。

【3】平

【整理小组注】

平:校正。《睡虎地秦简·内史杂律》作"正",此避嬴政名讳而改[①]。

【4】铁午(杵)

【整理小组注】

铁午(杵):形状如杵的铁器[②]。

【5】閜(扃)甬(桶)口

【整理小组注】

閜(扃):本指门闩、门环。此用作动词,与箍意思相近[③]。

【补注】

《礼记·月令》仲春之月,"角斗甬,正权概"。孙希旦引郑氏曰:"同、角、正,皆谓平之也。""甬,今斛也。"[④]东汉光和大司农铜斛铭文作"捔斗甬,正权概"[⑤]。

---

①陈松长主编:《岳麓书院藏秦简(肆)》,上海辞书出版社2015年版,第168页。

②陈松长主编:《岳麓书院藏秦简(肆)》,上海辞书出版社2015年版,第168页。

③陈松长主编:《岳麓书院藏秦简(肆)》,上海辞书出版社2015年版,第168页。

④(清)孙希旦撰:《礼记集解》,沈啸寰、王星贤点校,中华书局1989年版,第427页。

⑤国家计量总局、中国历史博物馆、故宫博物院主编:《中国古代度量衡图集》,文物出版社1984年版,第9页。

【6】槩(概)

【整理小组注】

槩:同“概”,称量谷物时用来刮平斗斛的器具。《礼记·月令》:“正权概。”①

【补注】

孙希旦《礼记集解》引郑氏曰:“概,平斗斛者。”②朱彬《礼记训纂》:“《说文》:‘概,杚斗斛也。’《仓颉篇》:‘平斗斛木曰概。’”③段玉裁《说文解字注》:“槩本器名,用之平斗斛,亦曰槩。许、郑、高皆云其器也。凡平物曰杚,所以杚斗斛曰槩。”④

潘伟曰:“农具概,平准量器,是量米粟时平斗斛用之刮板,其状如尺。概,形声字。‘从木,既声。’《说文解字》中‘概’字的篆书写作‘槩’。其本义是指量米粟时刮平斗斛的小条板。如《韩非子·外储说》:‘概者,平量者也。’《辞源》解释说:‘平斗斛之木也,俗称,后世俗称“斗趟子”。’古书上说‘概量’,是指概和斗斛等量谷物的器具。现代汉语‘一概’,表示‘一律’之意,即由此而来。又引申为刮平,不使过量。如《荀子·宥坐》:‘盈不求概,似正。’《礼记·月令》《吕氏春秋·仲春纪》以及东汉‘光和大司农铜斛’铭文均有记载,在制造和校正斗斛标准量器时,以概为平准工具;且在检定度量衡器时,也要校正概的平直度。可见概作为平准量器的重要性,不只是小刮板而已。所谓‘以井水平其概’,利用水的浮力和水平原理,校准概的平面度,其法科学。”⑤概与斗如图8所示。

图8 概与斗(癸巳年立春摄于华北静海县)⑥

①陈松长主编:《岳麓书院藏秦简(肆)》,上海辞书出版社2015年版,第168页。
②(清)孙希旦撰:《礼记集解》,沈啸寰、王星贤点校,中华书局1989年版,第427页。
③(清)朱彬撰:《礼记训纂》(上册),饶钦农点校,中华书局1996年版,第230页。
④(汉)许慎撰,(清)段玉裁注:《说文解字注》,许惟贤整理,凤凰出版社2007年版,第457页。
⑤潘伟著摄:《中国传统农器古今图谱》,广西师范大学出版社2015年版,第388页。
⑥潘伟著摄:《中国传统农器古今图谱》,广西师范大学出版社2015年版,第389页。

【大意】《内史杂律》说:各级官府各有衡石累、斗桶,保证足够数量,只供本部门使用,不借给黔首。(每年)即使不曾使用,也要像使用过一样按时校正。(校正时)用铁杵箍斗桶的桶口(使保持正圆),(校正桶口水平)要统一使用方概,没有方概的情况下,使用盘或者圆概。

二

简 1224 + J45:

田律曰:毋令租者【1】自收入租,入租贷者不给【2】,令它官吏助之。不如令,官啬夫、吏赀各二甲,丞、令、令史弗得$_{173}$及入租贷不给,不令它官吏助之,赀各一甲$_{174}$。

【1】租者

【补注】

租者,收租者。

【2】不给

【补注】

给,供给,或充足。不给,不供给,或不足。

【大意】《田律》说:不能让收租者亲自收租,交租及还债者不能交租或还不了债,要让其他部门的官吏相助(收租债)。不按照法令办的,官啬夫及有关官吏受赀罚各二甲,县丞、县令或令史不能发现这个问题,及交租及还债者不能交租或还债,而县官不令其他官吏相助,县丞、县令及令史要各罚一甲。

三

简 1266 + 1274:

·内史杂律曰:黔首室、侍(寺)舍【1】有与廥【2】、仓、库、实官补【3】属【4】者,绝【5】之,毋下六丈。它垣属焉者,独高其侍〈置〉【6】,不$_{175}$从律者,赀二甲$_{176}$。

【1】侍(寺)舍

【整理小组注】

侍(寺)舍:官舍。《张家山汉简·二年律令·徭律》:“县道官敢擅坏更官府寺舍者,罚金四两,以其费负之。”①

①陈松长主编:《岳麓书院藏秦简(肆)》,上海辞书出版社2015年版,第169页。

【2】廥

【补注】

岳麓简此处"廥、仓"并言,似有所区别。廥,《说文·广部》:"廥,刍稾之藏。"段玉裁注:"《天官书》:'其南众星曰廥积。'如淳《汉书》注曰:'刍稾积为廥也。'《史记正义》曰:'刍稾六星在天苑西,主积稾草者。'"①可见,廥含义之一,专指储存刍稾的仓库而言。

【3】补

【整理小组注】

补:相连②。

【4】实官补属者

【整理小组注】

属:连接。《睡虎地秦简·内史杂律》:"它垣属焉者,独高其置刍廥及仓茅盖者。"③

【补注】

岳麓简《内史杂律》有关仓库围墙建设的律令与睡虎地秦简《内史杂》的相关内容,有相同之处,也有不同之处。睡虎地秦简《内史杂》:"有实官高其垣墙。它垣属焉者,独高其置刍廥及仓茅盖者。令人勿紤(近)舍。其非官人殹(也),毋敢舍焉。善宿卫,闭门辄靡其旁火,慎守为敬(儆)。有不从令而亡、有败、失火,官吏有重罪,大啬夫、丞任之。"

睡虎地秦简"有实官"云云,以"有"字作发语词,或许是睡虎地秦简抄手的一个习惯。睡虎地秦简的"实官"是对岳麓简"廥、仓、库、实官"的概括。"实官"四见于睡虎地秦简。《效律》:"实官佐、史被免、徙,官啬夫必与去者效代者。"《内史杂》:"有实官县料者,各有衡石赢(累)、斗甬(桶),期踐。计其官,毋叚(假)百姓。不用者,正之如用者。"《法律答问》:"实官户关不致,容指若抉,廷行事赀一甲。""实官户扇不致,禾稼能出,廷行事赀一甲。"睡虎地秦简整理小组注:"实,《国语·晋语》注:'谷也。'""实官,贮藏粮食的官府。"④《释文修订本》:"徐富昌(1993,412页):据《法律答问》简419、《内史杂》简194~195等,秦律中有时也称'仓'为'实官','实官佐'即仓佐。蔡万进(1996,51页):实官是设于各县的粮食管理机构,接收县廷的管理监督。在乡往往还设

---

①(汉)许慎撰,(清)段玉裁注:《说文解字注》,许惟贤整理,凤凰出版社2007年版,第776页。

②陈松长主编:《岳麓书院藏秦简(肆)》,上海辞书出版社2015年版,第169页。

③陈松长主编:《岳麓书院藏秦简(肆)》,上海辞书出版社2015年版,第169页。

④睡虎地秦墓竹简整理小组:《睡虎地秦墓竹简》,文物出版社1990年版,第57页、128页。

有‘离官属于乡者’,参与管理粮食。陈伟(2013B):《左传·文公十八年》:‘聚敛积实’,杜预注:‘实,财也。’《淮南子·精神》:‘名实不入’。高诱注:‘实,币帛货财之实。’《国语·晋语八》:‘吾有卿之名,而无其实。’韦昭注:‘实,财也。’这意味着,‘实’包括‘谷’而不仅仅等于‘谷’。”①从秦简的记载来看,廥、仓多作为贮藏粮食的机构而出现,库则作为贮藏金钱、手工业制品的机构而存在,但并没有严格的区分,因此《为吏之道》中有“仓库禾粟,兵甲工用”之语。这也就是说仓、廥、库都属于广义的实官。所以睡虎地秦简的抄手在抄到“廥、仓、库、实官”时,只抄写了“实官”一词,以借指整体。

睡虎地秦简“有实官高其垣墙。它垣属焉者,独高其置刍廥及仓茅盖者”,强调了一点,那就是要加高实官的围墙。岳麓简则强调了两点,一是廥、仓、库、实官驻地要与黔首室、官府寺舍隔离。二是说如果有其他建筑的围墙与廥、仓、库、实官围墙相连时,要单独加高这类机构的围墙。这也就是说,睡虎地秦简抄手在抄写律令时,理解有偏差,落下了一部分内容。

【5】绝

【整理小组注】

绝:隔开,隔断。《广雅·释诂》:“绝,断也。”②

【6】侍

【整理小组注】

侍:疑为“置”之借字。《睡虎地秦简·内史杂律》:“有实官高其垣墙。它垣属焉者,独高其置刍廥及仓茅盖者。”③

【大意】《内史杂律》说:黔首居室、官府寺舍有与廥、仓、库这类实官建筑相连者,(采取措施)隔开它们,相隔距离不少于六丈。其他类房舍与实官类建筑相连时,要单独加高实官类建筑的围墙,不按照律令规定办的,赀罚二甲。

四

简 1252 + 1253 + 1369 + 1383 + 1376:

·奔敬(警)律【1】曰:先粼【2】黔首当奔敬(警)者,为五寸符【3】,人一,右在【4】

①陈伟主编,彭浩、刘乐贤等撰著:《秦简牍合集:释文注释修订本(壹)》,武汉大学出版社2016年版,第127~128页。

②陈松长主编:《岳麓书院藏秦简(肆)》,上海辞书出版社2015年版,第169页。

③同上。

【县官】【5】,左在黔首,黔首佩之节(即)奔敬(警)∟。诸挟符者皆奔敬(警)故$_{177}$徼外盗【6】彻所【7】,合符焉,以撰(选)伍之【8】。黔首老弱及瘩(癃)病,不可令奔敬(警)者,牒书【9】署其故,勿予符。其故徼县道$_{178}$各令,令【10】守城邑害所【11】,豫先分善署【12】之,财(裁)【13】为置将吏而皆令先智(知)所主【14】;节(即)奔敬(警),各亟走,所主将吏【15】善办治【16】$_{179}$之。老弱瘩(癃)病不足以守∟,豫遗重【17】卒期足以益守,令先智(知)所主$_{180}$。有兴而用之,毋更置。其有死亡者,时补之,从兴有缺,县补之。有卒【18】者毋置。有不胜任者,赀尉史、士【19】$_{181}$。

【1】奔敬(警)律

【整理小组注】

奔敬(警)律:奔警,闻警奔走。这一组奔警律涉及听闻军事警报以后吏将黔首编为军队,并指挥其奔走至相关地域展开军事行动的规定①。

【补注】

陈伟说:"古文献有'本命'一词。《汉书·昭帝纪》记云:'益州廉头、姑缯、牂柯谈指、同并二十四邑皆反。遣水衡都尉吕破胡募吏民及发犍为、蜀郡奔命击益州,大破之。'颜师古注引应劭曰:'旧时郡国皆有材官骑士以赴急难,今夷反,常兵不足以讨之,故权选取精勇。闻命奔走,故谓之奔命。'又引李斐曰:'平居发者二十以上至五十为甲卒,今者五十以上六十以下为奔命。奔命,言急也。'看李斐对'奔命'的解释,'奔警'应与之相当。"②曹旅宁说:"奔敬当为'奔命警备事'的省称,'闻命奔走'与'闻警奔走'意义相近,指有紧急军情发生,地方遴选黔首,紧急驰援的情景。"③

【2】粼

【补注】

粼,选择。睡虎地秦简《秦律杂抄》:"先赋蓦马,马备,乃粼从军者,到军课之。"整理小组注:"粼,应读为遴,选择。此句意思是在从军者中选取骑士。"④《释文修订本》:"戴世君(2008E):'乃粼从军者'的意思是从'蓦马'中挑选军用马匹,而不是'在从军人员中选用骑士'。'赋蓦马,马备,乃粼从军者'是说秦政府先征取体高五尺八寸以上

①陈松长主编:《岳麓书院藏秦简(肆)》,上海辞书出版社2015年版,第169页。
②陈伟:《岳麓书院秦简考校》,载《文物》2009年第10期。
③曹旅宁:《岳麓书院新藏秦简丛考》,载《华东政法大学学报》2009年第6期。
④睡虎地秦墓竹简整理小组:《睡虎地秦墓竹简》,文物出版社1990年版,第82页。

的乘骑马匹,待马数征齐后,再在其中挑选要求更高的军马。与《荀子·哀公》'马服而求良马'有相通之处。"①

【3】五寸符

【补注】

曹旅宁说:"但从'奔敬律'律文来看,'为五寸符'当指黔首所佩表明身份、用作通行凭证的可分合的符节,奔命黔首人各一,一半在将。"②

【4】右在

【整理小组注】

右在:在,《说文》"存也"③。

【5】【县官】

【整理小组注】

此处抄漏了一字或两字,据上下文义应补"县官"二字较妥④。

【补注】

曹旅宁认为此处当补"将"字⑤。

【6】故徼外盗

【整理小组注】

故徼外盗:指故六国地的反盗,秦廷特重此。见《行书律》相关规定⑥。

【7】彻所

【整理小组注】

彻所:彻,治。彻所,即治所,此处指主治反盗的官署⑦。

【8】撰(选)伍之

【整理小组注】

撰(选)伍之:选,《说文》"选择也"。伍之,将黔首编为五人之伍,见《张家山汉

---

①陈伟主编,彭浩、刘乐贤等撰著:《秦简牍合集:释文注释修订本(壹)》,武汉大学出版社2016年版,第162页。

②曹旅宁:《岳麓书院新藏秦简丛考》,载《华东政法大学学报》2009年第6期。

③陈松长主编:《岳麓书院藏秦简(肆)》,上海辞书出版社2015年版,第169页。

④同上。

⑤曹旅宁:《岳麓书院新藏秦简丛考》,载《华东政法大学学报》2009年第6期。

⑥陈松长主编:《岳麓书院藏秦简(肆)》,上海辞书出版社2015年版,第169页。

⑦同上。

简·二年律令·捕律》:"吏将徒,追求盗贼,必伍之。"①

【9】牒书

【补注】

牒书,用牒书写。牒,薄小的简牍。睡虎地秦简《仓律》简35~36:"别粲、糯之襄(酿),岁异积之,勿增积、以给客,到十月牒书数,上内史。"《封诊式·毒言》简91~92:"即疏书甲等名事关谍(牒)北(背)。"里耶秦简8-645:"廿九年九月壬辰朔辛亥,贰春乡守根敢言之:牒书水火败亡课一牒上。敢言之。九月辛亥旦,史邛以来。/感半。邛手。"8-768:"卅三年六月庚子朔丁未,迁陵守丞有敢言之:守府下四时献者上吏缺式曰:放(仿)式上。今牒书癒(应)书者一牒上。敢言之。六月己巳旦,守府即行。履手。"8-1514:"廿九年四月甲子朔辛巳,库守悍敢言之:御史令曰:各苐(第)官徒丁【粼】☐剧者为甲,次为乙,次为丙,各以其事剧(剧)易次之。·令曰各以☐☐上。·今牒书当令者三牒,署苐(第)上。敢言之。☐四月壬午水下二刻,佐图以来。/槐半。"

【10】各令,令

【整理小组注】

"各"字稍残。"令"字下有删字符,或为重文符号②。

【11】害所

【整理小组注】

害所:要害之地。《史记·秦始皇本纪》:"良将劲弩守要害之处。"③

【12】署

【整理小组注】

署:《说文》:"署,部署。"④

【13】财

【整理小组注】

财:通"裁",裁度⑤。

---

①陈松长主编:《岳麓书院藏秦简(肆)》,上海辞书出版社2015年版,第169页。
②同上。
③同上。
④同上。
⑤同上。

【补注】

“财(裁)”字类似用法亦见于岳麓简1413+1297:“·内史杂律曰:刍稾廥、仓、库、实官、积,垣高毋下丈四尺,瓦墙,财(裁)为候,晦令人宿候,二人备火,财(裁)为□$_{169}$□水。宫中不可为池者财(裁)为池宫旁。$_{170}$”

“财”通作“裁”,作“裁度”解,亦见于《易》《荀子》等传世文献。《易·泰》曰:“《象》曰:天地交,《泰》。后以财成天地之道。”李道平曰:“财,《释文》云‘荀作裁’,《释言疏》云‘财裁音义同’,《史记·封禅书》‘民里社,各自财以祠’,《汉书·郊祀志》作‘自裁’是也。《系上》曰‘坤化成物’,故曰‘财成’,道有偏阴偏阳,则财而成之,如《周官》所云‘燮理阴阳’是也。”[①]《荀子·非十二子篇》:“一天下,财万物”。杨倞注曰:“财与裁同。”王先谦集解:“王念孙曰:财,如《泰·象传》‘财成天地之道’之‘财’,财,亦成也。(说见《经义述闻》。)‘财万物’与‘长养人民,兼利天下’连文,是‘财万物’即‘成万物’,《系辞传》曰‘曲成万物而不遗’是也。《儒效篇》曰‘通乎财万物、养百姓之经纪’,《王制篇》曰‘等赋政事,财万物,所以养万民也’,(杨云‘裁制万物’,失之)又曰‘序四时,裁万物,(裁与财同。)兼利天下’,《富国篇》曰‘财万物,养万民’,义并与此同。”[②]

【14】先知所主

【补注】

先知所主,奔命者要预先知道他所要奔赴队伍的主管将吏。

【15】所主将吏

【整理小组注】

所主将吏:前后文简称为“所主”,指黔首之主管吏[③]。

【补注】

所主,所主管。“财(裁)为置将吏而皆令先智(知)所主”,设置将吏,并使他们清楚自己所负责的事务。睡虎地秦简《效律》:“同官而各有其主殹(也),各坐其所主。”即是说,同一部门中的官吏各有自己负责的事务,各对其所管理的事务负责。

【16】办治

---

①(清)李道平撰:《周易集解纂疏》,潘雨廷点校,中华书局1994年版,第166页。

②(清)王先谦撰:《荀子集解》(上册),沈啸寰、王星贤点校,中华书局1988年版,第97页。

③陈松长主编:《岳麓书院藏秦简(肆)》,上海辞书出版社2015年版,第169页。

【补注】

办治，辨别情况进行处理。多指处理事务有条理。《新唐书·兵志》："（贞元）三年，诏射生、神策、六军将士，府县以事办治，先奏乃移军，勿辄逮捕。"①《新唐书·韦岳子传》："岳子，武后时为汝州司马，以办治称。"②《宋史·梁子美传》："子美为郡，纵侈残虐，然有干才，所至办治云。"③《金史·李上达传》："挞懒取东平，上达给军须，号办治。"④又作"治办"。《汉书·酷吏传》："赏四子皆至郡守，长子立为京兆尹，皆尚威严，有治办名。"《宋史·河渠志》："四年，守臣周淙出公帑钱招集游民，开浚城内外河，疏通淤塞，人以治办称之。"

办，又作辨。《荀子·议兵》："城郭不辨。"杨倞注："辨，治也。或音办。"王先谦《集解》引郝懿行曰："古无办字，荀书多以辨为办。此注音义两得之。"⑤"办治"又作"辨治""辩治"。《居延新简》EPT68:191："☐案：尊以县官事贼伤辨治。"EPT50:1A："仓颉作书，以教后嗣。幼子承昭，谨慎敬戒。勉力风诵，昼夜毋置。苟务成史，计会辨治。超等轶群，出尤别异。"敦煌悬泉置汉简Ⅱ0215①：76："诸吏宦官及比者同秩而敢詈之殿、宫廷中，至其上秩；若以县官事殴詈五大夫以上或一岁吏比者，有将辨治。"《淮南子·泰族训》："苍颉之初作书，以辩治百官，领理万事，愚者得以不忘，智者得以志远。"⑥《韩诗外传》卷五："善辩治人者，故人安之。""天子三公，诸侯一相，大夫擅官，士保职，莫不治理，是所以辩治之也。"⑦

【17】重

【整理小组注】

重：多。《左传·成公二年》："重器备。"杜预注："重，犹多也。"⑧

【18】卒

【补注】

卒：通"倅"。《周礼·夏官·戎仆》："戎仆掌驭戎车，掌王倅车之政。"郑玄注：

①（宋）欧阳修、（宋）宋祁撰：《新唐书》，中华书局1975年版，第1333页。

②（宋）欧阳修、（宋）宋祁撰：《新唐书》，中华书局1975年版，第3945页。

③（元）脱脱等撰：《宋史》，中华书局1977年版，第9625页。

④（元）脱脱等撰：《金史》，中华书局1975年版，第2034页。

⑤（清）王先谦撰：《荀子集解》（上册），沈啸寰、王星贤点校，中华书局1988年版，第283页。

⑥刘文典撰：《淮南鸿烈集解》（下册），冯逸、乔华点校，中华书局1989年版，第673页。

⑦（汉）韩婴撰，许维遹校释：《韩诗外传集释》，中华书局1980年版，第198页。

⑧陈松长主编：《岳麓书院藏秦简（肆）》，上海辞书出版社2015年版，第169页。

"倅,副也。"①

【19】赀尉史、士

【整理小组注】

此简不是律令起首简,其内容涉及置军吏、似与《置吏律》规定存在联系。简末"士"字之下应接"吏"字。

【大意】《奔警律》说:先遴选应当前往奔警的人员,制作五寸符,每人一符(左右两半),右半符由官府保存,左半符发给奔警的黔首,黔首佩戴着它前往执行任务。所有持奔警符的人都要前往故徼外盗贼发生地所在治所集中,合符以验证身份,然后被按照什伍组织起来。黔首老弱及有癃病而不能担任奔警任务者,要详细在案,不再发给他们奔警符。故徼县道按照命令严守要害之地,预先部署,为奔警者设置将吏,让他们预先知道各自的长官,一旦奔警任务下达,奔警者迅速集中到主管将吏的麾下,主管将吏要管理好他们。老弱罢癃者无法守城,官府要预先设置重兵以保证有足够的守卫力量前往增援,同时也要让他们预先知道主管将吏是谁。一旦开展军事行动,不要临时更换将吏。将吏有死亡者,要及时补充任命;军事征发开始时将吏有缺,县里补充任命。有倅长者就不再重新任命了。将吏有不胜任者,要赀罚尉史、士吏……

五

简 1414-1+1298:

·戍律曰:下爵欲代【1】上爵、上爵代下爵及毋(无)爵【2】欲代有爵者戍,皆许之。以弱代者及不同县而相代,勿许【3】$_{182}$。【不当相代】【4】而擅相代,赀二甲;虽当相代而不谒书于吏【5】,其庸【6】代人者及取代者【7】,赀各一甲$_{183}$。

【1】代

【整理小组注】

代,代戍②。

【2】毋(无)爵

毋(无)爵:指公卒和士五等无爵位者③。

---

①陈松长主编:《岳麓书院藏秦简(肆)》,上海辞书出版社2015年版,第169页。

②同上。

③同上。

【3】以弱代者及不同县而相代,勿许

【补注】

以弱代者,是说雇人服役,不能雇佣比应服役者本人身体素质差的人。睡虎地秦简《司空律》在提到居赀赎债者欲找人替代时,强调必须耆弱相当,也是这个意思。《司空律》:"居赀赎责(债)欲代者,耆弱相当,许之。"

戍卒欲找人替代时,不允许找本县以外的人,这项制度为汉代所继承。肩水金关汉简中所记录的大量雇佣他人代替戍守者,都明确记载是本县的人。《肩水金关汉简(壹)》73EJT5:39:"戍卒梁国杼秋东平里士五丁延。年卅四。庸同县敬上里大夫朱定。"73EJT6:93:"戍卒颍川郡定陵德里公乘秦霸。年五十。庸池里公乘陈宽。年卅四。"73EJT7:42:"戍卒赵国邯郸东赵里士伍道忠。年卅。庸同县临川里士五郝□。年卅。"73EJT1:81:"戍卒梁国睢阳秩里不更丁姓。年廿四。庸同县驼诏里不更廖亡生。年廿四。"戍卒雇佣他人代役,必须上报官府得到批准。肩水金关汉简中所记录的雇佣本县人代戍的记录,正是这一制度的体现。

肩水金关汉简的庸代服役记录,也体现了"耆弱相当"的原则。戍卒雇佣的服代役者一般与本人年龄相同或比本人年龄小,极个别也有比本人年龄大的,当双方都属于壮年的范围,官府或许也就容忍了这一情况。如肩水金关汉简73EJT29:100:"田卒贝丘庄里大夫成常幸。年廿七。庸同县厝期里大夫张收。年卅。长七尺。"73EJT30:12:"戍卒淮阳郡陈安众里不更舒毕。年廿四。庸同里不更夏归来。年廿六。"73EJT21:105:"……成里上造薛广。年廿四。庸同县武成里陈外。年卅八。"肩水金关汉简的记录似乎表明,当时被雇佣者的年龄应该在五十岁以下。如73EJT23:749:"□五十以下欲为戍庸。"

【4】【不当相代】

【补注】

"不当相代"四字据1297号简背面反印文补①。

【5】谒书于吏

【补注】

谒书于吏,以文书的形式向有关官吏请示。睡虎地秦简《秦律十八种·内史杂》:"有事请殹(也),必以书,毋口请,毋羈(羇)请。"

①陈松长主编:《岳麓书院藏秦简(肆)》,上海辞书出版社2015年版,第169页。

【6】庸

【整理小组注】

庸:见《汉书·栾布传》:"穷困卖庸于齐。"颜师古注:"谓庸作受顾也。"①

【7】取代者

【补注】

取代者,指顾主。

【大意】《戍律》说:下级爵位者欲代替上级爵位者、上级爵位者欲代替下级爵位者以及无爵位者欲代替有爵位者去戍守,都是允许的。身体弱者代替身体强壮者以及户籍不同县者相互替代戍守,不允许。不应当相代戍守而擅自相代者,赀罚各二甲;虽然可以相代戍守但事先没有以书面文件向官吏报告者,受顾佣代人者及顾佣者,赀罚各一甲。

六

简 1299 + 1238 + **缺简** + 1225 + J46:

·戍律曰:戍者月更。君子【1】守官【2】四旬以上为除戍一更【3】。└遣戍,同居毋并行。不从律,赀二甲【4】。戍在署【5】,父母、妻死$_{184}$,遣归葬。告县,县令拾日。└繇(徭)发,亲父母、泰父母、妻、子死,遣归葬。已葬,辄聂(摄)以平其繇(徭)$_{185}$【6】。(缺简)而舍之,缺其更【7】,以书谢于将吏【8】,其疾病有瘳、已葬、劾已【9】而遣往拾日【10】于署,为书以告将吏【11】,所【将】【12】$_{186}$疾病有瘳、已葬、劾已而敢弗遣拾日,赀尉、尉史、士吏主者各二甲,丞、令、令史各一甲$_{187}$。

【1】君子

【补注】

"君子"亦见于岳麓简 1396 + 1367:"置吏律曰:县除小佐毋(无)秩者,各除其县中,皆择除不更以下到士五史者为佐,不足,益除君子子、大夫子、小爵$_{210}$及公卒、士五(伍)子年十八岁以上备员,其新黔首勿强,年过六十者勿以为佐$_{211}$。"简 1378 + 1418:"君子、虏、收人、人奴、羣耐子、免者$_{213}$、赎子,其前卅年五月除者勿免,免者勿复用$_{214}$。"

睡虎地秦简律令中也记载了有关"君子"的职能。《徭律》简 116:"未卒堵坏,司空将红(功)及君子主堵者有罪。"整理小组注:"本条司空、君子系县司空、署君子省称,参

①陈松长主编:《岳麓书院藏秦简(肆)》,上海辞书出版社 2015 年版,第 169 页。

看秦简《秦律杂抄》‘戍者城及补城’条。当时守城,分段防守,称为署,据简文署的负责人称署君子。”[①]《秦简牍合集:释文修订本》(壹):“魏德胜(2005):‘君子’指官员。‘君子主堵者’就是负责城墙建设的官员,‘署君子’是某个岗位的官员,‘君子毋害者’是没有过失的官员。建筑城墙、宿卫守城、留守,《睡简》中负责这些工作的有时没有固定的官职,按照需要临时指派,秦律明确他们的职责时,用较笼统的词‘君子’来指称。”[②]睡虎地秦简《置吏律》:“官啬夫节(即)不存,令君子毋(无)害者若令史守官,毋令官佐、史守。”整理小组注:“君子,《左传》襄公十三年注:‘在位者。’这里疑指有爵位的人。参看《秦律杂抄·除吏律》‘有兴’条。”[③]《秦律杂抄》简34:“徒卒不上宿,署君子、敦(屯)长、仆射不告,赀各一盾。”整理小组注:“署君子,防守岗位的负责人。”[④]《秦律杂抄》简40~41:“戍者城及补城,令姑(嫴)堵一岁,所城有坏者,县司空署君子将者,赀各一甲;县司空佐主将者,赀一盾。”

【2】守官

【补注】

守官,代理职务。睡虎地秦简《秦律十八种·置吏律》简161:“官啬夫节(即)不存,令君子毋(无)害者若令史守官,毋令官佐、史守。”这里的“守官”指代理职务,与徒隶“守官府”有所不同,后者指的是看守门户。如睡虎地秦简《秦律十八种·司空律》简150:“司寇勿以为仆、养、守官府及除有为殹(也)。有上令除之,必复请之。”又如《法律答问》简133:“罢痒(癃)守官府,亡而得,得比公痒(癃)不得?得比焉。”

睡虎地秦简《秦律杂抄》简1~2:“有兴,除守啬夫、假佐居守者,上造以上不从令,赀二甲。”整理小组注:“守、假,意均为代理。在汉代,假佐成为一种低级官吏名称,见《汉书·王尊传》、《续汉书·百官志》及《急就篇》,也见于居延汉简。居守,留守。秦制,有战事时,地方官吏须服军役。”[⑤]

【3】为除戍一更

为除戍一更,为君子守官四旬以上者免除一次戍边的更役。免除更役,是秦代官府

①睡虎地秦墓竹简整理小组:《睡虎地秦墓竹简》,文物出版社1990年版,第48页。

②陈伟主编,彭浩、刘乐贤等撰著:《秦简牍合集:释文注释修订本(壹)》,武汉大学出版社2016年版,第107~108页。

③睡虎地秦墓竹简整理小组:《睡虎地秦墓竹简》,文物出版社1990年版,第56页。

④睡虎地秦墓竹简整理小组:《睡虎地秦墓竹简》,文物出版社1990年版,第88页。

⑤睡虎地秦墓竹简整理小组:《睡虎地秦墓竹简》,文物出版社1990年版,第79页。

奖励吏民的一种方式。睡虎地秦简《厩苑律》:“以四月、七月、十月、正月肤田牛。卒岁,以正月大课之,最,赐田啬夫壶酉(酒)束脯,为旱(皂)者除一更,赐牛长日三旬。”整理小组注:“更,古时成年男子有为封建政权服役的义务,一月一换,称为更。一更,指服一次更役。《汉书·昭帝纪》注引如淳云:‘更有三品,有卒更,有践更,有过更。……《食货志》曰:“月为更卒,已复为正一岁,屯戍一岁,力役三十倍于古。”此汉初因秦法而行之也。’”①

另外,睡虎地秦简整理小组把“为皂者”三字连读,理解为一个词,说:“为皂者,饲牛的人员。”现在看来,这个断句还是有问题的。岳麓简“为除戍一更”,“为”是介词,后面省略了宾语“之”,也就是“君子守官四旬以上者”,为之免除戍役一更。与之相比较,睡虎地秦简“为皂者除一更”,“皂者”就是“为”的宾语,不过“除”后省略了役的种类名称。

【4】遣戍,同居毋并行。不从律,赀二甲。

【补注】

睡虎地秦简《秦律杂抄》简39:“戍律曰:同居毋并行,县啬夫、尉及士吏行戍不以律,赀二甲。”相比之下,岳麓简“同居毋并行”与“不从律”之间,少“县啬夫、尉及士吏行戍”一句,也就是说岳麓简少了“不从律”的主语,同时,岳麓简“同居毋并行”之前的“遣戍”,在睡虎地秦简中被挪到句中,并改称“行戍”。可以看出,岳麓简和睡虎地秦简的两个抄手中,至少有一方是根据自己的理解对法律条文进行了轻微的变化。就文义的表达而言,睡虎地秦简的记录更明确一些。

【5】署

【整理小组注】

署:服役之处所。《张家山汉简·二年律令·兴律》:“若戍盗去署及亡盈一日到七日,赎耐。”②

【补注】

“署”作“岗位、处所”解,屡见于睡虎地秦简。《秦律十八种·仓律》简55:“城旦之垣及它事而劳与垣等者,旦半夕参;其守署及为它事者,参食之。”整理小组注:“署,岗位。《史记·秦始皇本纪》集解引如淳云:‘律说,论决为髡钳,输边筑长城,昼日伺寇

①睡虎地秦墓竹简整理小组:《睡虎地秦墓竹简》,文物出版社1990年版,第23页。

②陈松长主编:《岳麓书院藏秦简(肆)》,上海辞书出版社2015年版,第170页。

虏,夜暮筑长城;城旦,四岁刑。'本条垣即筑城,守署即伺寇虏。"①《秦律杂抄》简34:"徒卒不上宿,署君子、敦(屯)长、仆射不告,赀各一盾。宿者已上守除,擅下,人赀二甲。"整理小组注:"署君子,防守岗位的负责人。"②《秦律杂抄》简40~42:"戍者城及补城,令姑(嫴)堵一岁,所城有坏者,县司空署君子将者,赀各一甲;县司空佐主将者,赀一盾。令戍者勉补缮城,署勿令为它事;已补,乃令增塞埤塞。县尉时循视其攻(功)及所为,敢令为它事,使者赀二甲。"《法律答问》简196:"可(何)谓'署人''更人'?耤(藉)牢有六署,囚道一署旞,所道旞者命曰'署人',其它皆为'更人';或曰守囚即'更人'殹(也),原者'署人'殹(也)。"整理小组注:"署,看守岗位,参看《秦律十八种》中的《徭律》注〔七〕。署人,站岗防卫的人。"③

【6】已葬,辄聂(蹑)以平其繇(徭)

【补注】

"聂",陈松长曾主张通"摄",他说:"张家山汉简《徭律》中写作聂,读为摄,解释为'拘捕'。据张家山汉简和文义判断,这里也许是漏掉了一个'勿'字。'平',宽恕,免除。《荀子·富国》:'请田野之税,平关市之征,省商贾之数',杨倞注:'平犹除也'。这句话的意思大致是,归葬以后,就不要再拘捕,并以归葬的原因而免其徭役。"④笔者对此曾有相应的议论:"岳麓简此处的'聂(摄)'字可理解为征召,而不一定非要理解为拘捕,'聂(摄)'字之前不存在漏字的可能,'平'字也不应该解释为免除,《左传》中'平'有'成'的含义,理解为补偿更恰当。因为服役者在服役期间家中有丧事,国家法律允许归家办理丧事,并给予一定的假期,当然不可能事后去抓捕回家办理丧事的人了。既然如此,再在法律上说一句不抓捕他们,显然重复多余,这对于严谨的法律条文来说是不应出现的。另外,张家山汉简《徭律》中的'摄'解释为拘捕,也未必恰当。因为律文的主要意思是针对应服徭役者生病达一年或因他事已被司法部门拘系者,这类人在本年确实无法应征服役,因此免除本年的徭役。律文之所以强调'病盈卒岁',一是表明服役者病情严重,二是在本年内确实没有时间去补偿徭役了。而且如果应服役者已被官府拘系,下文也没有必要再说'勿摄'了。因此,笔者认为张家山汉简《徭律》中的

①睡虎地秦墓竹简整理小组:《睡虎地秦墓竹简》,文物出版社1990年版,第33~34页。

②睡虎地秦墓竹简整理小组:《睡虎地秦墓竹简》,文物出版社1990年版,第88页。

③睡虎地秦墓竹简整理小组:《睡虎地秦墓竹简》,文物出版社1990年版,第140页。

④陈松长:《岳麓书院藏秦简中的徭律例说》,载《出土文献研究》第十一辑,中西书局2012年版,第165页。

‘摄’也是征召服役的意思。服役者办完丧事,国家就会把他们召回去补偿原来耽误了的服役时间。”[①]现在竹简整理本《徭律》1363 简的注释中,一说认为“聂”通“蹑”,有“追”义,是讲得通的。[②] 因为“追”有“补偿”义,“辄聂(蹑)以平其繇(徭)”就是说随即补上应服的徭役,以完成当年应服徭役的总额。

【7】缺其更

【补注】

缺其更,空缺本次更役。《戍律》这部分讲的是服役者有事请假的事,因此,这里的“缺其更”,应该是当事人有事请假,不能完成本次更役,故称“缺其更”。

【8】以书谢于将吏

【补注】

这里的“书”,指的是请假报告之类的文书。“而舍之,缺其更”前缺简,从上下文推测,其意大概是因为生病或家中有丧事等特殊原因,服役者需要写请假报告呈报上级,“谢”有致歉之义,这里是向上级说明情况。因病而请假的文书,称为“病书。”居延汉简中多见此类文书。如《居延新简》EPF22·80+81+82:“建武三年三月丁亥朔己丑,城北隧长党敢言之。乃二月壬午,病加两脾雍肿,匈胁丈满,不耐食饮,未能视事,敢言之。三月丁亥朔辛卯,城北守候长匡敢言之。谨写移隧长堂病书如牒,敢言之。今言府,请令就医。”《居延汉简释文合校》44·23:“日病伤汗未视事。”46·24:“未能视事敢言之。”403·9:“☐未能视事敢☐”都属于请病假的病书[③]。

【9】劾已

【整理小组注】

劾已,核验完毕[④]。

【补注】

岳麓简整理小组这个注释值得商榷。劾,在此当指诉讼。秦汉律中“有劾”常指有官司在身。睡虎地秦简《效律》简 54:“尉计及尉官吏节(即)有劾,其令、丞坐之,如它

①朱红林:《岳麓书院藏秦简〈徭律〉补说》,载王沛主编《出土文献与法律史研究》第 3 辑,上海人民出版社 2014 年版,第 53~54 页。

②陈松长主编:《岳麓书院藏秦简(肆)》,上海辞书出版社 2015 年版,第 174 页。

③朱红林:《里耶秦简视事简研究》,载王沛主编《出土文献与法律史研究》第 4 辑,上海人民出版社 2015 年版,第 24 页。

④陈松长主编:《岳麓书院藏秦简(肆)》,上海辞书出版社 2015 年版,第 170 页。

官然。”整理小组注：“有劾，犯了罪。”①劾已，官司了结。这里说的当是服役人员中有人有官司在身，被司法机关调走处理，案件处理完毕之后出狱，还要照常服役。《岳麓肆》简185与简186之间有缺简，缺的这部分恐怕就是服役者中出现“有劾”情况的记载。

“劾已”又作“已劾”。岳麓简2087：“有罪去亡，弗会，已狱及已劾未论而自出者，为会，鞫，罪不得减$_{15}$。”

【10】拾日

【整理小组注】

拾日，或作“给日”，“拾”义见《亡律》简2080注②。

【补注】

案：《亡律》简2080注：“拾，通给。《说文·纟部》：‘给，相足也。’《玉篇》：‘供也，备也。’拾逋事：指罪人完成其逋逃的劳役。《张家山汉简·二年律令·具律》第157简：‘吏民亡，盈卒岁，耐；不盈卒岁，系城旦舂；公士、公士妻以上作官府，皆偿亡日。其自出殹（也），笞五十。给逋事，皆籍亡日，軵数盈卒岁而得，亦耐之。’”据此，“拾日”即补足因逃亡而落下的服役日数。

【11】为书以告将吏

【补注】

因病或家有丧事的戍卒在病愈或丧事料理完毕，经有关部门同意之后，即前往戍守岗位继续完成戍守任务，并把情况以文书的形式向戍守负责人汇报。这里的“为书”，指的是写销假报告③。《居延汉简释文合校》6·8：“五凤二年八月辛巳朔乙酉，甲渠万岁隧长成敢言之：‘乃七月戊寅夜，随坞陡伤要，有廖，即日视事，敢言之。’”56·35A：“☑九月甲寅朔戊寅，第☑☑敢言之病有瘳即☑”59·37：“壬寅到官，霸校计十日，癸丑病头廛。戊午有廖。谨遣霸诣府☑”143·24：“☑病廖，视事。”185·22：“甲渠言，士吏孙猛病，有廖，视事，言府。●一事集封。”190·3：“病有廖，月十三日视事，当☑”253·11A：“☑十日丁酉病廿七日甲寅视事☑☑□□□巳病廿七日甲寅视事乐☑”《居延新简》EPT53·26：“五凤三年四月丁未朔甲戌，候史通敢言之官。病有廖，即日视事，敢言

①睡虎地秦墓竹简整理小组：《睡虎地秦墓竹简》，文物出版社1990年版，第75页。

②陈松长主编：《岳麓书院藏秦简（肆）》，上海辞书出版社2015年版，第170页。

③朱红林：《里耶秦简视事简研究》，载王沛主编《出土文献与法律史研究》（第4辑），上海人民出版社2015年版，第24~25页。

之。"EPT58・82:"正月庚寅,甲渠候破胡以☑强疾有廖书一编,敢言☑"这是几份官吏身体伤愈后开始视事的文书。可以看出,居延汉简中所见的销假制度,在秦代就有类似的法律规定了。

【12】【将】

【整理小组注】

此处简尾有残,据简长来判断,应该已没有一个字的位置,但据简文内容来分析,应该是抄漏了一个"将"字①。

【大意】《戍律》说:戍者每月轮换。君子代理官职四旬以上者,可以免除一次更役。派遣戍守人员的时候,同居两人以上者,不同时征发。如有官吏不遵守这项法律规定,赀罚二甲。在岗位上防守时,如家中父母、妻死亡,(边塞官吏)派遣他们回家办理丧事。(丧事处理完毕后)向所在县报告,县官安排他们补足未完服役的日数。征发徭役时,家中亲父母、祖父母、妻、子死亡,官府安排他们归家处理丧事。丧事办理完毕,要及时补充完毕原来空缺的服役日数。(缺简)而舍弃他们,缺其应服的更役,以文书向有关将吏说明情况。服役人员中身体有病康复者、有丧事已处理完毕者、有狱讼于身已结案者,官府派遣他们前往工作岗位,继续服役完成自己服役日期,到工作岗位后要向负责将吏用文书说明情况。那些身体康复者、办完丧事者、狱讼完毕者,官府不把他们派遣回去补足服役日数,赀罚县尉、尉史及负责士吏各二甲,县丞、县令、令史各一甲。

七

简 1267+1273:

戍律曰:城塞陛鄣【1】多(决)坏【2】不修,徒隶少不足治,以闲时岁一兴大夫以下至弟子、复子无【3】复【4】不复,各旬188以缮之。尽旬不足以●(索)【5】缮之,言不足用积徒数属所尉,毋敢令公士、公卒、士五(伍)为它事,必与缮城塞189。

【1】陛鄣

【整理小组注】

陛鄣:陛,《说文》:"陛,升高阶也。""鄣"同"障",《张家山汉简・二年律令・贼律》:"以城邑亭障反,降诸侯,及守乘城亭障。"②

①陈松长主编:《岳麓书院藏秦简(肆)》,上海辞书出版社2015年版,第170页。

②同上。

【2】(決)坏

【整理小组注】

(決)坏:毁损,见《睡虎地秦简·徭律》:“卒岁而或(決)坏。”①

【3】无

【整理小组注】

无:无论。见《诗经·鲁颂·泮水》:“无小无大,从公于迈。”②

【4】复

【整理小组注】

复:免除赋役。《汉书·高帝纪上》:“蜀汉民给军事劳苦,复勿租税二岁。”颜师古注:“复者,除其赋役也。”③

【5】䋷(索)

【整理小组注】

䋷(索):尽、空。《睡虎地秦简·仓律》:“皆辄出,余之索而更为发户。”④

【大意】《戍律》说:城塞亭鄣多处损坏缺乏修缮,徒隶人数少不够使用,县官可以在每年农闲时间征发一次大夫以下至弟子、复子,这些人无论是不是已经拥有免除服役的特权,每人赋役十天参与修缮。如果十天还不足以完成修缮工程,应该把缺少的劳役人数上报所属的城尉,由城尉组织公士、公卒、士五(伍)参与修城,不能让这些人干别的事。

八

简 1248 +1249:

岁上【1】舂城旦、居赀续〈赎〉【2】、隶臣妾缮治城塞数、用徒数【3】与黔首所缮用徒数【4】于属所尉,与计偕【5】,其力足190以为而弗为及力不足而弗言者【6】,赀县丞、令、令史、尉、尉史、士吏各二甲。离城乡啬夫坐城不治,如城尉【7】191。

①陈松长主编:《岳麓书院藏秦简(肆)》,上海辞书出版社2015年版,第170页。
②同上。
③同上。
④同上。

【1】岁上

【补注】

岁上,每年上报。睡虎地秦简《内史杂》简187:"都官岁上出器求补者数,上会九月内史。"

【2】居赀续〈赎〉

【整理小组注】

居赀续〈赎〉:"居赀赎债"之省①。

【3】舂城旦、居赀续〈赎〉、隶臣妾缮治城塞数、用徒数

【补注】

"舂城旦、居赀续〈赎〉、隶臣妾缮治城塞数"指的是本年度城旦舂、隶臣妾、居赀赎债者缮治城塞的数量,也就是本年度的工程量。"用徒数"指的是实际使用徒隶的数量。《张家山汉简·二年律令·徭律》:"都吏及令、丞时案不如律者论之,而岁上繇(徭)员及行繇(徭)数二千石官。"徭员,指应服徭役人员的人数。行徭数,即指已征发服役的人数。这也强调每年要上报服徭役的人数。

【4】黔首所缮用徒数于属所尉

【补注】

"黔首所缮用徒数"当断作"黔首所缮(治城塞数)、用徒数"。

春秋战国以来,国家对于徭役征发制度逐渐完善。大规模的工程建设,有关部门首先要进行详细的规划论证,计算所需的人力物力及劳作日期。《左传》宣公十一年载楚国孙叔敖筑城:"令尹蒍艾猎城沂,使封人虑事,以授司徒。量功命日,分财用,平板干,称畚筑,程土物,议远迩,略基趾,具糇粮,度有司。事三旬而成,不愆于素。"孙叔敖的设计非常准确周密,实际工程完工所需人力物力及时间与原计划完全吻合。《左传》昭公三十二年载晋国的士弥牟主持营成周:"己丑,士弥牟营成周,计丈数,揣高卑,度厚薄,仞沟洫,物土方,议远迩,量事期,计徒庸,虑材用,书糇粮,以令役于诸侯。属役赋丈,书以授帅,而效诸刘子。韩简子临之,以为成命。"士弥牟所设计的成周城修缮方案大概也很成功,《左传》记载说"城三旬而必,乃归诸侯之戍",时间与孙叔敖筑城时间相同。

①陈松长主编:《岳麓书院藏秦简(肆)》,上海辞书出版社2015年版,第170页。

工程的论证规划,不仅要有行政部门的负责人参与,也要有专门的技术人员参与其中。睡虎地秦简《徭律》:"县为恒事及谳有为殹(也),吏程攻(功),赢员及减员自二日以上,为不察。上之所兴,其程攻(功)而不当者,如县然。度攻(功)必令司空与匠度之,毋独令匠。其不审,以律论度者,而以其实为繇(徭)徒计。"司空是主管工程建筑的行政负责人,匠则是专门的技术人员。"赢员及减员自二日以上",说的是实际工程进展过程中,所需劳动力超出工程预算或劳动力有剩余以及工程建设时间与预期时间出现误差的种种情况。出现此类误差,情节严重者,有关设计人员是要受到处罚的。

工程完毕之后,有关部门要根据工程预算与实际完成情况的比较,进行考核。《周礼·地官·乡师》:"大役,则帅民徒而至,治其政令;既役,则受州里之役要,以考司空之辟,以逆其役事。"郑玄注云:"役要,所遣民徒之数。"贾公彦疏:"所役之民,出于州里,今欲钩考所作功程,须得所遣民徒本数,故云既役则受州里之役要。役要则役人簿要。"①岳麓简此处说县道每年要上报本年度所征发徒隶及黔首的人数,正相当于《周礼》所谓的"役要",这一方面是为了通过审核本年度工程量与徭役征发实际人数之间的关系,得知工作效率,也是为下一年度徭役征发提供依据。

城池的修缮由具有军事职能的县尉负责。亦见于睡虎地秦简《秦律杂抄》:"戍者城及补城,令姑(嫴)堵一岁,所城有坏者,县司空署君子将者,赀各一甲;县司空佐主将者,赀一盾。令戍者勉补缮城,署勿令为它事;已补,乃令增塞埤塞。县尉时循视其攻(功)及所为,敢令为它事,使者赀二甲。"

【5】与计偕

【补注】

与计偕,作为上计数据的一部分而上交。睡虎地秦简《秦律十八种·仓律》:"县上食者籍及它费大(太)仓,与计偕。都官以计时雠食者籍。"整理小组注:"与计偕,《汉书·武帝纪》注:'计者,上计簿使也,郡国每岁遣诣京师之上。偕者,俱也。'即与地方每年上呈计簿同时上报。"②《释文修订本》:"陈直(1979,29页):计偕有两类性质,一为上计簿时所偕之物,如地方产品,地图之类是也。二为上计簿时所偕之人,如儒林传序,'二千石谨察可者,常与计偕'。高恒(1994,36页):秦简中的法律条文,多颁行于普遍设郡以前,因此在上计问题上,未反映出郡县的隶属关系。康大鹏(1994,34–35

①(清)孙诒让撰:《周礼正义》第3分册,王文锦、陈玉霞点校,中华书局1987年版,第820页。

②睡虎地秦墓竹简整理小组:《睡虎地秦墓竹简》,文物出版社1990年版,第28页。

页):与‘廥籍’由内史审核不同,‘食者籍’由太仓审核。两个机构没有隶属关系。工藤元男(1995):仓律中的与计偕应是一个行政用语,指县使计吏携带领取口粮的人员名籍及与其他费用(相关的计簿),上交太仓。”①笔者在这里同意工藤元男的观点,即“与计偕”是一个行政用语,它不是说与计簿一同上交,而是作为上计的一部分上交的意思。

【6】其力足以为而弗为及力不足而弗言者

【补注】

“其力足以为而弗为”,为,在这里是指分配、调配的意思,又作“力足以均而弗均”。岳麓简148~150:“给邑中事,传送委输,先悉县官车牛及徒给之,其急不可留,乃兴繇(徭)如律;不先悉县官车牛徒,而兴黔首及其车牛以发繇(徭),力足以均而弗均,论之。”这里说的是邑中传送委输首先应该使用的是官府的徒隶及马牛,官府徒隶马牛数量不足时方可征调黔首及其马牛,“力足以均而弗均”说的是官府的徒隶马牛如能合理分配完成任务却未合理分配,从而导致需要征发黔首服役,这种情况下,有关官吏要受到处罚。

岳麓简:“繇(徭)多员少员,颓(隤)计后年繇(徭)成数。发吏力足以均繇(徭)日$_{254}$,尽岁弗均,乡啬夫、吏及令史、尉史主者赀各二甲,左䙴(迁)。”“发吏力足以均繇(徭)日,尽岁弗均”说的是负责徭役征发的官吏,本来可以通过合理分配服徭役的日期完成本年度的工作,但他全年并未对服徭日数作出合理的分配,结果导致不得不超额征发徭役以完成年度工作,因此直接负责的官吏要受到降职处理。

里耶秦简中就记载了这样一个例子。里耶秦简8-755+756+757+758+759:

“卅四年六月甲午朔乙卯,洞庭守礼谓迁陵丞:丞言徒隶不田,奏曰:司空厌等当坐,皆有它罪,耐为司寇。有书,书壬手。令曰:吏仆、养、走、工、组织、守府门、匠及它急事不可令田,六人予田徒四人。徒少及毋徒,薄(簿)移治虏御史,御史以均予。今迁陵廿五年为县,廿九年田廿六年尽廿八年当田,司空厌等失弗令田。弗令田即有徒而弗令田且徒少不傅于奏。及苍梧为郡九岁乃往岁田。厌失,当坐论,即如前书律令。/七月甲子朔癸丑,洞庭叚(假)守追迁陵。/歇手。·以沅阳印行事。歇手。”

这条材料就是说,司空厌因为没有组织徒隶耕种官田,徒隶不足也没有及时上报,

①陈伟主编,彭浩、刘乐贤等撰著:《秦简牍合集:释文注释修订本(壹)》,武汉大学出版社2016年版,第64页。

因此受到迁陵县丞的举报,并被追究责任。这种情况正属于岳麓秦律所说的"其力足以为而弗为及力不足而弗言者"的范围。

【7】离城乡啬夫坐城不治,如城尉。

【整理小组注】

离城乡啬夫:离城,指别离于郡治或县治的城塞,相对后文"城"而言。离城不置尉,由其所在乡之啬夫掌治城之事,称"离城乡啬夫"。城尉,整治城塞的尉,似为文献所见县都亭之尉。见《史记·李将军列传》:"还至霸陵亭,霸陵尉醉,呵止广。……止广宿亭下。"①

【补注】

城尉,此处或许是县尉。简文说"离城乡啬夫坐城不治,如城尉",那么与"离城"相对的当然是县治所在的城,因此我们推测这个城尉可能是县尉。睡虎地秦简《戍律》:"戍者城及补城,令姑(嫴)堵一岁,所城有坏者,县司空署君子将者,赀各一甲;县司空佐主将者,赀一盾。令戍者勉补缮城,署勿令为它事;已补,乃令增塞埤塞。县尉时循视其攻(功)及所为,敢令为它事,使者赀二甲。"睡虎地秦简的记载证明,县尉有督责修缮城池的职能。

"城尉"一职,见于居延汉简。

居延汉简10·29:"闰月丁巳。张掖肩水城尉谊以近次兼行都尉事,下候、城尉,承书从事,下当用者,如诏书。/守卒史义。"19·3:"驰诣肩水候官、城尉。"199·11:"城尉一人,秩二百石。塞尉三人,秩各二百石。官佐七人。候史廿人。"216·3:"二具,皆曲梁。元凤六年六月壬寅朔己巳,仓石候长婴齐受守城尉毋害。"306·25:"檄到,禹等诣城尉官。"512·3:"守城尉广国病书。"居延新简74EJF3:155:"始建国三年五月庚寅朔壬辰,肩水守城尉萌移肩水金关吏所葆名,如牒。书到,出入〔如〕律令。""城尉,官名。据简文,候官所在地称鄣,都尉府所在地称城。城尉,即主管城官事务之官职。为都尉属官,位在候下,但可兼行都尉事。"②

肩水金关汉简73EJT1:3:"七月壬辰,张掖肩水司马阳以秩次兼行都尉事,谓候、城尉:写移书到,庾索部界中,毋有,以书言。会廿日。如律令。/掾遂、守属况。"73EJT3:

①陈松长主编:《岳麓书院藏秦简(肆)》,上海辞书出版社2015年版,第170页。

②甘肃省文物考古研究所编,薛英群、何双全、李永良注:《居延新简释粹》,兰州大学出版社1988年版,第71页。

109:“永光五年正月乙巳朔壬申,肩水城尉奉世、行成宣等,自言遣葆□□之官。如牒。书到,出入如(下缺)。”73EJT5:91:“肩水城尉……来。”73EJT6:124:“橐他守候肩水城尉敦煌常安里公☐。”73EJT8:21:“☐吏过府谒毋致者。辄令城尉☐”73EJT21:80:“戊申,肩水城尉□县爵里年姓。”73EJT21:129:“●凡出谷小石百一十八石六升。元凤五年十二月中付城尉李(下缺)”73EJT23:164:“一封诣居延都尉。一封□二封……□封肩水城尉……。”73EJT23:824:“(前缺)候印,诣肩水都尉府。一封张掖肩候印,诣城尉。……橐他莫当隧卒仁即行。日未入一干时(下缺)。”73EJT23:933:“□居延令印。一封诣虋阳。一封诣内黄。一封诣媪围。一封张掖肩水。……候印。一封昭武。一封诣肩水城尉官。二封张掖肩候。一封诣昭武狱。一封诣……亭卒□受橐他莫当隧卒租即行。日食时付沙头亭卒合。”73EJT23:938:“居令延印。一封诣酒泉会水。一封诣张掖大守府。一封诣氐池。一封居延甲候诣姑臧。二封张掖广地候印。一封诣……尉府。一封诣肩水城尉府。一封郭全私印诣肩水城官檄二。居延令印。诣昭武。□□卒高宗受橐他。莫隧卒赵人即行。日蚤食时。付沙头亭卒充。”

【大意】每年向城尉上报城旦舂、居赀赎债、隶臣妾需要维修的城塞的数量、所使用徒隶的数量以及黔首所修缮城塞所需人数,与上计的材料一同上报,城尉有足够的力量修缮而不行动以及力量不足而不向上汇报,县丞、县令、令史、尉史、士吏各赀罚二甲。离城乡啬夫如果因为城塞不好好修缮而获罪,按照城尉治罪。

[责任编辑:武航宇]

·史料集珍·

赵尔巽编《刑案新编》介绍(五)

——兼与《沈家本辑刑案汇览三编》比较*

张田田**

目　次

一、赵尔巽编《刑案新编》与《沈家本辑刑案汇览三编》比较

笔者在《法律文化论丛》第2、4、6、8辑中曾连续整理介绍《刑案新编》(以下简称《新编》)。《新编》三十卷①,赵尔巽编,兰州官书局光绪二十八年(1902年)面世②,集中收录道咸同光四朝案件。

与《刑案汇览》等案例汇编相似,《新编》借用清律门类、条文标题来梳理一段时间

*本文为沈阳师范大学博士科研启动项目的阶段性成果。

**沈阳师范大学法学院副教授。

①依次为“北城挂斗边南山倚殿前半岭通佳气中峰绕瑞烟云标金阙回树杪玉堂悬”这三十个分册。另据杨一凡教授指点,唐诗出自杜审言《蓬莱三殿侍宴奉敕咏终南山应制》“北斗挂城边,南山倚殿前。云标金阙回,树杪玉堂悬。半岭通佳气,中峰绕瑞烟。小臣持献寿,长此戴尧天”。

②笔者所见为哥伦比亚大学图书馆藏并数字化之版本,原网址 http://clio. columbia. edu/catalog/5998133,今已失效。杨一凡先生收集有多个版本,四十卷本应较笔者所见版本更具研究价值。

的案件[①]，案例索引套用清律律目框架，只列适用相关律例规定的律目，案例附于律目之下，案件命名采用案情提要方式，对案件主要情节、主犯情节、驳案缘由等作简介，并注明刑部覆核之年份、经办之司（或其他相关部门）、犯人姓名（一般为主犯姓名，或"指驳情节"所反映出的定罪量刑有争议中的人犯名）。

与《新编》刊印时间接近、收录案件时有重叠的《新增刑案汇览》[②]与《刑案汇览续编》[③]，编纂风格和收录内容均是在《刑案汇览》基础上的延续，笔者曾将上述二书作为《新编》的参照系，扩展观察道光朝及以后类似案件在"刑案汇编"中的收录情况。但随着2016年凤凰出版社推出的收录道咸同光案例三千余件的《沈家本辑刑案汇览三编》（以下简称《三编》），给笔者以新启示：最适切的对比应在《新编》与《三编》之间。

根据此《三编》的前言：2004年北京古籍出版社出版的收录《刑案汇览》《续增刑案汇览》《新增刑案汇览》三种的《刑案汇览三编》，与《三编》无涉。[④]

（一）收录案例比较——以"杀死奸夫"门为例

清律"人命"门律目20个，《新编》搜集案件涉及律目11个[⑤]，《三编》达到17

①《刑案汇览》在"律目"框架下，对案件分门别类进行编排，其"续编""新增"等亦如之。但新编则只在案情提要上依照"律目"编排，提要顺序与案件编排不符。此外，录既成之案、刑部议驳之案的《驳案新编》，录律例无明文、加减比拟论罪的《刑部比照加减成案》，也是在"律目"框架下排列案件的。参见张田田：《〈大清律例〉律目研究》，法律出版社2017年版。

②光绪十二年（1886年）刊印。其"凡例"中称，收录道光二十二年至光绪十一年（1842—1885年）案，"前集条目中无案者增入三十条"，编纂迅速，"系'急就章'"。《新增刑案汇览》，法律出版社2007年版，凡例第2～3页。此书现存多个版本，为学者利用方便，仍以点校本中信息为主。

③笔者未见光绪时刊本，因此据法律出版社2007年点校本来整理《刑案汇览续编》（以下简称《续编》）中相关案件情况。据介绍，《续编》始终是单独成书，内容比《续增刑案汇览》丰富，卷数为后者的两倍，篇幅相当于后者的四倍。《续编》有同治十年（1871年）吴潮序，光绪十年（1884年）卞宝第等序，刑部多名官员收集选编、于同治十年形成初稿若干卷，光绪二年（1976年）撰成三十二卷初稿，后由何锡俨、蓝佩青陆续审定，与光绪十年详定成书，光绪十三年（1887年）集资刊印。《续编》的版本相对较少，主要有光绪十三年退思轩刻本，光绪二十六年（1900年）荣成李保和刻本，1970年台北文海出版社据光绪二十六年李保和刻本影印本。标点时，以《续编》清光绪十三年退思轩刻本为底本。参见《刑案汇览全编》，法律出版社2007年版，整理说明第1～5页。《续编》续辑道光十八年到同治十年（1838—1871年）经中央司法机关审理的刑名事例一千余件。参见张晋藩主编：《清代律学名著选介》，中国政法大学出版社2009年版，第599页。

④《三编》共126册，沈家本在序中言为124卷，《未刻书目》等著录为100卷，清史稿艺文志著录为50卷。据该书封面，厘为50卷附1卷。

⑤谋杀人、谋杀制使及本管长官、谋杀祖父母父母、杀死奸夫、杀一家三人、造畜蛊毒杀人、斗殴及故杀人、戏杀误杀过失杀伤人、杀子孙及奴婢图赖人、弓箭伤人、威逼人致死。提要条数大致对应案件数量，达到271个，其中案件排名前三的门类依次是"斗殴及故杀人""戏杀误杀过失杀伤人""杀死奸夫"。

类。[①]《三编》中的“杀死奸夫”类案件，分布在卷二十三(上下)、卷二十四(上中下)，超过170个案件。[②] 表1和表2列举了《新编》与《三编》收录“杀死奸夫”案异同。

表1 《新编》与《三编》收录“杀死奸夫”案异同(道咸部分)

《新编》					《三编》
编号	时间	该司	案犯或名目	提要	提要
285xaxb001[③]	道光十八年	山西司	王定世	殴死图奸缌尊按本律斩候毋庸夹签、佳34a	共殴致毙调奸小功婶之缌兄、卷二十四，第415页
285xaxb002	道光十八年	山西司	宋志有	闻妻与人同奸无据迨后见奸夫与妻调笑即将奸妇砍死与奸所获奸无异、佳34a	闻妻与人通奸无据隐忍迨见奸夫与妻调笑将妻杀死、卷二十三，第355页
285xaxb003	道光十九年	浙江司	汪扬阻	亲属捉奸意图送官迨后乂喉致毙按杀死登时定拟、佳34a	有服亲属奸所捉获意图送官因被辱骂乂喉致死、卷二十三，第323页
285xaxb004	道光二十年	四川司	汪喜生	随父捉母奸因母自尽越日杀死奸夫照夜无故入人家例定拟、佳34a	子随父捉母奸因母自尽越日杀死奸夫、卷二十三，第485页
285xaxb005	道光二十四年	山东司	强礼修	擅杀调奸罪人时伊女尚未自尽未便照擅杀应死罪人科断、佳34a	杀死调奸伊女罪人系在伊女自尽之先、卷二十四，第489页
285xaxb006	道光二十五年	湖光司	田应洸	工人黑夜疑贼帮捕殴毙伊主犯奸尊长、佳34a	工人深夜疑贼帮捕殴死伊主之犯奸尊长、卷二十三，第481页
285xaxb007	道光二十八年	陕西司	吴邦直	听纠捉奸杀死奸夫原谋病故下手之人比例减流、佳34b	听纠捉奸杀死奸夫原谋病故下手之人比例减流、卷二十三，第307页

①《三编》多收的是屏去人服食、夫殴死有罪妻妾、车马杀伤人、窝弓杀伤人、庸医杀伤人、尊长为人杀私和这六类。

②“浮签提示需要合并的多个案例，作一个案例处理，标题以首个案例所载为准。”《沈家本辑刑案汇览三编》，凤凰出版社2016年版，前言。

③285为“杀死奸夫”在清律436条中的排序。

续表

《新编》					《三编》
编号	时间	该司	案犯或名目	提要	提要
285xaxb008	道光三十年	山东司	曹羊	因奸妇聘定后未能续奸奸夫谋杀未婚夫、佳34b	通奸在奸妇未许字之先迨许字后因未能续奸将本夫谋杀、卷二十四，第75页

表2 《新编》与《三编》收录"杀死奸夫"案异同（同光部分）

《新编》					《三编》
编号	时间	该司	案犯或名目	提要	提要
285xaxb009	同治四年	湖广司	欧阳钱氏	殴死调奸之夫兄依律斩候比照强奸缌麻卑幼登时致毙随案减流、佳34b	—
285xaxb010	同治五年	四川司	傅滥杆四	因奸被本夫父子捉奸央求寝息后本夫自尽将纠人往捕之尸父刃伤应照罪人拒捕加等科断、佳34b	—
285xaxb011	同治六年	陕西司	王通娃	奸所获奸杀死母之奸夫无论登时非登时俱比照夜无故入人家擅杀定拟、佳34b	—
285xaxb012	同治七年	直隶司	袁凤池	因奸听从图卖奸妇纵奸本夫谋杀支解尸身情节未确、佳34b	图卖奸妇谋杀纵奸本夫为从加功、卷二十四，第179页
285xaxb013	同治九年	江苏司	夏曰璜	杀死犯奸小功弟系在将妻嫁卖之后仍照捉奸已离奸所非登时而杀减徒、佳34b	因小功弟与妻通奸将妻嫁卖后杀死小功弟、卷二十三，第441页
285xaxb014	光绪元年	浙江司	杨乃武	因奸毒毙本夫重案现讯情节与原题尚多歧异驳令覆审又附片酌议各省办理案件仍照向章将原报与初讯复讯各供招详细叙入、佳35a	—

续表

《新编》					《三编》
编号	时间	该司	案犯或名目	提要	提要
285xaxb015	光绪二年	陕西司	陈萌理	奸夫听从商谋杀夫供情仍属支离再驳、佳35a	因奸谋杀本夫一死一伤、卷二十四,第3页
285xaxb016	光绪五年	陕西司	程导洝	奸夫拒捕殴伤本夫骨损、佳35a	—
285xaxb017	光绪五年、七年	奉天司	蓝潮溃	本夫将奸夫奸妇一并砍毙系在将妻休弃之后与因捉奸而杀者有间惟供词尚有未符驳审、佳35a	因死者与伊妻有奸休弃后被死者价买作妾忿激一并砍毙、卷二十三,第223页①
285xaxb018	光绪七年	四川司	王定梆	调奸未成被本夫撞遇拢拿立时将其拒毙照犯罪拒捕杀所捕人拟斩候、佳35a	—
285xaxb019	光绪七年	直隶司	陈立山	杀死强奸伊女未成罪人不得与亲属同科、佳35a	本妇之父母杀死强奸未成罪人、卷二十四,第449页
285xaxb020	光绪八年	奉天司	关泳增	因缌麻侄三人先后将伊妻奸污忿激一并杀死案情未确驳审、佳35a	殴死犯奸缌卑一家三命、卷二十三,第467页
285xaxb021	光绪八年	安徽司	小洪汪氏	因奸致伊姑被杀奸妇不知情惟与伊姑同室居住恐系同谋案情未确驳审、佳35a~35b	—
285xaxb022	光绪九年	河南司	谢小拴	故杀纵奸本夫称系杀非因奸奸妇恐系帮同下手驳审、佳35b	奸夫杀死纵奸本夫、卷二十四,第147页
285xaxb023	光绪九年	陕西司	匡钰山	故杀纵奸本夫奸妇恐系同谋致毙驳审、佳35b	—
285xaxb024	光绪九年	安徽司	朱道芢	杀死图奸伊妻未成罪人事后取得洋钱等物恐系图财谋命驳审、佳35b	事后擅杀图奸未成罪人攫取银洋、卷二十四,第469页

①原题目为“故杀驳讯”。

续表

《新编》					《三编》
编号	时间	该司	案犯或名目	提要	提要
285xaxb025	光绪九年	直隶司	杨桑 * ①	与蒙妇通奸聘嫁后途遇本夫殴毙奸妇在女家犯奸之时是否聘定并未声叙驳讯、佳 35b	奸夫谋杀本夫其与奸妇通奸在本夫未聘定之先、卷二十四，第 79 页
285xaxb026	光绪十一年	直隶司	杨桑 *	因奸起意谋杀聘定未婚本夫通奸系在未聘定之先仍照凡人谋杀律拟即行正法、佳 35b	
285xaxb027	光绪十年	奉天司	方玉金	卑幼强奸有服亲属未成事后被尊长殴毙、佳 35b	卑幼强奸有服亲属未成事后被尊长杀死、卷二十四，第 425 页
285xaxb028	光绪十年	奉天司	俊幅	因奸致本夫将奸妇殴毙奸夫依本夫奸所获奸非登时杀死奸妇例拟流本夫应拟满杖、佳 35b	—
285xaxb029	光绪十一年	四川司	邓沅供	奸拐其妻同逃拐所拿获送究致毙奸夫照奸所获奸非登时论、佳 36a	因奸夫诱拐奸妇同逃纠人追至中途见二人同坐一处将奸夫殴死、卷二十三，第 289 页
285xaxb030	光绪十一年	奉天司	张李氏	本夫畏凶将妻迁往别处奸夫拦路致毙本夫奸妇止科奸罪案情不符驳讯、佳 36a	因奸致夫被拒杀在场喊救奸夫在逃、卷二十四，第 283 页
285xaxb031	光绪十一年	江苏司	王廷湘	本夫捉奸被杀奸夫拒捕起意致死依杀死亲夫例斩决奸妇依奸夫自杀其夫例拟绞、佳 36a	—
285xaxb032	光绪十二年	安徽司	柯王氏	因续奸不允将奸夫戳毙情伤不符驳审、佳 36a	奸妇因别故拒绝奸夫被奸夫逼奸将其戳死、卷二十三，第 341 页②

① * 代表多则卷宗涉及同一案犯。下同。

②将“安徽司”改为“皖抚题”。

续表

《新编》					《三编》
编号	时间	该司	案犯或名目	提要	提要
285xaxb033	光绪十二年	河南司	薛李氏	因贫商同逃出另嫁系因奸起衅奸夫起意谋杀本夫仍按例定拟、佳36a	—
285xaxb034	光绪十二年	贵州司	潘杨氏	因奸谋杀本夫奸妇不知情驳审后嗣于十四年该省遵驳将奸妇改拟、佳36a	奸妇被奸夫强娶为妻不知伊夫被杀情事奸夫在逃、卷二十四,第297页
285xaxb035	光绪十二年	奉天司	王连富	因妻被拐同逃找回后与奸夫同坐说笑忿激一并杀死与奸所获奸无异照律勿论、佳36a	因见奸夫奸妇在道旁同坐说笑忿激一并杀死、卷二十三,第221页
285xaxb036	光绪十二年	奉天司	张赵氏	奸夫自杀其夫奸妇不知情指拿到官后随同翻供与恋奸忘仇不同仍夹签、佳36b	奸妇不知情事后将奸夫指拿到官到案后随同奸夫翻供仍准夹签、卷二十四,第293页
285xaxb037	光绪十三年	山东司	李燕青	因奸妇之子嘱托照应防范杀死奸夫照非应许捉奸之人故杀律酌入缓决、佳36b	因奸妇之子嘱托照应防范杀死奸夫、卷二十三,第555页
285xaxb038	光绪十三年	直隶司	李三城	亲属相奸杀死本夫照例斩决奸妇系被欺奸出于免从即向其姑哭诉又将凶手指获破案于声请减流例上量减拟徒、佳36b	被人欺奸强合和成致夫被杀、卷二十四,第339页
285xaxb039	光绪十四年	奉天司	李李氏	因奸谋杀本夫奸妇知情不阻、佳36b	奸夫谋杀本夫奸妇知情不阻、卷二十四,第61页
285xaxb040	光绪十四年	陕西司	秦漋	奸夫拒杀本夫奸妇是否在场分别拟罪、佳36b	奸夫拒杀本夫奸妇当时逃避、卷二十四,第357页

续表

《新编》					《三编》
编号	时间	该司	案犯或名目	提要	提要
285xaxb041	光绪十六年	直隶司	杨萧氏	因奸致夫被谋杀奸夫先向商谋并未言语捏词诓出亦未拦阻、佳36b	因奸致夫被杀奸夫先向商谋并未言语临时诓出亦未拦阻、卷二十四，第63页
285xaxb042	光绪十五年	奉天司	李少幅	再醮之妇与人通奸改嫁后并未续旧后夫被奸夫杀死并不知情、佳36b	因奸致再醮之夫被杀通奸在改嫁之先、卷二十四，第323页
285xaxb043	光绪十四年	河南司	陈方	因被死者用酒灌醉鸡奸成事后复被逼奸将其杀死、佳37a	男子先被死者灌醉鸡奸隐忍后又被图奸将其杀死、卷二十四，第519页
285xaxb044	光绪十四年	山西司	刘常	杀死调奸伊妻之人案情未确驳讯、佳37a	死者索欠向伊妻调奸忿激将其杀死、卷二十四，第481页
285xaxb045	光绪十四年	山西司	郝梆礼	听从本夫捉奸杀死强奸出嫁表妹未成罪人案情未确驳讯、佳37a	杀死强奸出嫁表妹未成罪人、卷二十四，第459页
285xaxb046	光绪十五年	福建司	雷钟氏	因奸谋杀缌麻尊属酌加枭示、佳37a	—

从表1和表2及附表可明晰，在收录案件数量方面，《三编》大大超过《新编》，内容上也多有重叠，如道光朝案件，《新编》中8案均可见于《三编》，同光两朝案件，《三编》也基本可以涵盖《新编》的选案。但这并不能说《新编》与《三编》雷同，譬如，我们能从表1和表2中看到，两书对案情的概括提炼，即案件的标题或索引名目，并不全然一致；又如，案件的排序标准也不尽相同，《新编》基本上依时间先后为序，而《三编》即便收录同一案件，但编排上却不仅凭时间先后这一重标准。再如，《新编》毕竟在光绪朝便已付梓，《三编》稿本虽列入沈家本的出版计划，却直至2016年方以影印形式面世；《新编》能保留说帖原貌，《三编》中却多见删改标记，对上述成书目的与编纂细节的比较分析，则不应停留在数量层面，还应从编纂思路角度继续探寻。

（二）编纂思路的比较

《新编》为甘臬何福堃作序。沈家本关于《三编》的自序则见于其《寄簃文存》卷六中,解释此稿本的资料来源、纂修过程等(见表3)。两书的相似之处在于:第一,均着眼《大清律例》而重视例案的功能,尤其是刑部说帖"折衷至当"的典范效应;第二,编者与作序者均属光绪时人,此时"刑案汇览"等书,或详于道光中期及以前案件,或散见诸书未及流传,而从道光朝以来,社会动荡,条例变化,旧刻之"刑案汇编"不完备,新近案例待整理,出版更实用的"刑案汇编"有其必要。

表3 《新编》和《三编》序言比较

	何福堃:《〈刑案新编〉序》	沈家本:《刑案汇览三编序》
时间	光绪二十八年(1902年)十一月	丁未仲冬(1907年)
法制背景及资料来源	国家之所以长治久安而有以齐民志、烛民隐,使斯民之情伪无所遁者,明刑弼教而已。夫斯民之情伪百出而不穷,而刑法亦因之以无穷,有为常律所不及者,则必比例依附以出之。是以律者亘百世而不易,例者因情治案、因案定例,随时更订而通行之,有昔从轻而今从重者,有今从轻而昔从重者,因时制宜,悉归明允。……	从前刑部遇有疑似难决之案,各该司意主议驳,先详具说帖呈堂。如堂上官以司议为是,由司再拟,稿尾分别奏咨施行。若堂上官于司议犹有所疑,批交律例馆详核,馆员亦详具说帖呈堂。堂定后仍交本司办稿,亦有本司照覆之稿。堂上官有所疑而交馆者,其或准或驳,多经再三商榷而后定,慎之至也。道光中,渐有馆员随时核覆不具说帖之事,去繁就简,说帖遂少。光绪庚辰以后,凡各司疑难之案,一概交馆详核。于是各司员惮于烦也,遂不复具说帖。馆员亦不另具说帖,径代各司拟定稿尾,交司施行。自是馆事日繁,而各司多不讲求,因有人才牢落之叹。虽经堂上官谆谆告诫,而积习相沿,未之能改。故说帖亦寥寥罕觏,所可采者,惟成案矣。
与他作比较	而官本《律例》外,有《刑案汇览》《驳案新编》"比较按语""秋审摘要",诸刻所载司稿说帖,剖析毫芒,折衷至当,于矜恤庶狱何其郑重分明若此也。	《刑案汇览前编》六十卷,《续编》十六卷,纂订者会稽祝松庵,刊行者歙县鲍季涵也。《前编》所集,有说帖、成案、通行、邸抄以及《所见集》《平反节要》诸书,而以说帖为最多,约居四之二,成案居四之一。《续编》所集,惟说帖、成案、通行、邸抄而无他书,成案居四之三,说帖仅十之一。其中有道光十三、十四等年交馆之案,当时核覆未具说帖者五十九件,此两《编》纂订之不同也。……鲍之《续编》说帖,讫于道光十七年冬季,成案讫于道光十四年,通行讫于道光十八年秋季,邸抄讫于道光十八年九月。自是以后,无人续纂,以接其绪。鄂省刻有一编,所采仅咸丰、同治两朝,亦未完备,与鲍书不能相接。余尝得抄本《驳案集成》一书,起道光十八年,讫三十年,凡三十二卷,系律例馆原本,不知为何人所编,实可以接鲍书之绪。又得抄本道光十八年以后之《馆稿》八册,可以补《集成》之未备。光绪戊子秋,余承乏律例馆,复得裒集咸丰、同治、光绪年事,如是者五年。癸巳秋,擢守天津,不复与馆事,尔后见闻遂寡。间采通行数件,他未及也。

续表

	何福堃:《〈刑案新编〉序》	沈家本:《刑案汇览三编序》
编者与作序者意图	余以光绪丁丑入词曹,转谏垣,巡视城务,每于司坊谳簿,不惮再三研究,虽未敢以明刑弼教自任,而时与西曹诸君子反复讨论,弗失得情勿喜之义。即余家官刑曹者亦代有其人,莫不心存矜恤以求律法之精,所著刑牍亦多见之施行焉。壬辰夏,渥蒙恩命,备兵安肃,时以毋留牍、毋滥刑亦轻纵为牧令劝。戊戌冬,又拜甘臬之命。适赵次山前辈开藩新疆,道出酒泉,举是编授余曰:"君今为提刑使者矣,明刑弼教,固素所期许,是编为刑曹成谳积年汇钞,欲付之手民,有志而未逮也,君其寿之枣梨,以征同志,可乎?"余曰:"诺。"已亥秋,赴臬任,爰嘱从事谳局者为之襄校、排印成帙,越二载工始竣。余谓是编之称不独有以志次山之志也,凡世之以明刑弼教为任者庶有以共志其志乎。质之次山其以为何如也?卷中所录之案,无一旧刻,故以新编颜其端而序其大凡云。	余官西曹三十年,癸未秋,在奉天司主稿,凡议驳之案,必先具说帖,或拟定稿尾,再请交馆。奉天辖东三省,该省官吏多不知刑名事,每年应驳之稿,有多至百余件者。余固不敢惮烦,而同司僚友,亦互相讲求,颇获切磋之益。夫刑名关系重要,其事之蕃变,每千头万绪,其理之细密,如茧丝牛毛。使身膺斯责而不寻绎前人之成说,参考旧日之案情,但凭一己之心思,一时之见解,心矜则愎,气躁则浮,必至差以毫厘,谬以千里。往往一案之误,一例之差,而贻害无穷,岂不殆哉。《汇览》一书,固所以寻绎前人之成说以为要归,参考旧日之案情以为依据者也。晰疑辨似,回惑祛而游移定,故法家多取决焉。 顾或者曰:今日法理之学,日有新发明,穷变通久,气运将至,此编虽详备,陈迹耳,故纸耳。余谓:理固有日新之机,然新理者,学士之论说也。若人之情伪,五洲攸殊,有非学士之所能尽发其覆者。故就前人之成说而推阐之,就旧日之案情而比附之,大可与新学说互相发明,正不必为新学说家左袒也。…… 今日修订法律之命,屡奉明诏,律例之删除变通者,已陆续施行。新定刑法草案,虽尚待考核,而事机相迫,施行恐亦不远。此编半属旧事,真所谓陈迹故纸也。芟薙之功,待诸来日。姑记其缘起于此。
编辑过程	襄校: 在任候补知府甘肃固原直隶州知州刘至顺 同知衔甘肃大挑知县李继训 同知衔甘肃大挑知县顾其义 分省补用知县穆腾额 花翎知府衔甘肃候补直隶州知州王学伊 花翎同知衔甘肃即用知县朱达缮 监修: 兰州府教授升选浙江奉化县知县王汝贤 皋兰县教谕王耀德 候选教谕马元春	丁酉夏,调守保定,省中诸幕僚见此书,咸怂恿付梓。因复手自校订,除繁去复,排比成书,凡一百二十四卷,颜之曰《三编》,志与鲍书相接也。官事宂迫,暇晷难得,灯炧饭罢,搦管吮毫,辄自笑曰:何不惮烦也。 光绪己亥秋日,此编抄撮于京邸,编订于天津、保定两郡署,见者谓宜公诸世。余方筹剞劂之资,旋值庚子之变,事遂中辍,忽忽又八九年矣。

相比宏观目的上的相似,具体的手法操作差异和思路侧重点的不同,可能更加明显。《新编》内容分两部分,一是对案情的提要,就提要思路而言,注重"指驳情节"和比

拟结果，二是案情详录，多属刑部的驳案“说帖”，而非成案判决。《三编》的整理者则注意到，编者沈家本对《驳案集成》案例的采用是有所取舍的，在选定需要抄入的案件后，沈家本对案件标题、正文增删订补，修改润色。遵循大清律目的次序排列在一起，如果有同一案件含有多个审判记录或多个案件为同一主题，沈氏往往予以归并，合为一条。总之，两书编者均在案件的选择、提要与排序上下了功夫，但《新编》的刊刻是省级长官牵头倡议，实际编辑任务落在下属尤其是基层官员身上，《三编》则更多体现沈家本作为刑部官员的办案经验和律学素养。

首先来看案件的命题。两书都对原始材料做了加工，如原题（不知出处）为“工人深夜疑贼帮捕殴毙伊主之图奸尊长”，《新编》作“工人黑夜疑贼帮捕殴毙伊主犯奸尊长”，《三编》中为“工人深夜疑贼帮捕殴死伊主之犯奸尊长”。《三编》中明显可见沈家本圈出“毙”“图”二字加以修改。《新编》在校雠过程中或许也有改动。

在拟题的思路上，《新编》更关注拟罪的结论、干驳的理由，《三编》则更注重情节的类型化概括，见表4。①

表4 《新编》和《三编》拟题比较

《新编》	《三编》
闻妻与人同奸无据追后见奸夫与妻调笑即将奸妇砍死**与奸所获奸无异**、佳34a	闻妻与人通奸无据隐忍迨见奸夫与妻调笑将妻杀死、卷二十三，第355页
亲属捉奸意图送官追后乂喉致毙按杀死**登时定拟**、佳34a	有服亲属奸所捉获意图送官因被辱骂叉喉致死、卷二十三，第323页
随父捉母奸因母自尽越日杀死奸夫**照夜无故入人家例定拟**、佳34a	子随父捉母奸因母自尽越日杀死奸夫、卷二十三，第485页
本夫将奸夫奸妇一并砍毙系在将妻休弃之后**与因捉奸而杀者有间惟供词尚有未符驳审**、佳35a	因死者与伊妻有奸休弃后被死者价买作妾忿激一并砍毙、卷二十三，第223页②
奸拐其妻同逃拐所拿获送究致毙奸夫**照奸所获奸非登时论**、佳36a	因奸夫诱拐奸妇同逃纠人追至中途见二人同坐一处将奸夫殴死、卷二十三，第289页
因续奸不允将奸夫戳毙**情伤不符驳审**、佳36a	奸妇因别故拒绝奸夫被奸夫逼奸将其戳死、卷二十三，第341页

①究其原因，有示范“说帖”可供办案参考，直接受益的恐怕是地方的办案人员，因刑部对说帖的存留及疑难案件的研讨，自有其机制。而中央覆核案件的说理与态度倾向等，正是地方官员办案减少“部驳”所希望了解，而往往资料匮乏，不得其门而入的。这或许便是沈家本所言“丁酉[光绪二十三年(1897年)]夏，调守保定，省中诸幕僚见此书，咸怂恿付梓”的原因。当然，一定程度上，地方办案水准提高，也可减轻刑部负担，如沈家本所言，东三省“官吏多不知刑名事，每年应驳之稿，有多至百余件者”。

②原题目为“故杀驳讯”。

其次来看案例的排序。这方面，《新编》明显比《三编》粗糙。《新编》的亮点，主要是对案件的提要，但概括案情后，对案件的归类则简单根据时间顺序，罗列在对应“律目”中，这是提要两册（佳、回）。至于各卷中案件的排列，更是简单按照年份归档，相邻案件未必同类，在排列上零散无序（见表5）。

表5 《新编》收录案件年份排序

内容	卷序号－字号
历年案件提要（依据《大清律例》门类）	14－佳
历年案件提要（依据《大清律例》门类）	25－回
历年通行（道光十八年至同治十一年）	1－北
历年通行（光绪元年到十四年）	5－边
道光十八年（1838年）案	25－回
道光十九年（1839年）案	27－梢
道光二十年至二十四年（1840—1844年）案	28－玉
道光二十五年（1845年）案	10－前、28－玉
道光二十六年至三十年（1846—1850年）案	10－前
咸丰元年至十年（1851—1860年）案	26－树
同治元年至五年（1862—1866年）案	23－金
同治六年（1867年）案	23－金、29－堂
同治七年（1868年）案	29－堂
同治八年（1869年）案	18－绕、29－堂
同治九年（1870年）案	18－绕
同治十年（1871年）案	18－绕、30－悬
同治十一年至十二年（1872—1873年）案	30－悬
光绪元年至五年（1875—1879年）案	17－峰
光绪七年（1881年）案	19－瑞
光绪八年（1882年）案	12－岭、19－瑞
光绪九年（1883年）案	13－通、21－云、22－标、24－阙
光绪十年（1884年）案	06－南、08－倚、22－标
光绪十一年（1885年）案	06－南、07－山、20－烟
光绪十二年（1886年）案	20－烟
光绪十三年（1887年）案	16－中

续表

内容	卷序号－字号
光绪十四年(1888年)案	04－斗
光绪十五年(1889年)案	09－殿、11－半
光绪十六年(1890年)案	02－城、挂－03
光绪十七年(1891年)案	15－气
光绪十八年(1892年)案	25－回

这种结构上的不完美,也许是因为此书为官刻,倡议者赵尔巽、响应者何福堃,虽然都算是留心刑政,但未见得亲力亲为、全力而为,而是责成属下办理。[①] 官刻之漫长、不精,汪康年所述一例可作为旁证:

辛巳,余馆张文襄湖广节署中,见架上有《胡文忠公抚楚记》,为汪梅村先生所撰。以年月为次,而以公所治事分隶于每日之下。如某日派弁出防某所,或奖励某人,或申斥某人,事简而眉目犁然。后询之人,知此书梅村先生没时,以授阎文介属其刊刻。文介逡巡未刻,则授之文襄。余屡言宜速付刻,俾先生苦心与文忠治事之规模,皆不至淹没。至乙未,余见官书局总办某君处抄有此书,言制军发出,令录副付刻。余略翻阅,则讹舛百出。曰:"此何能付刊,宜求原本重校之。"番禺梁节庵太史时亦在鄂,曰:"不校尚可,若再校必至全书遗失而后已。"久之,此书竟未闻付印,盖适如梁君言矣。[②]

《新编》"越二载工始竣",包括"从事谳局者为之襄校""排印成帙"等,已是不易。但无法与《三编》的精良结构相比。

《三编》结构精良,当归功于编者沈家本多年浸淫律例、"例案娴熟"的功底,也得益于他对案件长年苦心搜罗整理。根据附录可见,"杀死奸夫"这一律目之下,道咸同光案件的排列,首先是根据相近相似情节形成小组,同组案件按时序铺陈,辅之以沈家本亲自编订的案件题目,乱中有序。尤其是在"杀死奸夫"这类律后附例繁多的规定中,

①案件详情的依时序编排,也许是从赵尔巽所编"刑曹成谳积年汇钞"的原貌;何福堃委任地方官编校,"越二年工始竣",也许指的就是案件索引中对案件情节提要、定性与重排的工作。之所以这样判断,是因为索引中体现了依托当时律例体系的编纂案例的分门别类意识,与案件详情记录的依时序累积,很不协调。如果索引先行,则自应如《刑案汇览》《驳案新编》那样,将索引作为整部汇编的目录,将全案记录也分门别类纂集。唯有索引后成,而因种种原因又并未对案例详录进行重新布局时,才会出现《新编》这种奇特的编排方式。

②(清)汪康年:《汪穰卿笔记》,中华书局2007年版,第252~253页。

按案情分组,比单纯按照案发时间排序,更能体现律例变动的轨迹和法律适用的难点。其次,尝试利用细目,在卷二十四中分为上中下三部分,“上”标注“杀死本夫及本夫亲属”,“中”全属“奸妇不知情”案件,“下”则强调“杀死强奸图奸罪人”与“男子拒奸杀人”,便于与相关条例、条款对应,更易查阅。如《三编》整理者言,此稿本“《沈寄先生遗书甲编》列为《未刻书目》,但沈氏生前曾计划出版。……有六种不同类型的抄写用纸,抄手亦非一人。三编歧杂繁复的案例,反映了编者欲为当世的治狱者提供借鉴的努力”。①

此外,《三编》不同于以往“刑案汇编”体例的创新,还在于基于时代忧患意识,专门列出“中外交涉案件”:“所附的中外交涉案件,列举了与俄英法美德等国有关的涉外案例,从中我们既可以看到沈氏担任天津知府期间所亲身经历的同治九年天津教堂事件的始末,也可以从‘听从美国人抢夺尼僧’等案件中看到外国列强所犯下的种种罪行。”②

至于沈家本所辑刑案,是否“对其本人修订法律的工作亦有重要的影响”?我们“后见之明”已知晓清廷风雨飘摇之际修律的败绩缺憾,再反观这部《三编》稿本,似乎只能叹息,如沈先生般例案娴熟、情理法练达者能几人哉?他一人功力深厚但精力有限,修律大业在即,其曾看重的《三编》稿本,到底就错过了刊刻的时机;其完成度低且不提③,其价值与意义,也因新式刑律的推出、刑法理论的传播,而在新与旧的交锋碰撞中落败。

如此来看,在晚清,无论是已刊之《新编》,还是未刻之《三编》,时局动荡,“末世刑章”再不可能如《刑案汇览》那般受关注、多利用。时也命也,它们都沦为故纸陈迹;它们的下场,与其编修经过、编纂思路及内容的优劣无涉,而是为西法东渐、救亡图存的时势所铸就。

从研究角度,则两种“刑案汇编”在末世司法功效、实用意义的微薄,并不掩其史料价值的光辉,如编者留心民事、注重刑狱的态度,案件题名与编排等方面地方与中央的不同视角,案中反映经济社会状态尤其是相较于清前中期,道咸同光办案理念、风气及制度变化等,都是可贵的。微观上,《新编》乱中有序,依年份排列,辅之以类目,便于综览一朝之司法。《三编》以类相从,细致入微,便于辨析律例精义。无论是说帖原文照

①《沈家本辑刑案汇览三编》,凤凰出版社2016年版,前言。

②同上。

③如整理者指出,目录中有“多余的律目”与“待增补的律目”,稿本中存在“编排混乱”“未加标题”等现象。

排、还是突出论证与判决结果，尤可见清代律例适用之微妙、刑官之精心与编者之苦心。

二、《刑案新编》所载历年通行介绍（道光十八年至光绪十四年）

光绪年通行，见《新编》卷5“边”；此前通行，则在第一册“北”字卷（见表6）。

表6 《新编》所载历年通行（道光十八年至光绪十四年）

年份	名目
道光十八年	无罪之人听从拒捕照罪人拒捕为从减等
道光十九年	触犯拟军犯父呈请释回准其比例减释
道光十九年	枷号案件从犯于首犯枷罪上量减五日
道光十九年	有关文物议处议叙等五项申明旧章
道光十九年	抢窃之案事主共财合伙或经人托寄财物统计失赃科断
道光十九年	营兵用枪柄伤人不得以凶器论
道光二十六年	共殴之案原谋等先经监毙正凶续获不准减等
道光二十六年	殴死妻命系刃伤伊母伤痕证佐确凿照律拟杖
咸丰元年	赦后复犯分别加等
咸丰元年	未定罪名待质人犯遇赦酌减年限
咸丰二年	实发四省烟瘴军犯以极边足四千里为限
咸丰三年	军流不准援免赦后脱逃加等调发
咸丰三年	共谋为盗在船看守离事主家较远比例科断
咸丰十一年	题奏案件避写污秽情节
同治元年	窃盗罪应总徒准徒遇赦不准免
同治五年	销档人犯妻室照奏章一并销除其子母分杀已杀成立办理（其子母句存疑）①
同治五年	命盗案内由死罪减等专本具题
同治七年	严禁栽种罂粟花
同治八年	听从聚至三人以上持械抢夺照为从拟遣
同治八年	应发新疆官犯改发黑龙江
同治九年	不得节删迎车驾及登闻鼓字样摘引申诉不实律文
同治九年	殴有致死重伤之余人在保病故不得节删例内监毙字样
同治九年	改发极边烟瘴充军之窃盗在逃行窃照在配复窃例科断
同治十年	军营官兵致毙人命案件不准量减

①作者注：“母”似为“毋”之误。

续表

年份	名目
同治十年	致毙挟嫌防火族兄仍照服制不得以凡人擅杀科断
同治十年	独子致毙兼祧父妾酌拟罪名(服制改为大功归入光绪十一年本内)
同治十年	官员之家妇女殴故杀奴仆照伊夫品级罚俸
同治十一年	东三省窝留马贼章程
同治十一年	窃盗逢恩旨刺字章程
光绪元年	私贩洋驳洋枪罪名
光绪元年	解省斩绞重犯中途脱逃以犯逃之日起限
光绪二年	结伙行窃之回犯不得编发甘省酌发两广地方
光绪四年	应发陕甘军犯照旧发往
光绪五年	差役传人牌示出票日期
光绪五年	伙盗供获首盗分别酌拟罪名
光绪五年	扑枪等项均照凶器伤人例科断
光绪五年	酌拟尊长图财谋害卑幼为从罪名
光绪七年	伙盗供获首盗拟遣为奴改军拷带铁杆石墩
光绪七年	图奸拒捕杀人酌定治罪专条
光绪七年	军流徒犯仍复年终汇报旧例
光绪八年	查办缓决三次人犯未减等之先复逢恩诏准照军流减等
光绪八年	接收京控呈词酌拟分别办理
光绪九年	严禁幕友删供
光绪九年	故杀童养幼媳酌予监禁
光绪九年	开采煤窿残虐工人治罪章程
光绪九年	命盗等案如情罪不符或实有冤抑立即平反并京控严定限期
光绪九年	命案初次供招全行载入
光绪十年	致毙义绝妻父母案件不得照凡人擅杀科断
光绪十年	官犯仍复旧制发往新疆
光绪十年	为人后者之子孙于本身亲属有犯仍照所后服制定拟
光绪十一年	兼祧小宗庶母病故照庶母期年正服降服大功
光绪十一年	流三千里人犯脱逃加等改发极边足四千里充军
光绪十二年	发冢从犯实缓章程
光绪十三年	变通监禁遣犯改发章程
光绪十三年	私贩私藏遣犯改发章程

续表

年份	名目
光绪十三年	强劫等案执持火器从严办理
光绪十三年	诬告章程
光绪十四年	正犯病故余犯罪应军流
光绪十四年	强盗供获首伙盗变通章程
光绪十四年	遣犯途逃仍发新疆
光绪十四年	伙抢妇女分别实缓章程
光绪十四年	遣犯配逃章程

光绪七年通行"伙盗供获首盗拟遣为奴改军拷带铁杆石墩",载《刑案新编》"边"字卷,页18a~18b:

除起意行劫及入室搜赃拒伤事主罪应斩决之牛荃环、彭见年均已病故,应毋庸议外,查律载强盗已行但得财者,不分首从皆斩,又光绪五年臣部奏定通行,伙盗被获,供出首盗逃所,于定案之前如系未经伤人之犯减为发遣新疆给官兵为奴各等语。此案王九城听从已获病故之牛荃环行劫事主樊维帼杂货铺银物,虽赃无起获,惟行窃月日赃数及上盗情形悉与事主供报相符,正盗无疑。该犯入室搜赃,实属共为强盗,按律应斩决。惟该犯被获供出首盗牛荃环等逃所,于定案以前拿获,情有可原,该犯系未经伤人之犯,自应遵照奏定通行问拟,应如该督所题,王九城即谷九城合依伙盗被获供出首盗逃所,于定案之前如系未经伤人之犯减发新疆给官兵为奴通行,减发新疆给官兵为奴,仍照例改发极边足四千里充军,左面刺强盗,右面刺改发,各二字。惟应发新疆为奴人犯到配加枷号六个月之例,系指强盗以外为奴改发各项人犯而言。至伙盗供获首盗减发为奴通行,系在十一项强盗到配后锁带铁杆石墩名例之后,未经增入。然同一强盗拟遣为奴改军之犯未便办理两歧,所有王九城一犯即应照例改发极边烟瘴充军,仍以足四千里为限,到配锁带铁杆石墩二年。该督将该犯拟到配加枷号六个月之处应毋庸议。再此等案件恐各省办理未能划一,相应通行各省督抚将军都统一体遵照办理。仍俟修例时添纂明晰,以资引用。……

"诬告章程",详载"边"字卷,页65a~66b。全文如下:

奉旨议奏事。光绪十三年六月十二日军机处交出本日军机大臣面奉谕旨,御史文郁奏刑官审理诬告坐罪较轻,请饬恪遵成宪从重定拟一折,著刑部议奏。钦此。

臣等遵查，该御史原奏内称，窃惟人心之险诈，为意料所不及，每有狡黠之徒，觊觎殷实之家，捏造谎词，希图扰害，稍有不遂，即藉事诬扳，株连拖累，以泄其忿，问刑者允宜面面追求，明察其奸，即重治其罪以安良善。恭读乾隆六年五月谕旨，嗣后州县审理词讼，凡理屈而驾词诬告者，必按律加等治罪，若故行宽纵，该上司查出，以疲软论。圣训煌煌，理宜永远法守。乃近来刑官审办诬告，往往以原告到案即据实供吐尚非始终狡执等词，曲为开脱，是害人者一到官而了事，而被诬者业已久系囹圄、倾家破产矣。诬控之阴险，若问得实，宜如何重治其罪，应请饬下京外问刑衙门，凡遇审实诬奸之案，不得稍有宽纵，即遵照乾隆六年圣旨按律加等治罪，先将该犯枷号示众，如地方官仍敢狃于积习，故行宽纵，经人奏参，即以疲软论，立予罢斥等因。钦奉谕旨，著臣部议奏。

臣等查，诬告之案，一经审虚，即按所诬罪名，分别加等科断，若至死罪，所诬之人已决者，依本律绞斩反坐，未决者，杖流加徒，定律本极严明。惟是此等奸诈之徒，捏词谎告，非素挟嫌仇，即藉端讹诈，弱者被其倾陷，荡产破家，殊为风俗人心之害。前于同治九年间臣部因外省办京控案件，大半调停了事，既不审实，又不辨诬，或以为控出有因，或以为怀疑所致，至无可解说，则又以到案即行供明为词。每遇审虚之案，类皆牵引越诉律内迎车驾及击登闻鼓申诉不实律①，坐原告以满杖罪名，藉以完案。当经议请，嗣后遇有京控交审案件，审实则屈必为伸，审虚则诬必加等，不得节引申诉不实律迁就完结等因奏准通行在案。② 乃近年以来，各省审办诬告之案，其审虚照律加等定罪者固所时有，而曲意开脱者仍属不少，屡经臣部驳令复审，终未能尽除积习，以致冤抑者无由昭雪，刁健者得肆譸张，殊与吏治民风大有关系。该御史所奏，系为申明定律，严戢刁风起见，相应请旨饬下各省督抚将军都统府尹，嗣后遇有控告之案，无论奏咨，均应秉公核办，一经审虚系诬，即按律加等治罪，不准以事出有因及怀疑所致暨原告到案即据实供吐尚非始终狡执等词曲为开脱，倘地方官仍有狃于积习，含混完结者，该督抚即行严参，交部议处，庶足以警因循，而诬奸之风亦可稍息矣。如蒙允俞，臣部行文京外问刑衙门一体遵照办理。

至诬告例内虽有酌加枷号各条，然定例自有专属，随案引用，不容牵混，并非一切诬告之案概予加枷。且所诬之罪应加枷者，定例尚得免其枷号，该御史请将诬告之犯先行枷号示众之处，应毋庸议。所有臣等遵奏请旨。光绪十三年七月二十日

①即“越诉”条。

②即“北”字卷所载同治九年通行“不得节删迎车驾及登闻鼓字样摘引申诉不实律文”。

奏。奉旨依议。钦此。

附录:《沈家本辑刑案汇览三编》"杀死奸夫"门下案例简表

附表1 《三编》"杀死奸夫"门下案例简表

编号	提要	备注(时间,该司,案犯或名目)
285xahlsb - v23 - 217①	登时杀死奸夫非登时杀奸妇	道光二十五年,陕西司,刘大佘
285xahlsb - v23 - 221	因见奸夫奸妇在道旁同坐说笑忿激一并杀死	光绪十二年,奉天司,王连富②
285xahlsb - v23 - 223	因死者与伊妻有奸休弃后被死者价买作妾忿激一并砍毙	光绪五年,奉天司,蓝潮溃
285xahlsb - v23 - 229	擅杀奸通伊妻人并纠往之人将奸通伊妹之人杀死	光绪四年,奉天司,布虎伯音图
285xahlsb - v23 - 245	见伊妻与奸夫在林内行奸事后杀死奸夫伊兄谋杀奸夫之父母二命该犯并未加功	同治七年,奉天司,吉哈产
285xahlsb - v23 - 253	奸所获奸奸夫逃走过后撞遇将其杀死	光绪四年,湖广司,张鼎山③
285xahlsb - v23 - 263	并未纵容之本夫杀死与妻和奸后被逼奸之奸夫	咸丰八年,陕西司,依斯玛依而
285xahlsb - v23 - 267	因死者与伊妻通奸伊妻悔过拒绝后复往逼奸将其杀死	同治十年,奉天司,赵稀盛
285xahlsb - v23 - 269	本夫杀死吓逼奸夫自尽之奸夫	道光二十四年,四川司,郑所兴④
285xahlsb - v23 - 273	本夫事后将奸夫杀死奸妇羞愧自尽	同治十二年,湖广司,柳方远
285xahlsb - v23 - 277	奸所捉奸奸妇自尽事后杀死奸夫	光绪五年,湖广司,尹本敢子
285xahlsb - v23 - 281	见奸夫与伊妻同坐说笑登时杀死	光绪四年,奉天司,勾云旺
285xahlsb - v23 - 285	奸夫已离奸所追至中途殴死	同治八年,陕西司,胡传法
285xahlsb - v23 - 289	因奸夫诱拐奸妇同逃纠人追至中途见二人同坐一处将奸夫殴死	光绪十一年,四川司,邓沅供
285xahlsb - v23 - 295	因死者与伊妻通奸诱至家内谋毙其命	光绪元年,河南司,冯椿晖
285xahlsb - v23 - 299	因妻犯奸价卖后杀死奸夫	同治九年,直隶司,高玉淋

①序号后三位为点校本中的页码。卷二十三,载点校本第14册。卷二十四,载点校本第15册。
②富上有艹头,下同。
③第259页,附光绪十三年案,陕西司,木沙。
④编者沈家本:道光二十六年经该督遵驳改正题结。

续表

编号	提要	备注（时间，该司，案犯或名目）
285xahlsb－v23－301	本夫谋杀奸夫系同奸之人妒奸起意怂恿	光绪七年，奉天司，于长胜①
285xahlsb－v23－305	姊被翁强奸商同姊夫谋杀其父	道光三十年，河南司，董孚
285xahlsb－v23－307	杀死奸夫原谋监毙正犯减流	道光二十八年，陕西司，吴帮直
285xahlsb－v23－309	听从本夫捉奸杀死奸夫本夫在监病故	光绪七年，云南司，李老幺②
285xahlsb－v23－313	本夫纠众向奸夫寻殴纠往之人殴死奸夫	光绪十九年，安徽司，张振坤
285xahlsb－v23－321	妻捉妾奸登时杀死奸夫	道光二十一年，山西司，刘尹氏
285xahlsb－v23－323	有服亲属奸所捉获意图送官因被辱骂叉喉致死	道光十九年，浙江司，汪杨阻
285xahlsb－v23－327	本夫之弟妹殴死欲买奸妇为妻持刀凶斗之奸夫	道光二十八年，奉天司，杨富山
285xahlsb－v23－329	奸妇两姨表弟听从本夫捉奸杀死奸夫	同治十三年，河南司，蔡春③
285xahlsb－v23－331	夫兄杀死弟妻未聘定以前之奸夫	光绪六年，奉天司，杨碌
285xahlsb－v23－337	因同姓为婚之未婚弟妻与人通奸受托寻找剜瞎奸夫两目	道光二十五年，云南司，杨恩培
285xahlsb－v23－341	奸妇因别故拒绝奸夫被奸夫逼奸将其戳死	光绪十二年，安徽司，柯王氏
285xahlsb－v23－345	与人通奸被父捉获逼令将奸夫割伤身死	光绪十五年，江苏司，朱扣漳
285xahlsb－v23－349	奸妇因奸夫逼令同逃主使伊子将其殴死	道光二十六年，奉天司，萨克达氏
285xahlsb－v23－355	闻妻与人通奸无据隐忍追见奸夫与妻调笑将妻杀死	道光十八年，山西司，宋老有
285xahlsb－v23－359	本夫杀死奸妇虽在行奸之所惟奸情系伊弟告述不以奸所获奸论	道光二十年，奉天司，刘万幅
285xahlsb－v23－363	氏翁奸所获奸告知本夫将奸夫杀死	道光二十一年，四川司，文治富
285xahlsb－v23－367	本夫闻奸禁绝后复见奸夫奸妇同坐杀死奸妇	道光二十五年，奉天司，张伸

①原题目为“谋杀案首从各别”。

②原题目为“擅杀应拟绞抵之人原谋病故”。

③原题目为“两姨之女并无在室出嫁降服明文仍照有服亲属论”。

续表

编号	提要	备注(时间,该司,案犯或名目)
285xahlsb - v23 - 371	奸妇搬至奸夫家奸宿被本夫找至砍死	同治六年,直隶司,李得幅
285xahlsb - v23 - 375	本夫将奸妇诓至中途故杀身死	光绪十五年,直隶司,桂三
285xahlsb - v23 - 377	奸所获奸隐忍后奸妇复约奸夫至山上续奸拉回杀死	光绪十八年,云南司,施三巴
285xahlsb - v23 - 383	奸夫因奸致人主使本夫将奸妇杀死	道光十九年,四川司,赵黑蛮
285xahlsb - v23 - 385	疑奸将妻背至井边逼令投井自尽	道光二十四年,陕西司,李万学
285xahlsb - v23 - 391	纵奸本夫格毙纠抢奸妇之奸夫	咸丰元年,安徽司,朱贵
285xahlsb - v23 - 397	因小功伯与伊母通奸致伊母用药堕胎殒命忿激致毙	咸丰七年,四川司,谭洸笃
285xahlsb - v23 - 399	奸所获奸致毙犯奸缌兄	咸丰元年,直隶司,陆先武
285xahlsb - v23 - 401	本夫捉奸杀死功服尊长	咸丰七年
285xahlsb - v23 - 405	捉奸杀死有服尊长非登时又非奸所	同治八年,湖广司①
285xahlsb - v23 - 409	捉奸杀死犯奸有服尊长在场帮殴有伤之卑幼	同治十年,四川司,王怔潮、王是淋②
285xahlsb - v23 - 423	本夫捉奸杀死犯奸同居继父	光绪四年,福建司,林粿
285xahlsb - v23 - 427	卑幼听从尊长捉奸活埋尊属	光绪六年,陕西司,洪泳海
285xahlsb - v23 - 441	因小功弟与妻通奸将妻嫁卖后杀死小功弟	同治九年,江苏司,夏曰璜
285xahlsb - v23 - 445	与缌麻表兄妻通奸后谋杀本夫	光绪五年,奉天司,张洛五
285xahlsb - v23 - 467	殴死犯奸缌卑一家三命	光绪八年,奉大司,关泳增 *
285xahlsb - v23 - 473	尊长因缌麻侄三人先后与伊妻通奸忿激一并杀死	光绪九年,奉天司,关泳增 *
285xahlsb - v23 - 477	故杀犯奸有服卑幼之妇	道光二十年,浙江司,许陇川
285xahlsb - v23 - 481	工人黑夜疑贼帮捕殴死伊主之犯奸尊长	道光二十五年,湖广司,田应洸
285xahlsb - v23 - 485	子随父捉母奸因母自尽越日杀死奸夫	道光二十年,四川司,汪喜生
285xahlsb - v23 - 491	死者与伊母通奸接至其家奸占复向寻殴将其杀死	道光二十年,直隶司,刘存洋

①多个案例。原题目为"捉奸杀死有服尊长"。

②后附同治十年案"共殴致毙犯奸尊长在场帮殴有伤之卑幼",山东司,郝士溃、郝希传等,第419页;光绪六年案,陕西省许有娃,第421页。

续表

编号	提要	备注（时间，该司，案犯或名目）
285xahlsb－v23－493	死者与伊母通奸接至其家奸占路遇将其杀死	同治四年，陕西司，王进娃
285xahlsb－v23－497	事后谋杀母之奸夫	道光十八年，直隶司，张沫子
285xahlsb－v23－501	奸所获奸非登时杀死母之奸夫	道光二十一年，直隶司，依勒通额①
285xahlsb－v23－533	劝母拒绝奸夫奸夫仍往奸宿将其殴死	同治八年，广西司，永沧
285xahlsb－v23－543	奸所获奸逐至门外杀死母之奸夫	光绪元年，陕西司，张幅江
285xahlsb－v23－545	擅杀奸拐伊母罪人	同治十一年，安徽司，邱小海②
285xahlsb－v23－551	擅杀奸占分居堂嫂罪人	道光十八年，奉天司，张礼
285xahlsb－v23－555	因奸妇之子嘱托照应防范杀死奸夫	光绪九年，山东司，李燕青
285xahlsb－v23－569	听从奸夫之子捉奸枪毙奸夫	光绪十九年，陕西司，陈发兴
285xahlsb－v23－573	受雇寻找奸妇之人杀死奸夫	道光二十八年，奉天司，吴尚柏
285xahlsb－v23－575	受托照管之人捉奸杀死奸夫	道光二十七年，江苏司，陈灿淋
285xahlsb－v23－579	因死者见伊与合伙种地人之妻通奸前往捉拿将其致毙	光绪十八年，奉天司，姜锈镰
285xahlsb－v24－003	因奸谋杀本夫一死一伤	同治四年，陕西司，陈萌理、屈张氏、屈全氏③
285xahlsb－v24－042	因奸谋杀本夫情节支离④	光绪三年，奉天司，姜四即姜泳川⑤
285xahlsb－v24－055	因奸谋杀本夫奸妇起意距下手之日时逾半年⑥	光绪三年，四川司，雷王氏
285xahlsb－v24－059	奸妇听从奸夫商令逃出另嫁谋杀本夫	光绪十二年，河南司，薛韦氏
285xahlsb－v24－061	奸夫谋杀本夫奸妇知情不阻⑦	光绪十四年，奉天司，李李氏
285xahlsb－v24－063	因奸致夫被杀奸夫先向商谋并未言语临时逗出亦未拦阻	光绪十六年，直隶司，杨萧氏

①后附道光二十五年案，四川司，曹泳富；同治元年案，奉天司，张仲；同治八年案，湖广司，张正本；光绪十一年案，安徽司，王殿诚。

②后附光绪十九年案，山东司，国麻仔，第547页。

③附同治十三年“谋杀驳讯”；光绪二年“谋杀本夫三次驳”；光绪五年“谋杀亲夫改拟”。

④原题目为“因奸谋杀本夫驳讯”。

⑤附光绪四年“谋杀驳案”。

⑥原题目为“因奸谋毙本夫奸妇驳讯”。

⑦原题目为“奸夫谋杀本夫奸妇仅止知情不阻”。

续表

编号	提要	备注(时间,该司,案犯或名目)
285xahlsb－v24－065	因奸致夫被杀奸夫先向商谋未经阻止	光绪十八年,云南司,张杨氏
285xahlsb－v24－067	十五岁童养未婚妻被奸夫吓逼帮同勒死本夫	同治七年,湖广司,曹谢女
285xahlsb－v24－071	奸夫于本夫将奸妇嫁后谋杀本夫	道光二十七年,安徽司,徐昌恕
285xahlsb－v24－075	通奸在奸妇未许字之先迨许字后因未能续奸将本夫谋杀	道光三十年,山东司,曹羊
285xahlsb－v24－079	奸夫谋杀本夫其与奸妇通奸在本夫未聘定之先	光绪九年,直隶司会理藩院,杨桑①
285xahlsb－v24－089	奸妇未婚时与奸夫通奸出嫁后杀死本夫曾向奸夫告知②	道光二十三年,山西司,武傅氏
285xahlsb－v24－091	奸夫于奸妇谋杀童养未婚夫曾推缓劝阻③	光绪六年,湖广司,张荃牙
285xahlsb－v24－095	奸夫奸妇共殴本夫身死	道光二十年,山西司,崔王氏
285xahlsb－v24－099	奸夫故杀本夫	光绪十八年,陕西司,蒲薪溃
285xahlsb－v24－101	图奸未成拒杀本夫	光绪七年,四川司,王淀梆
285xahlsb－v24－103	奸夫凫水逃走致本夫下河尾追溺死	光绪十八年,广西司,黎加坤
285xahlsb－v24－107	奸夫听从奸妇谋杀本夫未加功	咸丰七年,山西司,贾掌孩
285xahlsb－v24－109	奸夫欲杀同奸之人误毙本夫	道光二十九年,奉天司,李得成
285xahlsb－v24－113	奸夫听从奸妇将伊翁谋杀并谋杀本夫伤而未死	同治十一年,奉天司,于孔氏、陈万士
285xahlsb－v24－117	因奸听从奸妇谋杀其翁	光绪五年,安徽司,孙邢氏、孙茉
285xahlsb－v24－119	奸夫谋杀奸妇之翁奸妇被逼同逃旋向差役哭诉将奸夫指获	光绪十八年,安徽司,郑守汕、杨闻氏
285xahlsb－v24－123	妇女在室与人通奸出嫁后悔过拒绝致奸夫将其翁与夫谋杀身死	光绪九年,吉林将军奏,于万、马刘氏
285xahlsb－v24－131	强奸妇女已成被本妇之翁驱逐起意诱令其子将父杀死	咸丰元年,奉天司,陈发
285xahlsb－v24－135	谋杀纵奸本夫并听从谋杀本夫之弟下手加功	咸丰十年,山西司,邓得娃

①附光绪十一年文书。

②原题目为“奸人未婚出嫁后杀死本夫”。

③原题目为“奸夫于奸妇谋杀童养未婚夫始而推缓继而劝阻”。

续表

编号	提要	备注（时间，该司，案犯或名目）
285xahlsb－v24－137	因奸听从奸妇谋杀纵奸本夫临时未在场加功	同治十二年，陕西司，张长从儿
285xahlsb－v24－141	因奸谋杀纵奸本夫奸妇知情同谋	咸丰二年，湖广司，喻李氏、李帼怔、李雄详①
285xahlsb－v24－173	谋杀先经纵奸后因无钱资助拒绝之本夫	咸丰七年，山东司，康路②
285xahlsb－v24－175	奸夫殴死纵奸本夫情近谋杀	咸丰四年，陕西司，韩自盛
285xahlsb－v24－179	图卖奸妇谋杀纵奸本夫为从加功	同治七年，直隶司，韦凤池、周九苓③
285xahlsb－v24－189	因奸谋杀纵奸本夫从犯加功不知奸情	咸丰二年，陕西司，唐倡瀧、范喜儿
285xahlsb－v24－193	因奸谋杀卖休之本夫下手加功	光绪七年，湖广司，奚四、刘耀起
285xahlsb－v24－197	奸夫拒杀本夫之小功兄妻	道光二十五年，山西司，韩来幅
285xahlsb－v24－201	奸夫拒毙本夫义弟	道光二十五年，湖广司，黄老发
285xahlsb－v24－205	因奸拒杀本夫嘱令照看门户之人	道光二十年，广东司，李亚七
285xahlsb－v24－211	奸夫谋杀本夫之父奸妇首告	道光二十七年，奉天司，吕广罄、于吴氏
285xahlsb－v24－215	奸夫谋毒本夫奸妇指获奸夫将夫救活	道光二十七年，奉天司，苗杨氏、于明得
285xahlsb－v24－219	因奸致夫被谋杀当时被诱往地内看谷④	咸丰二年，湖广司，谭张氏
285xahlsb－v24－223	因奸致夫被杀先将伊夫殴伤迨奸夫起意谋杀之时已逃至村外躲避	咸丰七年，山西司，王四四、梁陈氏
285xahlsb－v24－229	因奸致夫被杀仍与奸夫过度跟随同逃旋向差役诉知将奸夫拿获	同治十三年，奉天司，叶金详、马李氏
285xahlsb－v24－245	因奸致夫被杀事前不知情事后未首告系被奸夫威吓所致	光绪二年，江西司，喻导幅、陈魏氏⑤

①附光绪九年河南司案“奸夫杀死纵奸本夫”（谢小拴、范罗氏），光绪十年直隶司案“奸夫故杀纵奸本夫”（梁小八、郝张氏）。

②《刑案汇览续编》第十四卷《谋杀因事拒绝之纵奸本夫》，第634页。

③原为“谋杀人”门。

④原题为“因奸致夫被谋杀驳案”。

⑤附光绪三年“因奸谋杀亲夫照复”。

续表

编号	提要	备注(时间,该司,案犯或名目)
285xahlsb - v24 - 257	因奸致夫被杀事前不知情事后知情隐匿并听从弃尸①	光绪三年,山东司,李来往、李赵氏
285xahlsb - v24 - 269	奸夫拒毙本夫奸妇并未在场事后向夫兄哭诉破案	光绪九年,江西司,郭加受、游聂氏②
285xahlsb - v24 - 281	因奸致夫被杀事后跟随同逃惟事由该氏破案	光绪十年,奉天司,王得沅、曲杨氏
285xahlsb - v24 - 283	因奸致夫被拒杀在场喊救奸夫在逃	光绪十一年,奉天司,张李氏、张万碌
285xahlsb - v24 - 289	因奸致夫被奸夫起意杀死不得引临时拒捕例	光绪十一年,江苏司,王蓬湘、尹何氏
285xahlsb - v24 - 293	奸妇不知情事后将奸夫指拿到官到案后随同奸夫翻供仍准夹签	光绪十二年,奉天司,张赵氏、洪得幅
285xahlsb - v24 - 297	奸妇被奸夫强娶为妻不知伊夫被杀情事奸夫在逃	光绪十二年,贵州司,潘杨氏、潘往计
285xahlsb - v24 - 301	因奸致夫被杀被逼同逃中途乘机喊拿向人哭诉奸夫脱逃	光绪十七年,安徽司,李王氏、张四
285xahlsb - v24 - 305	因奸致夫被杀事后续奸	同治十二年,直隶司,秦牛、谷张氏
285xahlsb - v24 - 309	奸妇悔过拒绝奸夫将本夫谋杀	光绪十一年,奉天司,辛茂罄、张李氏③
285xahlsb - v24 - 323	通奸在本夫未聘定之先过门后奸妇悔过拒绝奸夫④	同治七年,山东司,傅曰田
285xahlsb - v24 - 333	因奸致再醮之夫被杀通奸在改嫁之先	光绪十五年,奉天司,李少幅、刘氏
285xahlsb - v24 - 337	未婚之夫幼经妻父抚养未婚妻不以童养妻论	同治元年,直隶司,任立姐、张沅第
285xahlsb - v24 - 339	被人欺奸强合和成致夫被杀	光绪十三年,直隶司,李三城、李刘氏
285xahlsb - v24 - 343	因奸致夫被奸夫殴逼逃走失足落水淹死⑤	光绪十二年,直隶司,李氏、李详

①附光绪五年"因奸杀死本夫"。

②又见《新编》第21册"殴死兄妻及因奸拒捕杀死本夫并听从掘墓取骸勒赎三案都察院签商驳审由题改奏"。

③附光绪十二年直隶司案(于徐氏、张殿青)。

④附同治八年江苏司案"与奸妇通奸在本夫未聘定之先因图续奸谋毙本夫"(刘大六仔、饶氏)。

⑤附光绪十五年后续。

续表

编号	提要	备注（时间，该司，案犯或名目）
285xahlsb－v24－357	奸夫拒杀本夫奸妇当时逃避	光绪十四年，陕西司，秦喜、媚兰
285xahlsb－v24－361	奸妇因奸致纵奸本夫被杀奸夫在逃	道光二十五年，直隶司，李杨氏、鲍振
285xahlsb－v24－367	奸妇因奸致纵奸本夫被杀事后仍与奸夫奸宿	道光二十六年，直隶司，李守洸、周康氏
285xahlsb－v24－371	奸夫致毙纵奸本夫奸妇在场揿按	咸丰元年，奉天司，胡什哈哩氏、苏冲阿
285xahlsb－v24－377	因奸致纵奸之夫被杀事后一同逃走	咸丰元年，四川司，陈超富、向氏
285xahlsb－v24－381	奸夫戳死纵奸本夫因别故起衅奸妇听从毁尸同逃	咸丰四年，奉天司，韩毛氏、陈添幅
285xahlsb－v24－385	奸夫自杀纵奸本夫奸妇当场目击并不喊阻首告复听从同逃	同治七年，奉天司，曾姜氏，曹有
285xahlsb－v24－387	奸夫谋杀纵奸本夫奸妇事后闻知仍与奸宿	同治九年，陕西司，刘张氏、谭倡潮
285xahlsb－v24－389	因奸致纵奸本夫被杀事后同逃	同治十一年，安徽司，叶倡溃、叶李氏
285xahlsb－v24－395	奸夫谋杀纵奸本夫奸妇听从捏称病故殓埋	光绪九年，陕西司，袁孟氏、王礼沅
285xahlsb－v24－403	奸妇不知情拟绞减流例收赎	同治八年，湖广司，周罗氏、胡述春
285xahlsb－v24－405	与大功兄妻通奸谋杀本夫胞兄案内不知情之奸妇	光绪七年，奉天司，王起恩、王宫氏
285xahlsb－v24－411	殴死强奸伊妻已成缌兄	道光十八年，四川司，万邦和
285xahlsb－v24－415	共殴致毙调奸小功婶之缌兄	道光十八年，山西司，王定世
285xahlsb－v24－419	杀死强奸伊妻未成大功弟复气忿烧尸	光绪七年，云南司，张开申
285xahlsb－v24－423	杀死强奸伊妻未成胞弟	同治八年，奉天司，周碌
285xahlsb－v24－425	卑幼强奸有服亲属未成事后被尊长杀死	光绪十年，奉天司，方玉金
285xahlsb－v24－427	事后杀死强奸伊弟未成罪人	道光二十年，直隶司，秦黑儿、秦碌
285xahlsb－v24－439	事后杀死强奸未成罪人本夫未同行余人下手	光绪十七年，云南司，谭玉锟、谭洸有、李凤鸣

续表

编号	提要	备注(时间,该司,案犯或名目)
285xahlsb – v24 – 443	妇女非登时杀死吓逼成奸罪人①	光绪八年,奉天司,解孔氏
285xahlsb – v24 – 447	本妇之父杀死强奸未成罪人	同治十三年,直隶司,申温
285xahlsb – v24 – 449	本妇之父母杀死强奸未成罪人	光绪七年,直隶司,陈立山、陈张氏
285xahlsb – v24 – 459	杀死强奸出嫁表妹未成罪人	光绪十四年,山西司,郝梆礼
285xahlsb – v24 – 465	本夫杀死图奸未成罪人	咸丰八年,奉天司,关庭淋
285xahlsb – v24 – 469	事后擅杀图奸未成罪人攫取银洋	光绪九年,安徽司,朱道芒②
285xahlsb – v24 – 481	死者索欠向伊妻调奸忿激将其杀死	光绪十五年,山西司,刘常
285xahlsb – v24 – 485	殴死图奸伊妹吓逼刃伤之人	道光二十八年,奉天司,刘罄沅
285xahlsb – v24 – 487	登时捆缚致死黪夜图奸伊妹未成罪人	道光二十八年,奉天司,刘汶奉
285xahlsb – v24 – 489	杀死调奸伊女罪人系在伊女自尽之先	道光二十四年,山东司,强礼修
285xahlsb – v24 – 493	杀死图奸出嫁表姊未成罪人	光绪十八年,山西司,刘锁尔
285xahlsb – v24 – 495	杀死图奸义子未成罪人	咸丰元年,陕西司,王小八
285xahlsb – v24 – 497	杀死图奸未成罪人系从犯独自下手	咸丰四年,广东司,李家璇、李家勤
285xahlsb – v24 – 501	奸夫图奸奸妇之媳被纵奸本夫杀死	咸丰四年,山西司,白三旺仔
285xahlsb – v24 – 505	男子拒奸杀人死者年长凶犯十岁	同治十三年,河南司,王丑即王汰
285xahlsb – v24 – 511	免死遣犯赦后拒奸杀人	咸丰元年,陕西司,罗二沅
285xahlsb – v24 – 513	男子拒奸杀人年岁相当	光绪十八年,四川司,李莠椿
285xahlsb – v24 – 515	男子悔过拒奸杀人	道光二十二年,都统奏,蒋得成
285xahlsb – v24 – 519	男子先被死者灌醉鸡奸隐忍后又被图奸将其杀死	光绪十四年,河南司,陈方
285xahlsb – v24 – 529	男子拒奸杀人有起衅别情	道光二十二年,都统咨,姚河
285xahlsb – v24 – 533	男子拒奸杀人恐是索欠起衅	咸丰七年,四川司,冯新沅
285xahlsb – v24 – 537	男子拒奸杀人死者年止十四	咸丰八年,河南司,李虾蚂
285xahlsb – v24 – 541	杀死窥破奸情欲图鸡奸之人	道光二十八年,陕西司,乔马庄儿
285xahlsb – v24 – 543	捉奸放铳误毙旁人	咸丰二年,四川司,王春春
285xahlsb – v24 – 545	本夫杀奸误杀奸夫之父及妻	咸丰十年,直隶司,杨二

①原题目为“妇女非登时杀死强奸罪人”。

②附光绪十年后续。

续表

编号	提要	备注（时间，该司，案犯或名目）
285xahlsb－v24－553	本夫捉奸误杀旁人恐因别故起衅①	咸丰八年，山东司，郑十月仔
285xahlsb－v24－559	因奸谋杀本夫畏罪自尽仍剉尸	同治十年，江西司，曾涂氏
285xahlsb－v24－561	妻因奸同谋杀死亲夫服毒自尽仍剉尸	光绪十九年，安徽司，黄吴氏

［责任编辑：夏婷婷］

①原题目为“本夫捉奸误杀旁人”。

法律文化研究重镇巡礼

南京大学法学院法律史学科简介

南京大学位于钟灵毓秀、龙盘虎踞的金陵古都，为教育部直属重点综合性大学及双一流建设大学，历史悠久，声誉卓著。法学院前身为1928年成立的国立中央大学法学院，首任院长为戴修骏先生，首任法律系主任为谢冠生先生，史尚宽、钱端升、杨兆龙、高一涵等法界耆硕均曾在此任教，且多有法律史著作遗世。1952年院系调整，撤销法学院。1981年恢复法律系（1994年变更为法学院），开始招生，南京大学法学院法律史学科同时建立，现如今已有近四十年的历史。

南大法史学人坚持以教学科研为本，筚路蓝缕，春华秋实，不断地为南京大学法学院法律史学科的建设、为中国法律史事业的发展做出贡献。南京大学法学院现设有法律史学硕士点，法学理论方向博士点，招收法律文化、司法传统与司法近代化、房地产法、不动产法等专业方向的博士生。

恢复建系（院）以来，南京大学法律史师资团队的发展大致经过两个时期。自1981年复建到2000年，是南京大学法学院法律史学科艰苦摸索的二十年。这个时期，由钱大群教授、张中秋教授、王超教授和曲可伸教授等所组成的团队，辛勤耕耘，取得了丰富成果，为南京大学法学院法律史学科的建设打下了坚实基础。其中，钱大群教授曾担任中国法律史学会执行会长，在唐代法制史领域独树一帜，著有《唐律疏义新注》《唐律与唐代法制考辨》等；王超教授以研究中国政治制度史见长，代表作有《中国历代中央官制史》等；张中秋教授在南京大学任教期间（现为中国政法大学教授），对比较法律文化及中国经济法律史有独到研究，著有《中西法律文化比较研究》《比较视野中的法律文化》《法律与经济：传统中国经济的法律分析》等；曲可伸教授对罗马法研究颇深，编著的《罗马法原理》为相关领域的研究提供了重要参考。

2000年之后，中青年学者逐渐成为南京大学法学院法律史学科的中坚力量。目前，南京大学法学院法律史教研室及法律文化研究中心共有张仁善教授、金俭教授、张春海副教授、邹立君副教授、单锋副教授以及李莎专职科研人员等六位老师，中法史、外法史结构均衡，人才梯队合理。研究领域也逐渐多元化，除传统法律制度史、法律思想史外，还包括了法律社会史、司法传统与司法近代化、民国法律文化、古代东亚法律关系史以及民族法制史、房地产法、比较不动产法、西方法哲学等领域。其中，张仁善教授为现任中国法律史学会执行会长，主要研究领域有法律社会史、民国法律史等，代表作包括《中国法律文明》《礼·法·社会——清代法律转型与社会变迁》《近代中国的主权、法权与社会》；金俭教授为江苏省法学会不动产法研究会会长，著有《不动产财产权自由与限制研究》《规则、原理与适用——中国不动产物权》《房地产法学》等多部著作；张春海副教授著有《唐律、高丽律比较研究——以法典及其适用为中心》等著作。邹立君副教授、单锋副教授及李莎博士等，均为中外法史领域的青年才俊。

除学术研究外，南京大学法律史老师将大部分精力投入在教学工作上。在教学过程中，老师们一直秉持“因材施教”的理念，注重对学生学术创新能力与法律职业素质的综合培养，不断为社会输送优秀法律人才。南京大学法律史学人将继往开来，为南京大学法学院法律史学科的建设和中国法律史事业的发展做出新的贡献。